A STUDY OF
TRANSLATION
TEACHING AND PRACTICE

翻译教学与实践探微

黄春燕 ◎ 著

首都经济贸易大学出版社
Capital University of Economics and Business Press
· 北 京 ·

图书在版编目(CIP)数据

翻译教学与实践探微 / 黄春燕著. -- 北京：首都经济贸易大学出版社，2022.12
ISBN 978-7-5638-3463-1

Ⅰ. ①翻… Ⅱ. ①黄… Ⅲ. ①翻译—教学研究
Ⅳ. ①H059

中国版本图书馆 CIP 数据核字(2022)第 246504 号

翻译教学与实践探微
FANYI JIAOXUE YU SHIJIAN TANWEI
黄春燕 著

责任编辑 胡 兰
封面设计 砚祥志远 · 激光照排 TEL: 010-65976003
出版发行 首都经济贸易大学出版社
地　　址 北京市朝阳区红庙(邮编 100026)
电　　话 (010)65976483 65065761 65071505(传真)
网　　址 http://www.sjmcb.com
E-mail publish@cueb.edu.cn
经　　销 全国新华书店
照　　排 北京砚祥志远激光照排技术有限公司
印　　刷 北京建宏印刷有限公司
成品尺寸 170 毫米×240 毫米 1/16
字　　数 222 千字
印　　张 14.5
版　　次 2022 年 12 月第 1 版 2022 年 12 月第 1 次印刷
书　　号 ISBN 978-7-5638-3463-1
定　　价 52.00 元

谨以此书献给我的良师挚友李亚雄老师

《前 言》

本书未对翻译理论进行系统梳理和深入论述,也没有翻译理论上的创新,而是重在记录和分享翻译教学过程中的教学设计、教学内容、教学效果以及教师自身对翻译研究的思考,旨在为今后的教学及实践提供更多的思路,进一步完善翻译教学。北京语言大学的刘和平教授在总结国内翻译研究的发展轨迹时指出:“当今的翻译研究开始越来越多地跳出原先局限于语言文字转换框架内的‘术’的层面,而越来越多地上升到关于翻译的思想和原则的‘学’的层面。”[①]“术”和“学”不仅仅是翻译研究的两个阶段,也是并行的两个研究层面。本书着眼于翻译研究中的“术”,紧密结合教学实践,深入分析语言文字转化的具体技法。当然,在这种围绕着语言和技巧的研究中,不可避免地会涉及“学”——翻译思想和原则这一层面,因此仍然要以相关的翻译理论和原则作为理论支撑。

为了弥补本书“学”的缺陷,笔者在书中推荐了翻译理论的部分拓展阅读书目。例如,中山大学王东风教授的《国外翻译理论发展研究》全面梳理了西方翻译理论的发展情况,探讨了当代翻译理论研究的热点和前沿话题,有助于读者系统了解翻译理论发展史。国内译介学创始人谢天振教授的《译介学》是国内第一部译介学专著,从多层面和多角度系统论述了译介学相关问题。浙江大学许钧教授的《文学翻译批评研究》是国内最早面世的文学翻译批评著作,深入地探讨了文学翻译和翻译批评的基本原则、方法和规律。安徽大学的周方珠教授是国内元曲翻译第一人,他撰写的《文学翻译论》紧密围绕文学翻译理论和实践剖析文学信息结构,梳理文学翻译经纬,书中还展示了大量的小说、散文和诗歌

① 刘和平:《翻译学:口译理论和口译教育》,上海:复旦大学出版社,2017,第4页。

等不同形式的文学翻译实例。

2020 年 5 月，教育部最新修订的《普通高等学校本科外国语言文学类专业教学指南》（以下简称《指南》）由上海外语教育出版社正式出版。①《指南》的前言明确提出了新时代英语教育的几大理念：一是立德树人，探索英语类课程思政新模式和协同育人新举措。二是笃定服务国家发展战略，要主动服务国家战略和地方经济社会发展，满足中华文化“走出去”、“一带一路”建设和构建人类命运共同体对英语人才的强烈需求。三是坚持走内涵式发展道路，不可忽视英语教育是人文教育的本质。四是不断创新教育教学方法，以学生为中心，创新教学内容和教学手段。笔者所在的北京物资学院外国语言与文化学院就是在上述理念的指导下，对翻译课程进行了锐意改革和创新，探索更具实效的教学模式。无论是从教育理念出发，还是着眼于人才培养目标，教学中的创新和调整势在必行，要敢于打破陈规，更新观念和方法。

正如《指南》所提出的，翻译教学既要坚持基本原则，也要结合学校实际情况，本着以学生为中心的教育理念，不断创新教育教学方法。本书所分享的就是笔者和同事们在多年翻译教学中的创新性探索，通过真实的课堂和教学展示教育理念及政策的落地。以翻译教学和翻译研究中的个案入手，从细微之处探讨翻译理论和技巧的实际运用。

本书的主要内容如下：

第一章阐述动态发展的翻译教育观。新时代翻译人才的培养要服务于国家翻译能力建设，因此，翻译教学要从思政教育和翻译学习及研究两个角度入手。一方面要坚决贯彻把习近平新时代中国特色社会主义思想核心要义融入课堂的要求，理解思政教育对于讲好中国故事以及中国国际传播战略的重要性；另一方面要结合思政教育展开翻译知识和技能的学习。此外，还要加强翻译教学中的实践环节，让学生成为具有一定知识水平和翻译能力的复合型实用人才，而不是停留在纸上谈兵的阶段。无论是西方的实用主义教学理论还是中国传统的教学相长理念，都强调教学中实践环节的重要性，翻译尤其是一门需

① 教育部高等学校外国语言文学类专业教学指导委员会英语专业教学指导分委员会：《普通高等学校本科外国语言文学类专业教学指南》（上）（下），上海：上海外语教育出版社，2020。

要“从做中学”的课程。

第二章探讨定制型翻译教学。从动态发展的翻译教学观出发,在当前的国际传播形势下,翻译教育需要朝着“定制”高水平应用型翻译人才的目标努力,尤其是能够驾驭时政文本和中国传统文化翻译的人才。教师要根据不同课程的特点、要求、目标以及学生的语言能力,选择恰当的教学材料,设计高效的课内活动,布置合理的课外实践内容,从教学内容、授课方式、课堂活动以及课外实践各个环节入手,打造定制型翻译课堂。想要打造这样的课堂,首先要本着以学生能力培养为中心的原则,精心选择教学材料,强化课外实践环节的监督和反馈。其次要准确把握教学重点及难点,设计以学生为中心、以任务和专题内容为导向的多样化教学方式。

第三章展示的是见微知著的翻译课堂。不同的课程教学在学习材料、授课方式和侧重点上都不尽相同,教师也有各具特色的教学思路和方法。本章以实际教学和翻译研究中的个案为主,分别展示了四部分内容,它们是:本科同声传译入门课、思政背景下时政文本的学习和翻译——以《政府工作报告》为例、同传初学者汉译英时的主要问题及对策、在实践中打磨翻译技巧——以全国政协十一届五次会议新闻发布会为例。本着以小见大的原则,本章分享了笔者和同事们在翻译教学、实践以及翻译研究等不同方面的探索和收获。

第四章关注的是翻译教学和工作中的合作机制。在互联网和多媒体高速发展的当下,随着翻译技术的日新月异,翻译活动从形式到内涵都有了很大的改变。就翻译形式而言,一个突出的转变就是翻译中的合作机制日益多样化。除了市场上一些可以称之为“翻译生产”的合作形式,在翻译教学中,各个层面的合作也无处不在,包括师生之间、学生之间、笔译课与口译课之间的相互配合与协作等。因此,无论是基于市场运作的“翻译生产”,还是翻译教育中的“教学生产”活动,都越来越离不开各种形式的合作。从广义上看,一切翻译教学、研究、实践和商业化运作中出现的合作都可被视为翻译中的合作。本章着重探讨师生合作型翻译学习以及记者发布会上口笔译合作型翻译任务。

第五章对文学翻译进行了一定的思考。当前的翻译教育要以服务于国家翻译能力建设和国际传播战略为目标,培养具有跨文化交际能力的高水平翻译人才。文学翻译是文化外译的重要组成部分,因此也是翻译教学中不可忽视的一部分。作为商务英语专业的学生,也应当对文学翻译有一定的了解,并开展一定的文学翻译实践。本章以文学翻译为话题,从中国传统的山水文化入手,探讨“山川异域,风月同天”和“道”的英译,分析它们深刻的文化内涵、在当代语境的运用以及英文翻译。此外,笔者还结合中外翻译理论家和学者的理论以及翻译家们的杰出译作,对文学翻译中的创造性和动态发展的文学翻译观进行了观察和思考。

书稿完成之际,要感谢学院给予的大力支持,鼓励教师在教学之余以研促教,教学相长。感谢王淑花、孙静波、任丽丽老师为本书的撰写提供的宝贵建议。感谢翻译教学中的亲密战友雷若微、李华、刘建华和顾越老师,我们在并肩作战中积累的宝贵经验,给这门课程打下了坚实的根基。尤其要感谢雷若微老师,在与雷老师双师讲授同声传译课程的十多年中,我从她身上看到了刻苦钻研的职业精神和学无止境的谦卑态度,她也因此积累了百科全书般的专业知识和丰富的口译实战经验。本书中关于同声传译课程内容的分享来自我们共同的授课体验和实际教学内容,一些关键理念和术语的解读也是在与雷老师长期的交流中得以成形的,再次感谢雷老师一直以来对我的激励和帮助。

要感谢所有上过翻译课的同学们,书中精选了部分学生的练习打卡记录、课后反思、老师对同学们的作业点评和反馈。除去实名亮相的同学,有些学生的课上练习译文也被本书采用,在此一并致谢。同学们的刻苦与老师的努力相互成就,让我们在教与学的过程中一起成长。

还要感谢首都经济贸易大学出版社一如既往的支持,尤其感谢赵杰老师以极大的耐心等待我不断完善书稿,感谢责编胡兰老师的悉心指点和鼓励。

书中分享的经验来自本人多年的教学实践,对于翻译教育观和翻译理论的理解和阐述也是基于个人的理解,难免有不当之处,敬请批评指正。

“物有甘苦,尝之者识;道有夷险,履之者知。”笔者深知自己在翻译教学和研究方面仍存在很多不足,尤其是翻译理论研究水平有待进一步提高。在未来的翻译教学和研究中,笔者将继续学习和借鉴翻译领域前辈和学者们的研究成果,让自己的翻译课堂更有吸引力,教学更有深度,研究也更上一层楼。

黄春燕

2022 年 8 月 10 日于北京

目 录

第一章 动态发展的翻译教育观

2020年版的《普通高等学校本科外国语言文学类专业教学指南》将本科翻译专业培养目标明确为以下几点："翻译专业旨在培养具有良好的综合素质和职业道德、较深厚的人文素养、扎实的英汉双语基本功、较强的跨文化能力、厚实的翻译专业知识、丰富的百科知识和必要的相关专业知识，较熟练地掌握翻译方法和技巧，能适应国家与地方经济建设和社会发展需要，能胜任各行业口笔译等语言服务及国际交流工作的复合型人才。"①

对翻译专业的知识要求，《指南》规定如下："本专业学生应具备英语语言、文学和文化等基础知识，了解英语国家的历史和当代社会的基本情况；熟悉中国语言文化知识，了解英汉语言及中西文化的差异，了解中国国情和国际形势；掌握翻译的基本理论，较熟练地运用口笔译技能与策略；掌握较宽广的人文社会科学和自然科学基础知识。"②

《指南》强调了翻译专业要"熟悉中国语言文化知识"和"了解中国国情和国际形势"，培养目标要"能适应国家与地方经济建设和社会发展需要"。如何结合国家社会发展的实际需求去落实《指南》的要求，是值得每一位翻译教师思考的问题。回顾国内翻译教学近30年来的发展历程，其发展的速度和规模都

① 教育部高等学校外国语言文学专业教学指导委员会英语专业教学指导分委员会：《普通高等学校本科外国语言文学类专业教学指南（上）——英语类专业教学指南》，上海：上海外语教育出版社，2020，第25页。

② 教育部高等学校外国语言文学专业教学指导委员会英语专业教学指导分委员会：《普通高等学校本科外国语言文学类专业教学指南（上）——英语类专业教学指南》，上海：上海外语教育出版社，2020，第25-26页。

相当可观。截至2022年2月底,中国内地共有302所BTI(翻译与口译学士学位)培养高校,316所MTI(翻译硕士专业学位)培养高校和40多个翻译博士培养点。[①] 自20世纪90年代末以来,翻译教学队伍在探索和变革中一路壮大。事实证明,只有在动态发展的教育观的指导下,才能不断提升翻译教学的质量,培养出切合实际需求的翻译人才。

随着时代的发展、国际局势及国情的变化,教师要在准确把握《指南》精神的基础上,结合本院校课程设置的实际情况,合理选择教学材料、灵活设计教学活动并加强实践环节,完善课内外一体化的学习和训练机制,培养学生的终身学习能力。

不仅如此,随着社会和市场对人才需求的改变,翻译活动早已从单纯的文学翻译走向跨学科翻译,"跨学科性"已成为翻译学的一大特征。[②] 以时政文本的翻译为例,这类文本往往是融合了文学翻译与非文学翻译的复合型文本,它们独特的政策性和外宣性对译者提出了更高和更严格的要求。为了紧密配合国家的"走出去"战略,新时代的翻译教学应当着力培养能够高水平翻译这类文本的人才,为国家翻译能力建设打造后备力量,提升国家文化软实力。

此外,国家翻译能力建设亟待加强。随着中国改革开放进程的不断深入以及国际形势的风云变幻,为了谋求更强大的国际话语权,更深入地参与国际治理,需要一批既有过硬的语言能力,又具备一定国际传播素养的翻译人才,他们将积极参与建构和传播国家形象,成为融通中外的桥梁。因此,本着动态发展的翻译教育观,新时代的翻译教学既要坚持以《指南》为纲领,又要根据国家和社会发展的迫切需求,大胆创新翻译教学。

1.1 翻译教学服务于国家翻译能力建设

近年来,已有不少翻译界学者和专家致力于国家翻译能力建设的研究和推动工作,这个议题也引起了翻译教学者的广泛关注和支持。毋庸置疑,高校的

① 穆雷、梁伟玲、刘馨媛:《近三十年中国翻译教师发展研究综述》,《天津外国语大学学报》2022年第5期,第1页。

② 王东风:《国外翻译理论发展研究》,北京:外语教学与研究出版社,2020,第207页。

翻译教育队伍是国家翻译能力建设的生力军，但是如何定义和理解“国家翻译能力”这个概念？2022年4月，中国外文局局长、中国翻译协会会长杜占元在《光明日报》撰文指出：“国家翻译能力不单指语言的转换能力，也不单是某个个体或机构的能力，而是一个国家在翻译领域整体能力的集中体现，是通过翻译行为建构对外话语、开展文化传播、塑造国家形象的综合能力……国家翻译能力是国家语言能力的重要体现，是文化软实力和国际传播能力的重要组成，是发挥大国作用、提升国际话语权的重要保障。”①

围绕着国家翻译能力建设的相关研究方兴未艾。2021年5月22日，“北京外国语大学国家翻译能力研究中心”②正式成立，这是国内首家聚焦国别和国家翻译能力的研究机构。在该中心的成立仪式暨学术研讨会上，上海交通大学的杨枫教授指出：“国家翻译能力不仅是国家语言能力的一部分，还是国家治理和战略能力的重要组成部分。”③可见，国家翻译能力已经上升到国家治理和战略层面。北京外国语大学的任文教授则强调：“在国家翻译能力概念框架各要素中，国家翻译实践能力直接体现国家翻译总体能力，国家翻译传播能力突出体现国家翻译实践成果的效果和影响力，这两个能力都是核心和显性能力。”④国家翻译能力取决于国家翻译实践能力，而国家翻译传播能力则能够“变现”国家翻译实践的成果。国家翻译实践和国家翻译传播活动相辅相成，前者是国家翻译能力建设的基础和实质，后者是国家翻译能力建设的服务领域之一。

为了提升国家翻译能力，国家翻译实践至关重要，但并不是所有的翻译实践都可以称为国家翻译实践。为了区分国家翻译实践和其他类型的翻译实践，广东外语外贸大学的蓝红军教授用“国家性”作为界定的标准，即“国家利益是国家翻译实践的目标，服务国家战略发展是国家翻译实践的价值取向”⑤。与个体翻译

---

① 杜占元：《推动国家翻译能力建设 服务党和国家工作大局》，《光明日报》2022年4月26日第6版。

② 该研究中心的英文全称为BFSU Research Centre for Country-specific Translation and Interpretation Capacity，简称RECTIC。

③ 赵田园、徐秀玲：《新时代翻译能力研究的国家视角与跨界融合——兼评首届“国家翻译能力：理论建构与实践探索”学术研讨会》，《当代外语研究》2021年第5期，第122页。

④ 赵田园、徐秀玲：《新时代翻译能力研究的国家视角与跨界融合——兼评首届“国家翻译能力：理论建构与实践探索”学术研讨会》，《当代外语研究》2021年第5期，第124页。

⑤ 蓝红军：《国家翻译实践研究的基本理论问题》，《上海翻译》2022年第2期，第62页。

及商业机构的非国家翻译实践相比，高等学校的翻译教育旨在培养服务于国家传播需求和战略发展的高水平翻译人才，是国家翻译能力建设的重要组成部分。明确了这个定位，教师就可以制定相应的教学目标，精准设计翻译教学内容和训练方案，让更多的优秀翻译人才成为国际传播的中坚力量，也要让更多的普通翻译学习者具有参与传播中华文化、积极建构和传播国家形象的自主意识和能力。

当代翻译理论家劳伦斯·韦努蒂（Lawrence Venuti）就翻译与文化传播之间的关系做过鞭辟入里的阐述，他的核心观点之一就是翻译作为一种极其强大的力量，能够建构特定的文化身份，左右对原语文化的再现，同时让其服务于本土文化的建构。① 从这个角度出发，如果想要在当下的国际传播语境中讲好中国故事，让中国文化走出去，就应当以翻译为抓手，借助语言文字的力量推介中国传统文化，自我建构和积极传播中国国家形象。正如中山大学王东风教授所指出的，“随着全球化和跨民族主义（transnationalism）的发展，国家和民族形象的建构和重构成为翻译实践和理论研究中不可回避的问题”②。

翻译理论家尤金·A. 奈达（Eugene A. Nida）对语言的力量也有过这样的表述：“语言不仅是一个群体的独特特征，而且还与其他代码不同，它可以用来谈论自己。”③也就是说，语言是进行自我表征（self-representation）的有力工具，语言自身就是力量，它也可以赋能使用者。比如，在外事外交以及国际传播领域，翻译往往是一种隐形武器，被用于无形中的较量，有研究者将其形容为看不见硝烟的“笔尖上的战争”（war of words）：“翻译往往是外交交锋的第一战场，其中不仅能看到词与词的争夺，更能显示出文化对文化、体制对体制的角力。”④因此，在当前的国际传播语境下，讲好中国故事首先要把主动的话语权掌握在自己手中，而只有通过翻译这个桥梁，才能够践行“以我为主，融通中外”的传播

① Lawrence Venuti, *The Scandals of Translation: Towards an Ethics of Difference* (London & New York: Routledge, 1998), p. 67. 更多阐述见其另一本代表性论著：《译者的隐身——一部翻译史》(*The Translator's Invisibility: A History of Translation*)，上海：上海外语教育出版社，2004。

② 王东风：《国外翻译理论发展研究》，北京：外语教学与研究出版社，2020，第 205 页。更多关于翻译学和形象学的相关问题可阅读第 205–214 页。

③ Eugene A. Nida, *Context in Translating* (Amsterdam/Philadelphia: John Benjamins Publishing Company, 2001), p. 23.

④ 屈文生：《“新翻译史”何以可能——兼谈翻译与历史学的关系》，《探索与争鸣》2021 年第 11 期，第 164 页。

理念。任文教授认为:“翻译是一个民族用自己的语言了解世界,用他者的语言表征自己,与世界对话、相处和共存的方式。”①

为了更好地服务于国家翻译能力建设,高校的翻译教学理念要及时转变,并从教学内容、教学方法以及教学实践等各个方面进行相应的调整。除了加强中华文化的外译能力,还要从思政教育及国际传播的要求出发融入时政文献文本的学习和翻译。② “时政文献,也称‘政治文献’,一般指体现时代特色,反映政治、经济、外交、文化等领域进展和相关背景的材料,多为以信息传播为主要目的的正式文本。”③时政文献文本由中外翻译专家遵照国家统一的外译标准进行翻译,是翻译教学中重要的学习语料之一。它既能够帮助师生深入领会中国时政话语策略,掌握时政术语的标准表达,也是学习翻译知识和技能的范本,同时也是增强国际传播意识和水平的有效途径。

1.1.1　翻译活动重心从译入到译出

中国译协及中国外文局专家黄友义曾在 2017 年撰文指出,“一带一路”推动了中国翻译事业的重大变革,变革之一就是“从译过来到译过去,也就是从过去翻译外文到现在更多地将中文译成外文”④。对于翻译学科在国家社会发展的宏图伟略中的重要使命,王东风教授有过这样的总结:“中国走向世界,走进‘一带一路’共建国家,是须臾也离不开翻译的。这就是中国翻译学科的机遇,也是它所面临的大变局和大挑战。”⑤翻译工作重心从译入为主转为译出为主,这种整体思路的转向带来了翻译题材、内容、形式和技术等方面的变化。广东外语外贸大学的穆雷教授指出,改革开放以来,“对外宣传、政治经济、文化科技、军事外交等各个领域的口笔译工作量急速增长,主流翻译对象从宗教、文学翻译转为非文学翻译和文化翻译,翻译方向日益凸显出汉译外的重要性”⑥。

---

①　任文:《不断加强中译外能力建设》,《人民日报》2021 年 4 月 6 日第 18 版。

②　为推进《习近平谈治国理政》多语种版本走进高校,由中央宣传部、教育部组织编写的《理解当代中国》多语种系列教材于 2022 年秋正式发行出版。

③　孙有中、任文、李长栓:《高级汉英笔译教程》,北京:外语教学与研究出版社,2022,第 2 页。

④　黄友义:《“一带一路”和中国翻译——变革指向应用的方向》,《上海翻译》2017 年第 3 期,第 2 页。

⑤　王东风:《发展中的中国翻译学科:问题与对策》,《中国翻译》2020 年第 3 期,第 5 页。

⑥　穆雷:《翻译学学科建设的探索》,《中国翻译》2018 年第 6 期,第 9 页。

种种转变对翻译学科的发展提出了新的要求。2020年,黄友义在分析和总结新冠疫情下翻译工作的新局面时指出,现阶段中译外的总量已经超过了外译中,但是疫情过后,国际形势发生了前所未有的变化,各行各业都面临着新的挑战,对翻译来说,“笔译的工作量不减反增,尤其是中译外压力甚大,有些情况下,中译外力量不足甚至成为中国对外传播的瓶颈”①。

之所以出现这种对中译外翻译人才的迫切需求,正是为了捍卫和打造更强大的国际话语权。出于各种政治、经济和文化利益的需要,西方世界对东方世界的误读由来已久。比如曾有研究者以《纽约时报》为研究文本,指出美国主流媒体往往戴着意识形态的有色眼镜来看待中国,因此它们所呈现的中国形象必然体现了它们对中国的政治偏见,必然服务于它们自身的意识形态和价值观,而与客观公正的新闻报道原则相悖。②《纽约时报》虽然是个案,但却并不是特例,而是反映出西方媒体尤其是官方媒体曲解和丑化中国形象的普遍现象,类似的研究和观察充分揭示出中国形象遭到西方社会误读的动机、方式和后果。

想要消解西方话语体系对中国形象的污名化,一个重要策略就是拥有主动的话语权。上海交通大学的王宁教授指出,为了消除西方主流媒体“妖魔化”和“唱衰”中国的不良影响,必须选择包括图像语言和文字语言在内的恰当的传播话语,还原和再现一个影响力日益扩大的中国形象。③ 中译外的翻译能力就是其中不可或缺的一种传播话语。有了导向正确的翻译输出,我们才能凭借着坚定的“话语自信”,根据中国的实际情况,构建一套准确合理的解释框架。④ 王东升教授则认为,在当前的国际形势下,翻译甚至与国运休戚相关,“如果一个国家在翻译上不作为,则意味着这个国家与外界失联,从而失去了与发达国家同步发展的机会,社会意识形态便会变得故步自封,久而久之便会积

---

① 黄友义:《疫情之后看外语和翻译的多与少》,《中国外语》2020年第11期,第11页。

② 范勇:《美国主流媒体涉华报道中的意识形态偏见词汇与“中国形象”塑造——基于对〈纽约时报〉的实证研究》,《湖北社会科学》2009年第8期,第173页。

③ Wang Ning, “Rediscovering China: Interdisciplinary Perspectives Introduction”, *European Review*, no. 2 (2015): 173-179.

④ 马维康:《为何中国缺乏国际话语权——试从话语体系角度分析》,《理论观察》2016年第4期,第54页。

弱而亡”①。

用英语把中国形象推介出去，把中国故事讲给外国人听，在这一建构和传播中国话语和中国叙事体系的过程中，翻译是重要的沟通渠道和手段。也正因如此，习近平总书记号召，要“建强适应新时代国际传播需要的专门人才队伍”②。在这个专门人才队伍中，不仅要有外交和传播的专门人才，高层次翻译人才也不可或缺。和外交和传播人才相比，在 302 所设置 BTI 的高校和 316 所设置 MTI 高校的合力下，翻译人才的培养规模要大得多。倘若翻译教育中注重培养具有国际传播意识、具备中华传统文化素养、了解东西方差异的翻译人才，就能够为国家翻译能力的建设添砖加瓦，为国家的大外宣事业做出贡献。

一直以来，翻译不仅是一项语言文字工作，肩负着推动学术和文化交流的使命，也发挥着推动社会变革、记录和反映人类社会发展史的功能。正如穆雷教授所总结的：“古今中外，在历史发展的各个阶段，翻译都扮演着重要的社会角色，例如宗教翻译、科技翻译、启蒙翻译、文学翻译和非文学翻译的高潮，都对开启民智、提升科学素养和推动社会发展起到了不可替代的作用。”③在多元文化共存互鉴的 21 世纪，打造包括翻译能力在内的文化软实力更是刻不容缓，高等院校的翻译教育任重道远。

1.1.2　翻译活动国际传播属性凸显

翻译工作的重心由译入转向译出，凸显出新时代翻译活动的国际传播属性，因此有研究者提出，“中译外”不应当被简单地视为翻译活动的一种类型，而应将其视为独立的外宣翻译学科，因为外宣翻译包含“对外翻译”与“对外宣传”两个维度，既有翻译之“名”，又有传播学之“实”。④ 不管这种倡议能否得到广泛认同，翻译活动的国际传播属性日益凸显已是不争的事实。

---

① 王东风：《翻译与国运兴衰》，《中国翻译》2019 年第 1 期，第 30 页。

② 习近平：《加强国际传播能力建设，展示真实、立体、全面的中国》，见《习近平谈治国理政》（第四卷），北京：外文出版社，2022，第 318 页。这篇文章为 2021 年 5 月 31 日习近平总书记在主持中共十九届中央政治局第三十次集体学习时的讲话要点。2013 年 8 月 21 日，习近平总书记在全国宣传思想工作会议上首次提出了“融通中外”的大外宣理念，明确提出要“讲好中国故事，传播好中国声音”。

③ 穆雷：《我国翻译教育的理念转变与体制建构》，《语言教育》2021 年第 9 期，第 4 页。

④ 朱义华、张健：《学科视野下的外宣翻译之“名”与“实”探究》，《上海翻译》2021 年第 5 期，第 34 页。

由于之前在国际传播理念、方式和话语等方面存在不足,中国的国际传播事业面临着巨大的挑战。为了切实提升国际话语权和国际传播效能,习近平总书记提出了“融通中外”的大外宣理念:“要加快构建中国话语和中国叙事体系,用中国理论阐释中国实践,用中国实践升华中国理论,打造融通中外的新概念、新范畴、新表述,更加充分、更加鲜明地展现中国故事及其背后的思想力量和精神力量。”①从国家层面来说,想要深度参与全球治理并且发挥积极作用,首先就要在国际舞台上树立和宣传中国的正面形象。

国家形象是一个国家极其重要的无形资产。近年来,“中国形象”问题已经成为一个热点议题,尤其是在党的十八大报告提出了“提升中国文化国际影响力和竞争力”的目标之后,塑造和宣传中国形象成为一个更加值得研究的课题。随着中国大国地位的不断崛起,西方世界也越来越关注我国各方面的发展。改革开放40多年以来,本着“走出去,引进来”的原则,我国通过政治、经济、外交、文化等多种渠道加强与世界各国的沟通和交流积极对外传播。遗憾的是,除了西方主流媒体蓄意污名化中国形象,普通的西方读者往往也因缺乏必要的沟通和交流渠道而对中国形象产生误读。

要想加强国家形象的自我建构和对外传播,应从传播话语及话语模式的转变入手。亚里士多德的修辞学原则强调,公共演讲的核心理念是以听众为中心。同理,在与西方媒体争夺话语权的同时,我们必须强化“受众思维”,构建一个既与国际接轨又具有中国特色的话语体系。在讲述中国故事时,也要充分考虑西方读者或听众的反应和接受度,采用相应的传播方式和话语。故事的讲述者和倾听者倘若彼此游离,必然会影响故事讲述的效果,因为“仅从‘自我’角度关注国家的内部形象就其内容而言是不完整的”②,只有兼顾受众视域,才能加强传播的力度。想要实现这一目标,必须借助翻译这个桥梁,“融汇中西话语、做好内外结合、调整远近叙事视角,创新中国形象的塑造方式”③。具体而言,在中译外等对外输出活动中,要用西方读者能够接受的角度、方式和话语去传播

① 习近平:《加强国际传播能力建设,展示真实、立体、全面的中国》,见《习近平谈治国理政》(第四卷),北京:外文出版社,2022,第317页。

② 杨蓉:《“中国形象”的媒体传播与“他者”视域思考》,《传媒》2015年第4期,第79页。

③ 曹胜强:《中国梦的对外传播与国家形象塑造》,《湖湘论坛》2017年第3期,第122页。

中国形象，这也正是“融通中外”的宗旨。

在《习近平谈治国理政》第四卷的英译本中，对“打造融通中外的新概念、新范畴、新表述，更加充分、更加鲜明地展现中国故事及其背后的思想力量和精神力量”①这一表述是这样翻译的：“We should create new concepts, domains and expressions that are accessible to an international audience, and present panoramic and distinctive stories of China and its culture.”②在英译本中，将“融通中外”诠释为“能够为国际读者所接受的(accessible to an international audience)”，凸显出以受众为中心的传播理念。当然，这个译法是由上下文决定的，换一个语境，我们也可以将其翻译为 accessible to the audience both at home and abroad，因为“融通中外”并非只考虑国外读者，而是指要用中外读者都能够接受的叙事话语来讲述中国故事，但必须坚守“以我为主”的首要原则。除此之外，我们也可以换一个角度，将“融通中外”这个表述翻译成 an integration of Chinese and foreign perspectives 或 integrating both Chinese and foreign perspectives。这两种译法从“视角”切入来阐释“融通中外”的本质，意义表述更加明确：只有兼顾中外两种视角，才能更好地讲述中国故事。可以说，“以我为主，融通中外”既是当前的国际传播理念，也是中国时政文献文本翻译的指导原则。

1.1.3　用主动的话语权讲好中国故事

随着大众传媒手段的日益丰富和升级，传播和宣传不再是一项简单易行的任务，其理念也要与时俱进。想要做一个称职的传播者，就要尽可能汲取新闻传播、文化批评及西方文论中的相关理论，了解传播媒介、话语和方式在当代的转型，以发展和多样化的视角解读西方媒体对中国形象误读的根源、动机及方式，探讨如何才能在其中找到突破点，设计合理可行的东西方沟通策略。在互联网+时代以及全球多元化的背景下，传播话语和方式都要相应地转型与升级，要朝着更具开放性和包容性的目标努力，尤其是在国家形象建构与传播工作中，要立足高校这一宝贵的阵地，发动当代大学生积极参与。

① 习近平：《加强国际传播能力建设，展示真实、立体、全面的中国》，见《习近平谈治国理政》(第四卷)，北京：外文出版社，2022，第 317 页。

② Xi Jinping, *The Governance of China*, *IV*(Beijing: Foreign Language Press, 2022), p. 366.

在中国国家形象的塑造和对外宣传工作中，合理恰当的沟通策略至关重要。无论是在传播学、文化批评还是西方文论的研究中，沟通策略以及与此相关的“他者”(The Other)视角、“东方主义/东方学”(Orientalism)等概念和理论始终备受关注。尤其是在新冠疫情带来的巨大挑战和威胁面前，西方世界对中国的种种判断和指责往往建立在其错误的假设之上，西方媒体对中国的报道也带着一贯的傲慢与偏见，导致双方的隔阂乃至敌对情绪日益加深。这一局面亟待扭转，否则将影响全球的稳定与发展，也会导致建构人类命运共同体的目标越来越远。但是，更值得我们警醒的一个逻辑误区是：我们不能因国家日益强大并拥有了越来越多的话语权，就以为只要一味地讲好自己的中国故事就可以了，而不在乎西方媒体如何解读和接受中国形象。事实上，在向世界讲述中国故事时更需要谋求相互理解，在充分考察中国故事的西方读者即受众的基础上，恰当地使用话语权，实现有效沟通。

提到当前国际传播理念中的受众思维，首先要对“他者”视域和“东方主义”这两个概念有所了解。“他者”这个概念最早由德国哲学家黑格尔(G. W. F. Hegel)提出，后来被当代文化研究理论家斯图亚特·霍尔(Stuart Hall)运用到后殖民主义理论中。“他者”和“自我”是一组相对的概念，西方人将“自我”以外的非西方世界皆视为“他者”。和文学理论家与批评家爱德华·W. 萨义德(Edward W. Said)所提出的“东方主义”一样，两者都是以西方为中心的世界观，都是“西方用以控制、重建和君临东方的一种方式”①。简言之，东方世界作为“他者”，要由西方世界来定义和描述，西方给东方所下的刻板定义是非理性的、堕落的、幼稚的、不正常且低人一等的。理解透彻这两个概念，有助于我们在了解西方文化霸权主义的前提下，从受众的角度制定相应的沟通策略。

此外，当代哲学家汉斯-格奥尔格·伽达默尔(Hans-Georg Gadamer)的视域融合理论(fusion of horizons)、文艺理论家及美学家汉斯·罗伯特·姚斯(Hans Robert Jauss)的接受美学理论(reception aesthetics)都为受众思维提供了理论支撑。伽达默尔视域融合理论的核心是“解释的循环”(hermeneutic circle)，他认

---

① Edward W. Said, *The Orientalism*(New York: Vintage Books, 1979), p. 3.

为意义是开放和动态的，而非局限和静止的，因此，“对一个文本或一部艺术作品里的真正意义的汲舀是永无止境的，它实际上是一个无限的过程”①，读者的不同理解的总和接近和构成了艺术文本的全部意蕴。伽达默尔的理论催生了姚斯的接受美学，姚斯提出了“期待视域”理论，强调了读者的主体地位，弱化了其被动接受的地位。虽然伽达默尔和姚斯所探讨的都是文学文本意义的阐释，我们不妨把这种历史观和文学观移植到传播理论中来，就能意识到传播效果要取决于交流双方，说故事的人要先了解听故事者的需求和特点，双方合力才能完成故事和信息的转达。

当今世界，传播的媒介和方式都在以日新月异的方式发生着转型，呈现出媒体形式更多样化，传播方式和渠道更即时、更高效等特点。多样化的具体表现是，除了官方媒体，还涌现出了大量的非政府型媒体和自媒体。与此同时，官方媒体也呈现出更接近大众、话语形式多样化的特征。传播方式在更新换代，传播视角也应当充分考虑“他者”视域与自我表征两者间相辅相成、缺一不可的关系，中国对外传播的话语转型不应该是“与世界无关的自我表演”②，而应是与外部世界良性互动的一个过程。

对于翻译专业的学生来说，不能只满足于课堂内的翻译学习，更要积极参与社会上的各种翻译及传播实践。以笔者的亲身体验为例，2019 年到 2020 年，笔者曾与同事带领来自全校各个院系英语能力突出的学生参与“中国好故事”英文数据库的稿件编辑工作。该数据库是由新华社主办、中国搜索承办的国家级平台，于 2019 年正式上线，是作为贯彻落实总书记讲好中国故事要求、服务外宣工作大局的基础性和创新性平台，旨在“讲好中国故事，传播好中国声音”。③

---

① 汉斯·伽达默尔：《真理与方法》（上卷），洪汉鼎译，上海：上海译文出版社，2004，第 385－386 页。

② 李彦冰、荆学民：《论中国对外传播的话语转型》，《武汉理工大学学报》2016 年第 5 期，第 467 页。

③ “中国好故事”平台的承办单位中国搜索信息科技股份有限公司（简称“中国搜索”）是中宣部委托新华社主管主办的国家级搜索引擎，新华社新媒体“三驾马车”之一。它是由中央七大新闻单位——人民日报、新华社、中央电视台、光明日报、经济日报、中国日报、中国新闻社联手打造的国家级互联网高新企业，是强大的跨媒体、融媒体、新媒体传播载体。

数据库以文字、图片、视频等形式收录了几十万条精彩的多语种故事，其海外传播已覆盖100多个国家，70多种语言，海外社交平台视频播放量过亿。[①] 在“中国好故事”英文数据库的前期建设过程中，笔者带领的师生团队所承担的工作主要为英文故事的分类、标注、编辑及初步审核。此外，为进一步拓展“中国好故事”数据库的故事呈现方式，师生还协助该平台开展了面向外国留学生的问卷调查，并组织留学生参与了该平台的视频拍摄。

为了进一步调动大学生讲好中国故事的积极性，中国搜索又与笔者所在院校联合主办了“我的中国故事”新媒体创意作品征集活动，让在校大学生结合自身经历发出青年声音，讲好家国故事。征集活动收到了中英文稿件近600份，最终入选的优秀作品均已在“中国好故事”数据库中英文网站和App发布。无论是着眼于国家大事，还是留意身边的细微小事，青年学子以多样化和年轻化的视角，表达出充分的制度自信和文化自信，体现出当代大学生强烈的国家民族意识和自觉维护及宣传国家形象的主人翁精神。来自五湖四海的学生用中英文双语呈现出不同地区和地域的精神风貌及人文风俗，这些微观叙事让“中国故事”这个宏大叙事更为真实可信，生动感人。无论是参与对英文稿件的编辑，还是讲述自己身边的中国故事，都积极鼓励当代大学生用自己的眼睛去观察世界，借助语言这个工具向西方介绍真实、立体和全面的中国，在讲述中国故事的时候，牢牢把握住主动的话语权。对于学生来说，这种与时俱进的翻译实践，既能以最快的速度提升翻译技能，又能增强以翻译服务于国家传播事业的意识和觉悟。

综上所述，在国家“走出去”战略以及“融通中外”大外宣理念的指导下，翻译活动要充分利用语言优势，发挥融通中外的桥梁作用，“向世界阐释推介具有中国特色、体现中国精神、蕴藏中国智慧的优秀文化，同时，推动中国在现代化建设中广泛吸收和借鉴人类文明的优秀成果”[②]。服务国家、民族和社会的发展

① “中国好故事”数据库集中收录了习近平总书记的故事、习近平总书记讲述的故事、习近平总书记用典的故事、展示中国共产党治国理政的故事、中国人民奋斗圆梦的故事、博大精深的中华文化的故事以及中国坚持和平发展合作共赢的故事，集纳海量丰富优质的故事资源，力求用精品好故事服务海内外读者。

② 杜占元：《推动国家翻译能力建设，服务党和国家工作大局》，《光明日报》2022年4月26日第6版。

是高等教育的宗旨,紧密配合以国家意志主导的国际传播需求是新时代高校翻译教育义不容辞的责任。翻译教师要在动态发展的翻译教育观指导下,及时和灵活地调整教学思路、内容和方法,培养高水平翻译人才后备力量,助力国家翻译能力建设,为提升文化软实力、加强国际话语权、增进国家形象建构和传播添砖加瓦。

1.2　翻译教学中实践的重要性

前文提到,国家翻译能力要在国家翻译实践中得到检验和提升,想要培养具有国家翻译能力的高水平翻译人才,要从高校的英语专业抓起,包括提升教师和学生的翻译实践能力。正因为实践具有这种推动力,国家教委也把实践当作硬性指标,要求师生都要积极参与翻译实践。比如,在教育部发布的 2020 年版《学位授权审核申请基本条件》中,申办翻译硕士点的指标里就包括对教师实践量的具体要求:近 5 年,每位笔译专业教师须有 20 万字以上的译作(包括正式出版或被国际组织、政府机构、企事业单位正式采用的译文等),每位口译专业教师须担任过 20 场次以上的国际会议等口译工作。

在实践观的指导下,很多高校正在逐渐加强实践在教学环节中的比重,采用各种方式为学生和教师创造实践机会。不同的高校会根据自身情况因地制宜安排实践环节和方式,包括在校内建设实践基地,和社会或企业合作开展实践活动,在课程设置中安排专门的实践周,或者制定各种奖励机制鼓励师生走出课堂、走向社会或走进学术圈等。事实证明,优质的翻译实践不仅有益于学生,也能作为课堂教学内容的新鲜补充,促进教学相长,提升教学效果,实现社会、企业、高校和师生的多方共赢。

如果说高等院校中本科低年级的课程设置重在基础知识和技能的培养,那么到了本科高年级和研究生阶段,课程设置则更具有针对性和实战性,更注重学生实际能力的培养和训练。在这两个阶段,课堂内的教学和指导虽仍占主导地位,但紧密结合课堂教学的课外实践的比重必须逐步加大。这个时期的学生已经有了一定的专业知识和专业技能,而且往往已经进入课外实践甚至找工作的阶段,他们会在实际工作中遇到很多专业问题,常常会在课堂上向教师寻求帮助,这就无形中要求教师能够解决实际的问题。教师不仅要胜任课堂知识的讲授,还需要向学生传授实用型的技能和经验。答疑解惑不仅在课堂上进行,更应体现在对学生课外实践的指导上。而要做到这一点,教师自己必须先做到从实践中来,到实践中去。

从某种程度上讲,教师自身的实践技能直接决定了其指导能力和教学水平。优秀的教师在课堂之外仍会保持不断学习的精神和积极实践的劲头,使教学内容与时俱进,教学质量不断提高。从学生的角度来说,大量的实践也能切实锻炼他们实际运用知识的能力,为走向真正的工作岗位打下坚实基础。加大实践在整个教学过程中的比重,以实践促进教学,符合实用主义教学理论所强调的经验和效用原则,也是中国传统教育思想的当代演绎。

1.2.1 中西方教育理论中的实践观与教学相长理念

实用主义教学理论是现代西方教育思想中的一个重要流派,美国实用主义教育家和哲学家约翰·杜威(John Dewey)是这一流派的代表人物。在他的一系列著述中,《民主主义与教育》(*Democracy and Education*,1916)和《经验与教育》(*Experience and Education*,1938)集中体现了他在教育理念上的创新性观点。由于早年致力于哲学研究,杜威把一些哲学思想运用到教育理论的构建和阐述中,崇尚真理观和经验论的实用主义哲学是其教育理论的基石。在这一基础上,杜威围绕着教学提出了"教育即生长""教育即塑造""学校即社会"等主要观点。他认为,教育就是生活、生长和经验改造;他还强调经验在学习和成长过程中的重要性,指出教学应当是让学生"从做中学"(learning by doing)[①]。虽然这是在线下教育时代提出的理念,但在当今的线上线下混合教学模式中,这一原则仍然适用,要"利用多种技术手段保证学生继续'从做中学'……最大限度地让线下传统课堂中的'从做中学'在线上延续"[②]。

杜威尤其强调经验的重要性,他认为"离开经验的理论,甚至不能够确凿地

① 约翰·杜威:《民主主义与教育》,王承绪译,北京:人民教育出版社,1990,第17-27页。

② 张爱玲、丁宁:《抗疫背景下的远程专业口译教学》,《中国翻译》2021年第1期,第82页。

被认定是理论”①。但也并非所有的经验都有价值,经验只有经过思维的反刍才能转化为有意义的经验,这里所指的思维或者反思就是我们常说的批判性思维,用以“识别我们所尝试的事和所发生的结果之间的关系……没有某种思维的参与就不可能产生有意义的经验”②。也就是说,只有充分调动批判性思维,才能把经验变成一种融观察、研究、得出结论于一体的独创性科学研究过程,实践经验也因为这种探究才有了意义,也会进一步促进批判性思维的培养。简而言之,经验是贯穿杜威实用主义教育观的核心概念,它与批判性思维相辅相成。经验并非一成不变,总是处于不断调整、变动和进取的过程中。

1919 年五四运动前夕,杜威曾来中国传播他的实用主义哲学和教育理论,胡适做过如此评价:“自从中国和西洋文化接触以来,没有一个外邦学者在中国思想界的影响有杜威这样大。”③杜威所诠释的“经验”是融入了思维活动并且能够产生积极意义的实践活动,学生要在这样的实践活动中去学习和成长,也就是上文提到的“在做中学”。杜威的教育思想在当今依然值得借鉴,对实践环节的重视及合理利用,不仅有利于学生的成长,也能够促进教学相长,从而提高整体教学质量。因为教学从来不是单向的任务和过程,而是教与学之间的持续性互动。

杜威的实用主义教学理论主张重视学生的主观能动性和实践经验,用经验去检验理论。这个理论所蕴含的实践观与中国儒家倡导的“教学相长”的理念有共通之处。《礼记·学记》中有这样一段话:“虽有嘉肴,弗食,不知其旨也;虽有至道,弗学,不知其善也。是故学然后知不足,教然后知困。知不足,然后能自反也;知困,然后能自强也,故曰:教学相长也。《兑命》曰‘学学半’。其此之谓乎!”④可见,两千多年前的儒家哲人们就一语道出了教学的本质。他们认为,通过学习才能够发现自己的不足之处,教了别人才知道自己还有哪些不懂之处,正如《尚书·兑命篇》中所说的那样,教和学各是学问的一半,合二为一才能

① 约翰·杜威:《民主主义与教育》,王承绪译,北京:人民教育出版社,1990,第 153 页。
② 约翰·杜威:《民主主义与教育》,王承绪译,北京:人民教育出版社,1990,第 153 页。
③ 转引自约翰·杜威:《民主主义与教育》,王承绪译,北京:人民教育出版社,1990,第 39 页。
④ 戴圣:《礼记》,James Legge 译,郑州:中州古籍出版社,2016,第 220 页。

获得真知。

这里的“学学半”就是儒家对“教学相长”的定义。根据叶绍钧选注的《礼记》版本中的解释，“学学半”中的第一个“学”字读作“xiào”，即“教”的意思。因此，“学学半”的含义是：教人与学问，为相成之两半，即“教学相长”之意。① 从教学相长这一理论的出处来看，它是从教师的角度出发，强调教师自身的“教”与“学”，“‘教学相长’作为教师个体自我发展的规律而提出来，是指教师的‘学’与‘教’交互作用，并共同促进其自身发展。这在客观上反映了教师从学到教，由教返学，教学相辅，不断提高的辩证过程”②。如果用英文来表达“学学半”，意思就更为明确了，比如理雅各(James Legge)就把它翻译成“Teaching is the half of learning.”。③ 也可以译为“To teach is to learn.”或者“Teaching and learning mutually promote each other and lead to growth.”。

广义上来说，教学相长已不再仅局限于教师自身的教学与治学，也包括教师与学生之间的相互促进和提升。随着学生自主能动性和各项综合能力的不断提高，在这个教与学交互影响的双向过程中，学生所发挥的促进作用越来越不可忽视。学生对课程以及相关知识的需求给教师带来了“学”的压力，促进了教师知识库的不断更新和补充，从而有助于提高“教”的质量及效果，而这又使学生在“学”的过程中成为最终的受益者。所以说，在教学相长的良性循环过程中，教师和学生都发挥着积极的作用，他们既是这一过程的推动者，又是这一过程的受益者。因此，为了有效地推动和利用这一机制，在翻译教学中，要以实用主义教育理论为指导，通过实践来促进教学相长，实践环节不仅能使教师走出课堂和理论的束缚，也能促进学生快速成长。

教学相长或多方共赢的局面与杜威的实用主义教学理论相契合，它既依赖于实用主义理论在教学中的应用，也是其最终的理想和目标。杜威提倡关注行动、注重实际效果的原则，从教育观和教学方法上都强调了实用性的原则。他反对一味的规范和服从，认为只有经验才能实现不断改善和进步的目标，而这

① 叶绍钧选注：《礼记》，北京：商务印书馆，2018，第81页。

② 李保强、薄存旭：《“教学相长”本义复归及其教师专业发展价值》，《教育研究》2012年第6期，第131页。

③ 戴圣：《礼记》，James Legge译，郑州：中州古籍出版社，2016，第221页。

种经验体现在大学校园里,就是各种形式的实践活动。换句话说,课堂内外的实践可以为师生提供良好的体验机会,他们可以更好地实现自我完善。

1.2.2　教与学的双重收获及交互式体验

翻译教学过程实质上是教学相长的过程,教师想要比学生站得更高,从知识储备和视野上都具备引路人的资格,就必须保持持续学习的习惯,尤其是要把一些时效性和实用性都很强的语料及时吸纳到课堂上来。为此,教师可能要在非常有限的时间内做好充足的课前准备功课。仍以笔者个人经验为例,在新冠疫情期间,国务院新闻办公室频繁召开各项发布会,这些发布会上既有交替传译,也有同声传译。为了让学生掌握最新的信息以及最实用的译语,教师有时甚至要在课前几小时把新鲜出炉的发布会材料整理好,在自己先行消化和吸收的基础上,梳理出要点和重点语汇,方便学生学习。有时也会把整理材料的任务布置给学生,锻炼他们自主学习的意识和能力。据不完全统计,在常规的教学内容之外,2020 年上半年学期要求学生利用课内外时间观摩和学习了十多场发布会,"强攻"新冠疫情防控相关词汇和表达。表 1.1 是该学期所补充的部分学习内容,主要包括背景知识和词汇扫盲、不同主题的国新办发布会、领导人的重要讲话等。

表 1.1　补充的课堂学习材料举例

序号	学习材料名称
1	世卫组织总干事谭德塞 8 分钟发言,2020-01-31
2	中国-世卫组织新冠肺炎联合考察报告最新出炉!(中英全文),联合考察组,趣学医学英语,2020-02-29
3	外文局审定 134 个新冠病毒疫情防控相关中英词汇,中国外文局中国翻译研究院,2020-03-05
4	世卫组织宣布新冠病毒为大流行病,2020-03-12
5	新冠病毒疫情防控相关词汇(314 个),上海市科技翻译学会,2020-03-13
6	国新办举行 1—2 月国民经济运行情况发布会,2020-03-16
7	国家主席习近平在北京出席二十国集团领导人应对新冠肺炎特别峰会并发表题为《携手抗疫 共克时艰》的重要讲话,2020-03-26 附:G20 特别峰会习近平主席发言重点语汇表

续表

序号	学习材料名称
8	国新办就中国关于抗击疫情的国际合作情况举行发布会,2020-03-26
9	增加地方政府专项债规模强化对中小微企业普惠性金融支持发布会,2020-04-03 注:英文稿稍后上“中国网”查,先看中文视频或 CGTN 当天的同传视频
10	联防联控最新进展与国际医疗合作工作情况,2020-04-02 附:词汇表
11	国务院联防联控机制发布会:医疗救治及护理工作等,2020-04-07 注:①信息量很大,尤其注意世界卫生组织驻华代表高力博士对中国疫情防控的积极评价,在后面的答记者问里;②同传和交传并用,可同步练习,并学习译员的语言组织和表达;③第一部分的最新疫情数据更新,方便大家进行数字练习
12	海关总署新闻发言人、统计分析司司长李魁文介绍 2020 年一季度进出口情况,2020-04-14
13	城镇老旧小区改造工作国务院政策例行吹风会,2020-04-16
14	国新办举行一季度央企经济运行情况发布会,2020-04-20 附:发布会中的数字翻译。 注:请同学们听读原文,并且整理出重点词汇中英文对照表
15	国新办举行一季度工业通信业发展情况新闻发布会,2020-04-23

上面所提到的这个学期只是其中的一个例子。教师在备课过程中不仅需要投入大量的时间和精力,还要能够从恰当的角度给予学生引导,帮助学生抓住学习重点。此外,还要给学生布置一定量的课内外任务,比如借助记者会同步进行翻译模拟实战,并在事后的反复观摩中,学习他人的翻译经验,发现自己的不足并加以改进。在一学期的教学过程中,教师一边学一边教,师生在课内外相互督促,互为动力,这样的翻译课堂真正实现了教学相长的理想目标。

在笔者 20 多年的教学生涯中,一直秉持“学学半”的理念,不敢放松学习,因为翻译教学质量的提升基于每一位战斗在一线的翻译教师自身的水平,正如穆雷教授所指出的,“将翻译教师视为需要自我发展的个体,而不是当作完成翻译教学的工具,深入探究翻译教师的专业发展,有利于促进学科的持续发展”①。除了教学过程中的学习,教师还要通过足量的翻译实践和必要的翻译培训来提

① 穆雷、梁伟玲、刘馨媛:《近三十年中国翻译教师发展研究综述》,《天津外国语大学学报》2022 年第 5 期,第 2 页。

升自身的能力，借助访学和科研等不同的形式来拓宽视野，丰富文化和学术底蕴，追求翻译教学中的守正创新。只有教师自身的不断发展，才能保证翻译学科的可持续性发展。

以实践为基础的教学相长不只是对教师提出的要求和目标，也符合学生的成长与发展规律。实用主义教育理论所倡导的经验和效用原则如果能够得到切实的贯彻，那么实践一定会在教学中占据越来越大的比重，从而更积极有效地推动教学相长，实现教师与学生之间的共同成长，深化教师自身教学与治学之间的交互式体验。

第二章

定制型翻译课堂

在《牛津英语词典》中，tailored 一词用来指衣服时，是指“为个人特制且贴身的[(of clothes) made to fit well or closely]”；它也可以指“为特定对象或目的而定制的(made for a particular person or purpose)”，比如可以说“定制型流程(a tailored program)”。① 从某种角度来说，翻译教学中也应该打造定制型课堂，教师要围绕特定的教学对象和目标来设计教学内容、授课方式以及各项课内外教学活动。

本书第一章已经介绍过，随着翻译在文化输出和交流中的作用及影响力不断扩大，翻译已成为国际传播战略的重要抓手，因此，翻译教学除了要实现《指南》中既定的教学目标，也要以服务于文化输出和国际传播为出发点，与时俱进地完善翻译教学的各个环节。作为教师，想要打造定制型翻译课堂，首先要本着以学生能力培养为中心的原则，精心选择教学材料，强化课外实践环节的监督和反馈；其次，要准确把握教学重点及难点，设计以学生为中心、以任务和专题内容为导向的多样化教学方式。

以学生能力培养为中心，就要充分考虑教学材料的合理性和实用性。除了固定的翻译教材，还要适当补充不同类型的学习材料。市面上不乏优秀的翻译教材，但由于教材在时效性和内容上的局限性，教师要及时补充新鲜及更具实用性的语料，尤其是最新的时政文献和文本，让学生不仅了解本国国情和国际形势，也能接触到专业知识领域的内容。与此同时，还要适当纳入一些母语作

① 见电子版《牛津英语词典》：https://www.oxfordlearnersdictionaries.com/definition/english/tailored。

者的英文材料，让学生从地道的英语文本中学习语言。更为重要的是，教师有必要加强对学生课外翻译实践的监督和反馈，让实践成为课堂内学习的延伸，因为只有大量的实践才能让学生更好地吸收课内所学的理论知识，在实战中打磨技巧，提升翻译能力。

除去教材的选取和课外实践环节，课内的各个环节更是需要教师精心设计，合理安排，要抓住以下六个教学重点和难点：一是培养翻译中的全局意识；二是课堂教学以精练为主；三是教师要做好探究型学习的示范；四是引导学生锤炼译语的灵活度；五是要关注常见错误模式及翻译难点；六是师生间要保持积极反馈和良性沟通。在课堂上，教师可以把讲授法、案例教学法、情景教学法、讨论法、研究法等穿插融合在一起，让课堂既充满挑战性，又有足够的信息量以及分享与探讨的空间。无论是在课堂内外，教师都需要根据对人才的实际需求、学生的语言能力和培养目标，合理安排教学的各个环节和内容，只有这样，才能让翻译课堂成为真正有助于提升学生能力的定制型课堂。

2.1 以学生能力培养为中心的教学原则

以学生能力培养为中心的教学，首先要明确译者应该具备哪些素质和能力。当代翻译理论家刘宓庆把翻译能力总结为以下五个维度：语言分析和运用能力；文化辨析和表现能力；审美判断和表现能力；双向转换和表达能力；逻辑分析和校正能力。① 简而言之，在将原文转换为译文的过程中，译者需要充分运用自己在理解、判断和辨析、表达这三大方面的综合能力，并同时具备语言、文化、审美、逻辑这四个不同层面的能力，才能够比较圆满地完成翻译任务，缺乏其中任何一点，都有可能影响最终的翻译效果。因此翻译不是一项简单的再创造，而需具备非同一般的多种能力，同时需要巨大的投入和付出。傅雷先生说过，好的译者要能够灵活驾驭中英文两种语言的句法，但要“译者的 taste 极高，才有这种判断力”②。刘宓庆还指出，翻译中的文化分析非常复杂和多样化，“语言的文化色彩遍及词语层、短语层、句子层及语段(篇章)层；语音、文字、文体、风

① 刘宓庆：《翻译教学：实务与理论》，北京：中国对外翻译出版公司，2006，第 30-31 页。
② 傅雷：《傅雷谈翻译》，北京：当代世界出版社，2005，第 23 页。

格等各个功能层级也都必须析出文化意义的问题。这一切有赖于译者的辨析能力”①。至于审美能力和逻辑分析能力,则更有赖于长期和系统的科学训练。

美国明德大学蒙特雷国际研究学院的鲍川运教授认为,作为翻译教学的实施者,教师必须能够把握翻译教学的实质,掌握具体的教学方法,要思考如何从翻译的认知方法和翻译的能力建设入手,打造高效的翻译课堂。鲍川运认为,目前中国的翻译教学中存在着一些不合理的方式和做法,比如,有些老师把翻译课变成了单纯的知识课和词汇课,有些翻译课的难度呈跳跃式分布而非循序渐进,还有些课程存在着课内外练习量不足、课外练习监督不够等问题。② 整体来说,翻译课程应当是以提升学生能力为导向的过程性教学,整个教学过程要保持连贯性和持续性,课堂内外紧密结合,既要保证课堂内一定量的实践,也要加强对课外练习的跟踪、监督、评价和多重反馈。

由于受课时限制,本科的翻译教学重在翻译实例的学习和点评,翻译技巧和方法的介绍要紧密结合实际案例。要对中西翻译理论和实践发展史、中西主要翻译流派及其翻译思想和翻译方法进行简要梳理,同时也可以适当介绍当代翻译学研究的热点议题,让学生在翻译学习中有宏观的理论框架作为支撑,能够掌握重点的翻译理论、概念、方法和策略并在实践中加以运用。

在实际教学中,教师要本着以学生能力培养为中心的教学原则,合理选择教材及其他学习材料,确保时效性及实用性。此外,还要加强课下练习的监督和反馈,因为这是目前翻译教学中较为薄弱的环节。尤其是在新冠疫情过后的线上线下混合教学模式中,课堂内的练习环节受时间、设备和网络等因素的制约,远远不如传统的线下教学充分。难度最大的是口译课,由于无法在语言实验室里进行模拟练习,而线上的练习环节又很难充分展开,因而只能加大课外练习量,让学生自主完成。但是为了保证学习效果,教师要加强对课外练习的监督和反馈,确保学生能够吸收课内所学,并在课外得到充分的实践,把课内学习延伸到课堂之外。

---

① 刘宓庆:《翻译教学:实务与理论》,北京:中国对外翻译出版公司,2006,第30页。

② 2022年7月16日,鲍川运在2022年全国高等院校翻译专业师资培训开幕式上做了主旨演讲,题为《翻译教学的专业化、系统化以及创新》,上述观点来自该演讲。

2.2　合理选择教材和其他补充学习材料

鲍川运认为国内翻译教学还存在一点不足,即"英语不是(教师的)母语,翻译教学中往往容易采用语法教学的方式"①。想要克服这种语言上的先天不足,让学生学到"原汁原味"的英语,可以通过教学资源、材料及语料库加以补足。比如,教学中要使用以英语为母语的人所写的英文,要借助地道的英文原材料学习语言并了解文化。工欲善其事,必先利其器,想要传播和输出中华文化,先要掌握翻译这一有力的武器,打造熟练的双语语言能力,并借此熟悉中外两种文化。为实现这一目标,在翻译教学中可以先从学习语料入手。

2.2.1　要注意材料的多元化

在翻译教学中,师生共同面临的最大困难之一是学生没有或只有很少的实际翻译经验,很少接触或几乎没有接触过行业内知识。翻译教材所涵盖的专业知识也非常有限,而且时效性不高。教师如果仅仅照本宣科,一味讲解翻译理论,就只能停留在纸上谈兵的状态,如何摆脱这种困境?方法之一就是合理安排翻译训练的素材和题材,比如,商务英语翻译课程里要有财经类相关内容。为了加强对中国传统文化的了解以及翻译能力,也要适当选取与文化相关的语料,让学生在练习翻译的同时,掌握相关背景知识和语汇。而为了满足思政走进课堂的要求,教师还应当选取一些时政文献和文本进行学习和研究,提升学生驾驭这类文本的翻译能力。② 对翻译专业而言,在学习这类时政文本时,教师有必要在课堂上进行适当的解读和指导,让学生在理解文本内容的基础上锻炼翻译能力。如本书第一章所提到的,加强时政文本的学习,培养高水平翻译人才是当下翻译教育的重心,是建设国家翻译能力和提升文化软实力不可或缺的重要组成部分。

需要指出的是,作为商务英语专业的翻译课程,如何在翻译中体现商务英

① 鲍川运:《对外传播理念的更新及中译外人才的普及化》,《中国翻译》2014年第5期,第16页。

② 教育部将深入推进《习近平谈治国理政》(第四卷)走进高等院校的活动。《习近平谈治国理政》(第四卷)收入了习近平总书记在2020年2月3日至2022年5月10日期间的讲话、谈话、演讲、致辞、指示、贺信等109篇,分为21个专题。该书的中英文版本于2022年6月由外文出版社出版。

语的内容？有必要讲解吗？占多大比例合适？笔者的理解是，商务英语的相关知识可以在多门其他课程中学习，因此翻译课上不必局限于商务英语题材，也要适当纳入其他专业和知识领域的内容，对文学翻译也要有所了解。商务英语翻译不过是翻译这棵大树上的一个枝杈，要先梳理主干，再去打理枝杈。只要主干稳固了，根基扎实了，自然会枝繁叶茂。商务英语翻译课可以着重选取与商务、经济以及文化相关的学习语料，同时也纳入当下的热点议题和内容，比如《经济学人》的文章、财经新闻、中国传统文化以及时政文本等。这样做的好处显而易见：一方面学生很可能会在考试及未来的工作中遇到这些内容的翻译；另一方面也有利于背景知识和专业知识的储备，拓宽和加深对事物和世界的认知，培养敏锐的观察力和判断力，打磨出良好的逻辑分析能力。

2.2.2 要注意材料的时效性和实用性，注重批判性思维的培养

在选取翻译学习材料时，教师尤其要对当下最受关注的话题“穷追不舍”和“死缠烂打”，让学生通过对局部的、微观及个体的事物的了解，不断为自己的宏观知识背景墙添砖加瓦，加深理解力和洞察力；在语言方面，也能够实时更新自己的语料库和知识库。比如，笔者曾在课堂上以 2021 年 3 月中美在阿拉斯加的高层对话为例，引导学生从专业的角度去分析和评判。现场视频曝光后，中美双方译员的表现一时间引起了社会各界的关注和热议。对于这种难得一见的外交领域的翻译活动，可以从语言、立场、职业素养等各个角度去观摩、学习和讨论，而不是人与亦云，对译员的工作和表现妄加评判。这些来自实战的语料远比教材的内容更加鲜活，也更能激发学生的学习热情。

此外，在选择教学材料时还应当融入母语作者的语料，口译、笔译都是如此。正如刘宓庆所指出的，“一般来说，每一个人都只可能有一种语言是他的母语，因此要在双向表达中贯彻这个原则（摆脱母语干扰），就要求经过严格的训练，这期间，老师的鉴别、引导是至关紧要的”①。让学生通过学习地道的语言，在翻译中尽可能排除母语干扰，转换思维进行翻译。教师要在翻译课堂上纳入一定比例的母语作者的文字和篇章，随时抓取新鲜的语料进行分析和学习。这

① 刘宓庆：《翻译教学：实务与理论》，北京：中国对外翻译出版公司，2006，第 32 页。

不仅有助于语言学习,也有助于加深学生对西方政治、经济、社会和文化等各方面的了解和认知。

比如,2021 年 10 月 4 日,华盛顿知名智库 CSIS 邀请美国贸易代表戴琦发表主旨演讲,并在其后的访谈中交流了美方对华贸易政策的主要目标、基本原则、重点工作和大致方案。在学习这篇讲话时,教师首先要引导学生甄别该讲话中从美方立场出发所做的一些表述是否正确,如何去正确理解。该贸易代表指责中国在钢铁和太阳能行业以巨大的投入占领了绝大部分国际市场,剥夺了其他国家的发展机会;认为中国的这些政策导致了世界经济的零和状态,中国的发展是以牺牲美国和其他国家的利益为代价的。对于这些有失公允或者话外有音的表述,翻译时必须格外小心,切记不能单纯从字面去翻译,而要从正确的立场和角度出发完成信息的转达。该贸易代表在演讲中使用了"China's state-centered and non-market trade practices(中方在贸易中采用了以国家为中心的非市场化路线)"的表述,对于这种表述中美双方是存在分歧的。中国一贯坚持和践行的是"有中国特色的社会主义市场经济(the socialist market economy with Chinese Characteristics)",即政府的"有形之手"和市场的"无形之手"共同作用的经济。对于上述这类诬蔑、指责或有分歧的观点和表述,作为译者必须能够鉴别并在翻译时进行合理修正。翻译人员绝不是简单的"传声筒",而是有效和正确信息的转达者。在翻译工作中,必须充分了解和掌握国家的大政方针,具备外事外宣翻译的基本素养,这也是新时代背景下翻译教学中不可忽视的环节。

此外,这类语料的学习还有助于我们知己知彼,了解美国特色的政策方针以及一些特定术语的表达,比如 Bipartisan Infrastructure Deal(两党基建法案)、the Build Back Better agenda(重建更好未来计划)、Phase One Agreement/First Phase Deal(美中贸易第一阶段协议)等。除了对政策和特定用语的理解与学习,在语言层面,还要观察和学习西方人士偏爱的一些表达方式和用语,也就是我们常说的地道的英语。比如整篇演讲里反复使用的 approach 就是英语中的一个高频词,align、re-align、holistic 等词也在全文多次出现。再比如下面这句中 balloon 的用法:Its production capacity ballooned, depriving U. S. steel companies of valuable market opportunities.（中方产能迅速膨胀，导致美国钢铁公司在国际钢铁市场上痛失发展机遇。）这个句子中 balloon 一词的名词活用，既生动形象，又使得句式简洁有力，意义表达一步到位。上面提及的例子旨在说明，翻译学习应当是双向的，因为“翻译融通中外，重要的是要熟谙中外语言和文化”[①]。想要实现更高水平和更为有效的输出，输入的环节必不可少，要在输入的基础上打磨输出的能力。

综上所述，教学材料的选择要多样化，既要有针对本专业特点的重点内容，也要涵盖不同专业和知识领域的内容，拓宽学生的知识面和视野。既要学习中国人写的英文，更要借鉴英语母语作者所写的英文，还要兼顾时效性和实用性。合理适用的翻译学习语料不仅有助于学生的语言学习，也能够加强他们在批判性思维方面的训练，从而更好地实现《指南》所提出的翻译教学目标，即把学生培养成了解中国国情和国际形势，能胜任各行业口笔译等语言服务及国际交流工作的复合型人才。

2.2.3 加强课下练习的监督、点评

除了从教学材料入手来保证知识和信息的输入，教师还要致力于解决教学过程中另外一个相对薄弱的环节：实践。翻译教学中普遍存在着课内外练习量不足、课外练习监督不够的问题。尤其是在线上线下教学模式中，这个问题更加突出，影响了教学效果。毋庸置疑，翻译学习需要大量实践，翻译教学中也涉及多个双向互动环节。除了课堂内的讲授、课堂练习的点评和讨论，还有课外练习的监督、检查及评价，包括对学生学习过程中的问题随时进行反馈等。不仅师生之间存在着多个层面和不同环节中的合作，学生之间也可以开展积极的互助与合作，包括课上练习合作、相互点评、课下合作练习及监督等。和大多数其他课程相比，翻译课程的训练过程复杂，涉及环节众多。之所以如此复杂，是因为现在的翻译课堂不再是以老师为中心的知识灌输型教学，而是以学生能力提升为中心、以任务为导向的课堂，能力的提升贯穿和依赖于任务执行和完成的各个环节。

---

① 鲍川运：《对外传播理念的更新及中译外人才的普及化》，《中国翻译》2014 年第 5 期，第 16 页。

翻译学习中的知识储备必不可少，无论是百科知识还是专业知识都需要尽可能储备，但这些不必占用太多课堂上的时间，可以让学生利用课下时间自主完成。宝贵的课堂时间应当着眼于技能的讲解和训练，通过实际的练习检验知识储备，发现知识漏洞，打磨实际翻译能力。合理分配课堂上知识讲解与技能训练之间的比例，是教师首先要做好的功课。其次，通过实践来检验、消化和吸收理论是翻译学习的必经之路。本科学生大多存在着翻译基本功训练不够扎实、练习的体量和质量都不尽如人意的问题。教师要充分发挥合作型课堂和教学的优势，通过精练、细练和多练，借助典型的实例讲解、点评和讨论，让学生更好地理解翻译原则和技巧，培养举一反三的能力。在夯实翻译理论基础、扩大知识储备的同时，切实锻炼和提升学生的实际翻译能力。

翻译的课内学习课时远远不能满足对翻译实践的要求，如何补足这一短板，让翻译活动从课堂持续到课外？怎样让课堂上的精练事半功倍？对于教师而言，除了全力以赴做好课堂教学，还要加强对学生课外翻译练习的监督和反馈，这在一定程度上可以补足短板。以笔译课为例，教师在课上精讲了翻译方法和技巧后，可以要求学生课下拓展学习并搜集相关例句，然后将整理好的内容发到微信学习群里共享。而口译课，比如同声传译选修课，则要求学生自行做好每天练习的打卡记录，定期将记录分享到班级学习群里。这样做不仅能够督促学生按时完成课外练习，也是一种最大化利用学习资源的方法。下面是几例学生的课外作业以及教师的点评。学生会在自己整理的例句后注明该例句所采用的翻译方法或技巧，教师主要就方法和技巧加以点评，希望加深学生的印象。

翟静轩

促进经济发展

to promote economic development

to facilitate economic advance

to promote economic advancement

to boost the economic development

to contribute to the development of economy

to increase economic growth

进行深入交流

to exchange ideas extensively

to share our understandings deeply

to have a further negotiation

to have thorough and in-depth discussions

to have an in-depth exchange of views

教师点评

平时学习中，要注意积累高频词和词组的多种译法，尤其是一些中式表达要找到自然通顺的英式表达。这种练习有助于避免翻译时语言的重复，当同一个单词或词组多次出现时，译文要尽可能有所变化。更重要的是，这种训练是基于图式理论（Schema Theory）的积累语汇的有效方法。“图式”是指存在于记忆中的认知结构或知识结构，是修建认知能力这座大楼的砖头。因此，要将一些高频词、短语以及结构进行分类整理，形成积极的、系统的、易于激活的“图式”储存在大脑里，翻译时大脑就可以快速反应并提取这些信息。

刘　彬

听君一席话，胜读十年书。

Your remarks are more inspiring than what I have read in ten years.

You are a great conversationalist!

This is a very interesting conversation. I enjoy it very much.

社会发展不应以牺牲环境为代价。

It's unreasonable for any society to develop at the expense of environment.

Under no circumstances should we sacrifice the environment for social development.

人们对这个问题意见不一。

People's opinions are divided on the issue.

Opinions on the issue vary from person to person.

教师点评

一句多译的练习多多益善。翻译时，词性、语态、语序等都要根据译入语的特点进行调整。如果从不同的角度或视角切入、变换主语、变换语态或句式，都可以把一个句子组织完整，语言的灵活度就有了。比如第二个句子也可以译为：Social development should not come at the expense of the environment.

林菲莉

The number of the young people in the United States who can't read is incredible about one in four.

在美国年轻人中，大约有四分之一不识字，这简直令人难以置信。(形容词 incredible 的灵活处理)

教师点评

例句中形容词的译法值得借鉴，尤其是当英文中多个形容词修饰同一个名词时，最好不要将这些形容词原封不动地罗列在名词前面，而要用符合汉语表达习惯的方式组织语言，或者将词义"化"在整个句子当中。

蔡婷婷

At the same time falling global trade, depressed commodities prices and vanishing tourists have put export revenues, and hence the supply of foreign currency, into free fall.

与此同时，全球贸易下滑、大宗商品价格低迷以及游客减少导致出口收入锐减，外汇供给也因此大幅下跌。(形容词转动词)

教师点评

形容词转译成动词，加强了句子的动势，使整个句子更加紧凑，也符合汉语语言更具动态感的特点。

奇姝彤

中国日报社于 4 月 16 日晚以"云直播"形式主办了主题为"人类命运共同体：我 · 世界 · 未来"的"新时代大讲堂"。

The event,"Young Voices: Shared Future & Better Tomorrow", was broadcast online to a global audience on Thursday evening.(主动与被动转换)

教师点评

英语多被动语态,汉语使用被动语态相对较少,因此英译汉时可根据上下文适当转换语态。

如上文所示,教师的点评是对学生作业的积极回应,一方面要对他们的努力给予肯定和鼓励,另一方面也可以就他们分享的要点做进一步讲解。这样的作业发到班级群里以后,不仅能让每位学生都得到老师的回应和指导,也能共享知识点,将学习成果最大化。事实证明,能够坚持课外自我训练的学生往往能在最短的时间里取得长足进步,一学期下来差距就会显著拉开。对于翻译这门实操性特别强的课程来说,保质保量的课下训练能让课堂上所学的知识和技能得到充分消化和吸收,否则课堂教学往往会是事倍功半。

2.3 准确把握翻译教学重点和难点

想让翻译课堂丰富有趣,充分激发学生的学习积极性,教师的教学方法至关重要,每一节课都需要精心设计,要尽可能细化教学方案。在具体的翻译教学过程中,教师如何发挥引导作用,刘宓庆总结了以下几点:一是思维活动激发;二是实务运作指导;三是理论研究指导;四是指导学生如何操控译文,关注翻译的表现法论;五是指导学生如何体认翻译,关注翻译的本体论。[①] 翻译教学要按照这五个方面循序渐进,低年级学生的翻译训练主要着眼于前三个方面;高年级学生以及研究生则重点关注后两个方面的内容,要在具备一定翻译技能的基础上对翻译实践及理论进行深入思考和研究。根据刘宓庆的这种思路,结合自身的翻译教学经验,笔者总结出了在教学中需要重视的六个方面,分别是:第一,培养翻译中的全局意识;第二,课堂教学以精练为主;第三,教师做好探究型学习的示范;第四,注重锤炼译语的灵活度;第五,关注常见错误模式及翻译

① 刘宓庆:《翻译教学:实务与理论》,北京:中国对外翻译出版公司,2006,第42-48页。

难点；第六，保持积极反馈和良性沟通。

2.3.1　培养翻译中的全局意识

翻译教学要帮助学生掌握正确的翻译方法和步骤，首先就要培养全局意识。翻译训练一般遵循以下几个步骤：理解—决策—生成译文。这个过程看似简单，实际上包括了从认知到思维的多个工作环节，要充分调动理解能力、逻辑推理能力和批判性思维，借助语言实现两种文化之间的交流。很多学生初学翻译时会有“拿来就翻”的毛病，这样的翻译往往会一叶障目，很难把握住原语文本的整体意义和深层逻辑。意义理解不到位，译者也就很难摆脱原语形式的束缚，进行必要的句式整合。

和研究生相比，本科生在知识面上有很大的欠缺，导致理解力、思辨能力和判断力都有所不足。在正式下笔翻译之前，教师要引导学生先做好“理解”的功课。翻译家思果告诫我们：“先看全句、全文——没有看完一句，不要动手译；没有看完整段，不要动手译；没有看完全文，不要动手译。”①翻译切忌望“词”生义，而要望“文”生义。这里的“文”指的是上下文或语境，因为作者的意图、立场或态度等比较隐性的意义往往藏匿在字里行间，也需要一定的背景知识才能够准确把握。因此，翻译“切不可译字，要译意，译情，译气势，译作者用心处。记住，译者最大的敌人是英文字”②。

想要摆脱字的束缚，就要像思果所说的那样看完整段、看完全文，只有先“看完”，才能吃透上下文，把句子和篇章放到一定的语境中去加以解读。想要吃透上下文，译者就得做好各种译前准备工作，包括了解写作者的身份、风格、意图以及目标读者的定位等。做好相应的“勘察”工作，译者才能具备足够的全局意识，在充分理解原文的基础上动笔翻译。可以说，全局意识是保证译文质量的第一个关键环节。

何谓全局意识？如何培养全局意识？北京外国语大学李长栓教授带领的北外高翻教学团队在《北外高翻笔译课（英译汉）》一书中对此做了详细的阐述。该团队在借鉴西班牙巴塞罗那大学 PACTE 研究团队所提出的翻译能力框

---

① 思果：《翻译研究》，桂林：广西师范大学出版社，2017，第 19 页。

② 思果：《翻译研究》，桂林：广西师范大学出版社，2017，第 xxi 页。

架的基础上,提出了适合中国学生的笔译核心能力模型,该模型包括职业伦理、全局意识、语言能力、跨文化能力、逻辑思维能力、查证能力六个模块。[①] 在这个模型中,该团队创造性地提出了全局意识能力的建构,即要培养"译者的宏观思维能力,包括从宏观上把握原文、了解作者和写作背景,并根据翻译情景决定翻译策略,形成符合用途的译文"[②]。也就是说,译员要能够在相应的背景知识储备的基础上,包括常识、专业知识、文化内涵、作者及作品风格等,准确判断语言材料使用的语境,从而决定采用何种具体的翻译方法。一句话,全局意识有助于学生借助宏观知识背景进行微观技巧的决策。

全局意识也可以理解为译员的宏观认知或整体观,属于译前准备工作。无论是口译还是笔译都应该做好充分的译前准备,除了语言和知识的储备,要对语料自身的风格、用途、场景和使用目的有所了解,同时还要善于借鉴相关文本的翻译,也就是我们常说的互文本、平行文本、参照文本和关联性文本,有时也包括副文本。尤其在时政文本的翻译中,必须认真查阅历史相关文本,了解相关术语或表述译法的变动及其原因,掌握由国家权威机构和翻译专家确定的译法,保证文献翻译的准确性,杜绝原则性错误。

即便是身经百战、能够胜任专业知识领域翻译的优秀译员,也不可能像该领域的专家那样精通,或者说很难掌握所有的专业词汇,更何况缺乏实战经验的翻译初学者。如何弥补这种欠缺?方法之一就是借助上面提到的互文性学习,它能够让译者在"获取专业知识、学习专业术语、借鉴表达方法、模仿写作风格"[③]等方面都有所裨益。在做好充分的译前准备的前提下,译员才有可能胜任专业领域的翻译工作。

可见,包括学习平行文本在内的译前准备工作至关重要,它能让译者在具备全局意识的基础上,正确理解原文,确定翻译策略,最终产出译文。因此,在翻译教学中,首先就要纠正学生错误的翻译习惯,树立良好的翻译意识。不仅要在平时加强知识和语言的储备,也要在着手每一项翻译任务时,做好译前查

① 李长栓、王苏阳:《北外高翻笔译课》,北京:中译出版社,2020,前言第 ii 页。
② 李长栓、王苏阳:《北外高翻笔译课》,北京:中译出版社,2020,前言第 ii 页。
③ 李长栓:《非文学翻译》,北京:外语教学与研究出版社,2009,第 93 页。

阅、考证和文本借鉴的工作。翻译要从全局意识或宏观认识的培养入手，在此基础上再“以小见大”，结合具体语境、原作意图、读者接受等因素进行综合考量，制定翻译策略。

2.3.2　课堂教学以精练为主

考虑到课内时间有限，上课时要精选例句或例文，引导学生反复打磨译文。课堂练习宁求质不求量，在练习过程中，要大致遵循教师启发和知识点扫盲、学生独立思考和翻译、课堂分享和讨论的步骤。教师穿针引线，把控住课堂节奏，合理穿插点评，让学生在思考和动笔的过程中，发现问题并解决问题；通过讨论环节和教师的点评，加深对翻译理论和技巧的理解，拓宽自己的思路。如果时间允许，这种精练型课堂教学模式应该从课堂延续到课下，因为对于翻译训练而言，精练不仅必要，而且非常见效。

精练型教学模式尤其适合笔译课的学习。上文提到的《北外高翻译笔译课》就对这种教学模式给出了很好的示范。该书以北外高翻学院的笔译课为例，呈现了两个学期笔译课的真实教学情况，书中“精选了 2017—2019 学年英汉笔译教学材料和附带详细注释的参考译文。译文的注释包括初稿制作过程查找的资料、译者的思考、多轮修订中补充的材料和修订过程中的对话”[①]。在书中，可以看到师生之间以及教师之间的全过程互动与合作，教、学、练、评的充分结合，是漫长、琐碎但能见到实效的一种教学和训练方法。如此精细和深入的译文打磨过程需要投入大量的师资、精力和时间，更适合 MTI 研究生的翻译训练。如果是应用到本科的笔译教学中，可以按照这个模式做成“微缩版”，时间跨度和练习的体量都可以缩减，但是主体思路和方法都非常值得学习和借鉴。

举一个简单的例子，笔者曾在笔译课上让学生翻译过下面这个句子。

例 1　英译汉

原文

What mattered was competition for the market, not competition in the

---

① 李长栓、王苏阳：《北外高翻笔译课》，北京：中译出版社，2020，前言第 i 页。

market.

学生译文

(1)相比之下,竞市之争远比进市再争更为重要。

(2)重要的是为市场而竞争,而不是在市场中内卷。

教师点评

译文(1)恰到好处地使用了汉语中常用的四字词组,形式工整,读起来也有节奏感。此外,"相比之下"是对句子逻辑意义的增补,根据两个意群之间的对比关系进行的合理增补。因为理解了句子的深层逻辑,该同学在翻译时也完全摆脱了原句形式上的束缚,实现了译"意"而非译"字",值得鼓励。译文(2)的创新之处在于"内卷"一词的使用,这个词准确地表达出了句子的内涵,"内卷"的言外之意契合原句想要传达的扬此抑彼的态度和立场。

上课时,学生可在各自翻译完之后分享彼此的译文,其中不乏亮眼之作。在学生讨论和分享的同时,教师也同步对译文的优缺点进行点评。通过这样的讨论与分享,学生在相互欣赏和鼓励的同时,也真切理解了什么是"挣脱字的束缚",什么样的增补是合理或必要的,为什么译者的汉语语言的能力也同样重要。一个简单的例句就能够让学生消化抽象的理论和原则,并充分激发想象力和参与的热情。

不过,关于"内卷"的学习并不止于此。在下一节课上,笔者又给学生提出了新的问题:"内卷"的英文怎么说?如何理解这个词的言外之意?果然,这个词的翻译一时难倒了学生。于是,笔者为学生推荐了相关的学习语料。

知识拓展

"内卷"释义:involution, a buzzword meaning irrational or involuntary competition, which makes people feel burned out(指令人感到焦虑的非理性或非自愿的内部倾轧)

involution 的词源考察:可参看在线词源学词典,了解词汇的出处、定义、近义词以及该词在英语中最早出现的时间和用法(https://www.etymonline.com/)。

网络释义："内卷化"原本是社会学术语，指人类社会在发展到某种确定的形式后，停滞不前或无法转化为另一种高级模式的现象。现在常被用来形容同行间竞相付出更多努力以争夺有限资源，从而导致个体"收益努力比"下降的现象，可以看作努力的"通货膨胀"。所谓的"内卷"，就是不考虑把蛋糕做大，只想着在内部进行过度和不必要的竞争。

经过这样一番探讨，学生进一步了解了"内卷"一词的深层含义和语义色彩，同时也掌握了包括"内卷"在内的一系列热词的英文翻译。翻译中时常会遇到"内卷"这类看得懂但译不好的词汇或句子，尤其是在遇到成语、习语、俗语和诗词的时候，很容易卡壳断片。学习翻译没有捷径可走，要靠平时多观察、多积累和多思考，要善于借鉴优秀的译文和实用的经验，最终目的是能够为我所用，灵活套用或借用也是翻译训练中的一种有效方法。比如在下面这个例子中，"揭榜挂帅"就是一个带有鲜明中国传统文化特色的词语，对于这样的语言，西方人不一定能够理解，中国学生则未必能翻译好，但是可以通过揣摩现有的译法，拓展翻译思路，丰富翻译时的表达方式。

例 2　"揭榜挂帅"的译法举例

(1)实行重点项目攻关"揭榜挂帅"，谁能干就让谁干。

We will introduce an open competition mechanism to select the best candidates to lead key research projects.①

(2)改革科技重大专项实施方式，推广"揭榜挂帅"等机制。

reform the way that major science and technology programs are implemented, and extend mechanisms, such as the open competition mechanism to select the best candidates to undertake key research projects, to more areas②

① 《李克强 2020 年政府工作报告》，2020-06-03，http://www.china.org.cn/chinese/2020-06/03/content_76114748.htm，访问日期：2022-01-20。

② 《李克强 2021 年政府工作报告》，2021-03-16，http://www.china.org.cn/chinese/2021-03/16/content_78109538.htm，访问日期：2022-01-20。

更多参考译法：

select the most qualified one to take the leadership in...

let the most outstanding one to be the leader in...

let the qualified talents to be the "Marshal", that is, to be the leader in...

在翻译教学中，这种以小处入手、见微知著的精练学习法要比单纯地讲理论更易为学生接受，能够在有限的课时内最大化学习效果。更为重要的是，精练法有助于学生培养良好的翻译习惯以及举一反三的能力，在此基础上再进行一定量的翻译实践，学习效果会更好。不仅如此，教师与学生之间围绕着某个议题或练习而展开的持续性互动，能让师生双方都成为教学相长的受益者。

2.3.3 教师做好探究型学习的示范

需要指出的是，翻译课不是知识课或词汇课，但翻译离不开一定的知识和词汇储备。在有限的课堂时间内，教师可以结合翻译练习的内容适当补充相关知识，其目的在于让学生从微观层面加深对事物的宏观理解。况且，素质教育从来都不只是学习知识和技能，而是通过专业知识和技能的学习，帮助学生拓宽视野，更好地了解和认知世界。更重要的是，要通过有限的大学教育，帮助学生培养终身学习的能力，掌握正确和高效的学习方法。

《指南》强调了对学生终身学习能力的培养，要让教育的影响力从课堂内延伸到课堂之外，"融合语言教学与知识教学，以能力培养为导向，重视语言运用能力、跨文化能力、思辨能力、翻译技能和终身学习能力的培养"①。终身学习能力首先需要具备终身学习的意识，其次是能够掌握科学的方法和专业学习能力，比如翻译研究的能力、使用信息技术和翻译工具及资源的能力等。只有这样，学生才能在走出校门之后，随着国家和社会对人才需求的变化而不断提升自己在各方面的能力和素养，实现可持续发展。因此，在有限的知识和技能传授之外，教师还要注重学习方法和能力的培养，探究型学习方

① 教育部高等学校外国语言文学类专业教学指导委员会英语专业教学指导分委员会：《普通高等学校本科外国语言文学类专业教学指南（上）——英语类专业教学指南》，上海：上海外语教育出版社，2020，第33页。

法就是其中之一，教师应当在课堂上做好示范和引导。比如在一次笔译课上，笔者让学生做了下面这段翻译练习，该段落选自《经济学人》中的一篇文章。

例 3　篇章翻译练习

原文

At least wages have risen. In America Amazon and others have pushed minimum pay to at least $15 an hour. Yet higher labor costs may tempt companies to replace workers with robots. A digitized retail industry raises demand for higher-skilled labor, but lowers it for entry-level workers. Jobs like delivery and grocery-picking may be outsourced to gig-economy workers, whose livelihoods depend precariously on customer ratings and reviews.

参考译文

至少工资待遇已经有所提升。在美国，亚马逊和其他公司已经将最低时薪提高到 15 美元以上。然而，考虑到劳动力成本的上涨，这些公司未来可能更倾向于"雇用"机器人而非人力。数字化零售业提高了对高技能劳动力的需求，对初级工人的需求量却减少了。快递和拣货这类工作可能会外包给零工，而由于零工的业绩评价取决于客户的评级和反馈，这个饭碗端得就不是那么牢固。

知识拓展

零工经济（Gig Economy）指的是"借助数字技术平台发展的一种在线劳务交易。借助在线平台，劳务外包者或请求者和劳务承包者或供给者之间可以实行点对点的直接交易"①。在这种经济形态下，越来越多的人选择从事非全职工作，包括兼职、派遣制工作、自由职业以及自我雇佣（如小企业主）等。这些形式的工作不受空间限制，时间上也相对自由。零工经济并非新生事

① 王宁：《零工经济的性质、问题与就业潜力》，《人民论坛》2020 年第 21 期，第 39 页。

物,但它和人们通常理解的“打零工”有所不同,因此也有人称之为“新零工经济”,这个“新”指的是越来越多的高收入人群和高价值的科技企业开始加入这一模式,而且这一新的模式依托互联网和共享经济而存在。据粗略统计,到 2020 年,美国约有 40%~50%的人从事不同类型的非全职工作。统计还表明,相比较于传统的全职工作,很多人更满意于非全职工作。① 作为互联网时代的一种新业态,零工经济带来了就业形式的转变,也意味着雇佣关系从企业-员工转变为到平台-个人,也就是平台直接与个人签约。② 根据中华人民共和国人力资源和社会保障部的最新统计数据,2022 年,我国的灵活就业人员已达 2 亿多人。在当前全球疫情叠加经济下行的严峻局面下,零工经济推动了新就业形态的蓬勃发展,国家将继续大力支持多渠道灵活就业,以此缓解就业压力。

这段文章谈到了高科技的发展给零售业的职业需求带来的转变。数字化的零售业不再需要大量的初级工人,而只需要一少部分具有更高技能的劳动力。快递和拣货之类技术含量不高的工作则交给零工来做。虽然这段文字在理解和翻译上并没有太大的难度,但是教师可以进一步启发学生:何谓“零工经济”?它为什么会成为当下的一种新业态?它与学生未来的职业选择有何关系?为了帮助学生借助语言学习更好地理解新事物和新现象,教师为学生做了相关的背景知识拓展。

谈到就业问题,除了零工经济,教师还要引导学生关注国家在相关政策上的灵活调整以及表述,包括下岗再就业问题、农民工政策、针对中小微企业的助企纾困等。社会在发展变化,语言也要与时俱进。上文所举的是笔者结合课堂教学内容,引导学生拓展知识的一个例子。

前面我们提到过,翻译教学中要尽可能多地学习地道的英语,要先输入再输出。下面这个例子就是笔者在翻译课上给学生做的另外一个示范。无论是笔译还是口译,数字翻译都是一大难关,和数字相关的表述出现的频率很高,比如数字的增长和减少等,如何在翻译中做到既准确又避免语言的重复?为此,

---

① 详见:https://wiki.mbalib.com/wiki/%E9%9B%B6%E5%B7%A5%E7%BB%8F%E6%B5%8E。

② 黛安娜·马尔卡希:《零工经济:推动社会变革的引擎》,陈桂芳译,北京:中信出版集团,2017。

课堂上专门就数字翻译展开了专题学习。首先，教师先让学生展开讨论，有哪些词或词组可以用来表示数量的增加和减少。在学生讨论完之后，教师再把课前整理好的比较详细的单词表和例句发给学生一起学习。

例 4　关于“增长/增加”的单词和词组举例

增长、增加：increase，grow，rise，to be raised，go up，inch up

增长到：expand to，increase to，go up to，be up to，rise to

增长了：go up by n%，increase by n%

不断增长/与日俱增：increase continuously，grow constantly，to be steadily on the increase，grow with each passing day，increase daily

迅速增长/以高速增长：increase rapidly，grow quickly，increase at a high speed，to grow at a great speed

大大增长：increase substantially/considerably/tremendously/sharply/enormously/greatly

大幅增长：increase by a big margin，increase by a big/great/wide range

成倍增长：increase several times，double，to redouble

爬升：pick up，climb

飙升：surge up，hike sth. up，jump up，shoot up，soar，zoom up，skyrocket

超过：outstrip，outpace，surpass，exceed，be more than，be over

例 4 所列举的只是部分和“增长/增加”相关的表述。倘若在翻译中像搭积木一样灵活组合，比如通过变换形容词和副词，就能“搭建出”很多种不一样的表达方式。同理，在表达和“减少/降低”相关的内容时，除了掌握核心单词，也可以套用上面的词组。

例 5　关于“减少/降低”的单词举例(在词组中的用法参照例 4)

下降/减少：decrease，decline，drop，fall，go down，reduce

猛跌：plunge，be slashed，tumble

下滑/小幅下降:dip,slip,slide,inch down,be trimmed to

其实这些单词基本上都是学生已经掌握的词汇,只是之前可能没有进行过系统的整理,而在翻译学习中,这样的整理功课必不可少。此外,为了让学生品尝原汁原味的英语,笔者还从英文期刊《物流研究》(*Logistics*)中摘录了几十个关于"增长/增加"和"减少/降低"的例句,让学生感受一下英语母语使用者所写的英文,例句同时也作为英译汉课下作业布置给学生。①

例6　来自英文期刊*Logistics*中的例句

(1)As a result,we expect refined petroleum prices to continue upward through the first half of 2003, reaching a short-run peak in summer and declining thereafter.

(2) U. S. airlines are suffering from high costs and low passenger volumes,so it's no wonder air cargo prices are feeling the heat.

(3)Average prices for rail freight inched up just 0. 1% from December 2002 to January 2003.

(4)Drivers and other trucking company laborers scored a 2. 3% wage hike in 2002, up to an hourly average of $14. 44 in December. Water transportation saw hourly wages rise by 6. 9% to $24. 32,while warehouse workers enjoyed a 5. 3% increase of $13. 76 per hour.

(5)The big news this year is that during a period of almost non-stop bad economic news, logistics managers were able to hold their own on the salary front. In fact,they actually posted a modest increase of 2%.

(6)As fuel prices continue their unprecedented upward surge toward the $2 per-gallon mark,many package carriers have announced increased fuel surcharges to cover those costs.

(7)Will the prices and surcharges hit a ceiling anytime soon?

(8)More surprisingly,truckload carriers managed to make a 0. 1% rate

① 所有例句均来自2002—2006年的英文期刊*Logistics*,具体的期刊年份、期刊号和引文页码未做详细记录。

hike stick.

(9) Following a 16% price drop in October, inbound service saw a further decline of 0.6% in November.

(10) The U.S. Postal Service is requesting a 10% price hike for express delivery.

(11) The last time this industry recorded a string of monthly price declines was at the end of 1998.

(12) Our forecast assumes this steep price slide won't last if only...

(13) Average rates for shipping cargo on scheduled flights tumbled 3.2% from year-ago levels.

(14) For the entire year 2001, prices inched up just 1%.

(15) Here sharp monthly price hikes have moderated to a no-growth pattern.

(16) The average price for trucking and courier services bounced back up 0.2% in January 2002 after a sharp 0.7% price decline the previous month.

(17) Truckload carriers, meanwhile, watched rates slip by 0.5%, representing the fourth monthly price drop in a row.

(18) Shippers that move lumber were hit with the largest monthly price hike—3%.

(19) We now foresee a 2% increase.

(20) Indeed, average hourly earning peaked at $16 an hour.

(21) By December 2006, average hourly wages stood at $12.

(22) With an economic recovery slow to emerge, pressure will remain on public warehouses to hold the line on prices.

(23) Average rates for trucking and courier services held steady between Jan. and Feb., 2006.

(24) Shippers saw average rates inch down a lesser 0.3%.

(25) It appears that where rates are concerned, the skies haven't been

as turbulent as expected.

(26) A rebound in the economy and the airline industry will help boost aircargo rates in 2002 and 2003.

(27) Average rates jumped 4% in the first quarter.

(28) The rate rose a meager 0.1% from year-ago levels.

(29) Average rates of shipping cargo soared 35%.

(30) The trucking industry will have boosted overall prices by 3% in 2004.

上面各例句中关于增长或减少的英文表述,既贴合具体语境又准确转达了信息,让学生深切感受到了英语语言的生动和丰富,尤其是将无生命物体作为主语的拟人化手法很值得学习,平时在翻译时可以多加练习和使用。比如新冠疫情期间我们常说的一句话"病毒无国界,大爱无疆",英文就可以翻译为:Virus knows no borders. Great love knows no borders. 拟人化的表达亲切生动,句式也相对简洁。

通过这个专题的学习,一方面加深了学生对译语灵活度的理解,另一方面也让他们充分意识到知识储备的必要性。更重要的是,要鼓励学生尽可能多学习地道的英语,避免翻译腔或中式英语。王东风在谈到翻译学科发展中的问题和对策时曾经指出,从语言条件来说,中国学生存在着先天性不足,因为"中国并不是一个双语或多语国家,因此不适合于双语或多语人才自然生成,翻译人才的培养必须要经过严格的大学教育"①。正因为这种"基因缺陷",在高层次翻译人才紧缺的当下,高校的翻译教学任务更重,对教师的要求也更高。

教师要做好示范,引导学生就某些专题或知识进行探究式学习,通过检索文献、查证资料、使用工具书等不同手段来获取信息。比如在学习国内时政文献的翻译时,最好参照官方和权威机构提供的资源。本书引用的时政文献的参考译文就以两大语料库为主,一个是《中国特色话语对外翻译标准化术语库》,它是国内首个国家级多语种权威专业术语库,另一个是《中国网双

① 王东风:《发展中的中国翻译学科:问题与对策》,《中国翻译》2020年第3期,第6页。

语文件库》。[1] 前者可以查阅有中国特色的术语翻译；后者能够检索各类时政文献的中英文对照版本，包括党和国家的重要决议、工作报告、会议公报、白皮书、领导人的重要报告和讲话等。如果想要查阅英语的用法，则可以检索其他一些大型语料库，比如本书用到的《英语国家语料库》（BNC），该语料库提供单词的常用搭配、适用语境、语体风格等信息。此外，翻译工作中还可以借助词源词典、搭配词典等确保译语的准确性和得体性。

总而言之，在信息爆炸的时代，教师要引导学生提升自己的"搜商"，学会筛选有用信息，以免被大量无效的信息湮没。在翻译学习中，掌握了探究型的学习方法，不仅有助于拓展知识面，培养翻译所需的全局意识观，也能够在课堂之外乃至毕业之后，不断汲取新的知识和信息，保持终身学习的习惯和能力。

2.3.4　注重锤炼译语的灵活度

教师在给学生梳理重要翻译理论时，也要强调翻译研究和实践中的动态发展。在翻译活动中，从来没有唯一和标准的译文，但是总是有值得学习的优质译文。译者要有严格的自我要求，要像严复先生那样，以"一名之立，旬月踟躅"[2]的精神，从语言、句法、修辞、风格等不同层面入手，不断追求更加完善的译文。如果非要给翻译一个标准，"灵活"倒是可以算作一个。为了让学生深刻理解翻译的灵活性，锤炼译语的灵活度，教师可以在课堂上充分开展"一句多译"[3]的练习。比如下面这个句子的翻译，除了学生提供的版本，课堂上还让学生搜索了一下机器翻译的版本，看看机器是否比人译得更出彩，机器翻译的弊端在哪里。

例 7　"一句多译"练习

原文

The product is superior, but only experientially measurable.

---

① 更多语料库的介绍和网址可参看孙有中总主编，任文、李长栓主编《高级汉英笔译教程》，北京：外语教学与研究出版社，2022，第 27–29 页。

② 严复：《天演论》译例言，载罗新璋、陈应年编《翻译论集》（修订本），北京：商务印书馆，2009，第 203 页。

③ "一句多译"也可以理解为"释义"（paraphrasing）练习。关于"释义"和"释意"的区别，本书在第四章进行深入探讨。

机器译文

(1)产品是优越的,但只能通过经验来衡量。(搜狗)

(2)产品是卓越的,但只是在经验上可以衡量。(DeepL)

(3)产品是优秀的,但只有经验可测量。(360)

(4)产品是优秀的,但只有体验才能衡量它。(有道)

(5)该产品是卓越的,但只能通过经验来衡量。(谷歌)

(6)该产品具有优越性,但只能通过经验衡量。(百度)

学生译文

(1)该产品只凭经验可以判断是优质的。

(2)该产品在品质上更胜一筹,但这仅仅是经验之谈。

(3)该产品确实更胜一筹,但你必须亲身体验。

(4)这个产品的优劣只能通过经验来衡量。

(5)这个产品好不好,用过才知道。

(6)该产品好坏与否,用过才有发言权。

在上面的各种译文中,机器译文还是学生译文胜出?哪个可以获得最佳译文的称号?对于第一个问题,估计答案是一致的:机器落败。至少在这个句子的翻译中,机器翻译的弊端可见一斑。六位机器"译员"几乎给出了相同的译文,选词高度重合,superior 译为"卓越的""优秀的""有优越性",measurable 的核心意义译为"衡量""测量"。至于句子结构也完全遵循原句,亦步亦趋。这样的译文虽然达意,却好像一个做事一板一眼的人,少了点活泼与灵气。

相比之下,学生的译文是不是更有"人味"?译文在句式和语言上都更加灵活,不拘泥于字面意义。同样是 superior,学生分别将其译为"更胜一筹""优质""优劣""好不好""好坏与否";至于 measurable 一词,只有一位学生译为"衡量",其他几位都把这个单词的意义自然地融入了整个句子当中,表达形式不一,意义却毫无损失。至于原句中 but only 所包含的转折关系和强调语气,学生译文也都准确地转达了出来。如果非要选择一个相对理想的译文,笔者认为学生译文(6)值得鼓励。该译文将 superior 一词转化为"好坏与否"这四个汉字,节奏对称，声韵铿锵。思果解释过这种处理方式："中文时常用两个相对的词来说一个现象，如'成败''得失'……这完全是因为中文是单音词，才能这样并用。"①看似重复，实则言简意赅，在传递源语信息的同时并无冗余之感。在翻译中，类似这种以四两拨千斤的手法化繁为简并非易事，而需经过百般锤炼，比如下例。

例8

原文

从经济角度来说，物有所值。

参考译文

(1) It is cost-effective.

(2) Economically speaking, it is efficient.

(3) From the perspective of economy, it is beneficial.

(4) From an economic point of view, it is worth every penny. (DeepL)

(5) From an economic point of view, it is worth the money. (谷歌)

上面几种译法中，第一个译文显然是得"意"忘"形"的佳译，尤其适合于口译，意义转达相对简洁准确。cost-effective 其实是很常用的一个词，但在翻译时能否立刻想到呢？这就需要平时多用心积累和揣摩，诚如思果所言："高明的译者并不是魔术师，他只是苦干——苦想、苦找、勤改、比较、试验，对自己一点也不慈悲。"②"简"并不意味着简单地略译或删减，而是指去除冗余信息，追求凝练表达，所以思果又说："译文简洁总是好的，但一味求简，弄得意思不明白，文气不顺，反而是大病。"③整体而言，英语语言重形合，句子中的连接词较多；汉语语言重意合，连接词的使用相对较少。因此，英译汉时要尽量体现出汉语凝练的特色，汉译英时则多通过连接词和语法手段还原英语中的"形"。在翻译教学中，教师要随时引导学生在练习中观察英汉两种语言的异同，并通过英汉互译

① 思果：《翻译新究》，桂林：广西师范大学出版社，2017，第18-19页。
② 思果：《翻译新究》，桂林：广西师范大学出版社，2017，第176页。
③ 思果：《翻译新究》，桂林：广西师范大学出版社，2017，第184页。

加强两种思维间的转换。

通过例 7 和例 8 有趣的人机翻译 PK,学生不仅可以比较不同译文的质量,也能直观地感受到机器翻译的长处和弊端,从而正确看待机器翻译对翻译专业发展的影响。在科技高速发展的今天,机器翻译已然势不可挡,尤其在科技翻译领域,机器翻译在速度和准确性上都具有明显优势。但机器翻译将首先取代“低档次重复性的内容”,这就意味着翻译教学必须朝着更高的标准和要求发展,“应更加注意培养高等翻译人才”①。此外,机器翻译对翻译教学的负面影响也不容忽视。大学课堂时间有限,课堂练习大多以句子翻译为主,段落和篇章翻译则布置为课后作业,会在下一次课上检查、讨论和评价,这样做的弊端是学生很容易使用机器翻译,导致交上来的作业有很大的重合率,这也是当前翻译教学中的一大障碍。科技进步本来是好事,但对一些缺乏积极性和主动性的学生来说,机器翻译则会助长不良的学习习惯。如何解决这个问题?恐怕还是得尽可能利用课内时间来完成翻译练习,比如可以按照北京外国语大学彭萍教授设计的方案:英文可以选择 100 个单词左右的片段,中文可以选择 100~150 字的片段,讨论时间保持在 15~20 分钟左右。②

作为专业的翻译学习者,不能只满足于能够翻出来,而是要具备专业翻译的意识,追求品质译文,利用自己掌握的理论和知识去呈现具有一定水准的翻译。翻译绝不仅仅只是一个词汇量的问题,词汇量往往也不是关键问题,重要是如何将自己的语言储备最大化,灵活使用现有语汇。比如,在下面这三个例子中,一连串的“通”如何理解?怎么翻译?

例 9　关于“通”的表述及其英译

(1)信息沟通、设施联通、物流畅通、资金融通、人员流通、政务联动

information sharing, infrastructure connection, unimpeded logistics, financial integration, people-to-people ties and coordinated administration③

---

① 黄友义:《“一带一路”和中国翻译——变革指向应用的方向》,《上海翻译》2017 年第 3 期,第 2 页。

② 彭萍:《本科翻译教学研究》,北京:中央编译出版社,2015,第 169 页。

③ 《国新办举行一季度工业通信业发展情况新闻发布会》,2020-04-23,http://www.scio.gov.cn/xwfbh/xwbfbh/wqfbh/42311/42928/index.htm,访问时间:2022-10-21。

(2)政策沟通、道路联通、贸易畅通、货币流通、民心相通

policy coordination, road connectivity, unimpeded trade, currency convertibility, closer people-to-people ties①

(3)政策沟通、设施联通、贸易畅通、资金融通、民心相通

policy coordination, connectivity of infrastructure and facilities, unimpeded trade, financial integration, closer people-to-people ties②

同样是"沟通","信息沟通"译为 information sharing,"政策沟通"译为 policy coordination。同为"设施联通",既可以采用 infrastructure connection,也可以译为 connectivity of infrastructure and facilities。反过来,中文的"人员流通"在上面的语境里所指的就是"民心相通",因此英译都是(closer) people-to-people ties。可见,看起来很简单的"通"字,一旦进行不同的组合或者放到不同的语境,翻译起来可能就不是那么轻松。中文中一个"通"字到底,英文中却要根据每个词组的具体含义选择对应的单词。而在有些语境中,中文表述并不一致,英文却可以采用同一种表达。

例 9 中的第一个词组选自同声传译课后让学生观摩的一个发布会。发布会上有很多学生平时很难接触到的内容和表述,比如光进铜退,双 G 双提,提速扩面,"一对一"驻企协调,"点对点"帮扶指导,新经济新动能逆势成长,横向到边、纵向到底的工作机制等,这些概念和表述中文理解起来都相当困难,更别提英文翻译了。因此,教师要引导学生在理解的前提下,积累多样化的表达,追求译语的灵活性。翻译学习是一项艰苦的任务,不可能一口吃成个胖子,需要长期艰苦的积累和训练,但这也并不意味着进步遥不可及,只要掌握了正确高效的方法,就能见到成效。

2.3.5　关注常见错误模式及翻译难点

由于受汉语语言的表达习惯和汉语思维的影响,中国学生在翻译时存在着一些通病,尤其是在口译课上,经常可以猜到学生会怎么翻译。比如,一提到"通过",through 就会脱口而出;一遇到"必须要",往往就是 must。倘若一

---

① 《中国关键词:"一带一路"篇》,北京:新世界出版社,2019,第 22-23 页。

② 《中国关键词:"一带一路"篇》,北京:新世界出版社,2019,第 22-23 页。

段讲话中反复出现"必须要",学生又不懂得适当变换主语、句式或语态的话,译语就会高度重复和单调。汉语中常常喜欢说"抓好工作",太多的"抓好",估计学生在翻译时就要"抓狂"了。类似还有"以……为抓手""统筹推进""深入开展"等中式表达,尤其不能仅从字面翻译,而要结合上下文把意义落到实处。

对于这些中国学生在翻译中常见的错误和翻译难点,教师可以在课堂上重点关注,让学生借助练习和例句来揣摩译法,寻找对策,并触类旁通。首先来看"通过"一词,它在汉语中既可以作为动词,意为"穿过去,走过去"和"(提案)经过讨论大家同意",也可以作为介词使用,意为"经过……"①,即借助某种手段或方式。它作为实义动词使用时,翻译起来相对容易,而作为介词使用时就需要多下点功夫。如果一味直译成 through,就很有可能闹出"中式英语"的笑话。以下面的例 10 来说,"通过"在同一个句子中同时作为动词和介词使用,翻译时一定要分清楚。

例 10

原文

去年 12 月,联合国大会协商一致通过奥林匹克休战决议,呼吁通过体育促进和平,代表了国际社会的共同心声。

参考译文

The Olympic Truce Resolution adopted last December by consensus at the United Nations General Assembly, calling for promoting peace through sport, represents the common aspiration of the international community. ②

在这个句子中,"通过"分别被译为动词 adopt 和介词 through。"通过"作为实义动词使用时,可以根据语境译为 adopt, approve, vote in favor of 等具体的动作,比如例 11 和例 12。

---

① 中国社会科学院语言研究所:《新华字典》第 10 版,北京:商务印书馆,2009,第 483 页。

② 《习近平在北京 2022 年冬奥会欢迎宴会上的致辞》,2022-02-20,http://www.china.org.cn/chinese/2022-02/10/content_78039163.htm,访问时间:2022-10-21。

例 11

原文

今年以来,我们发起金砖国家加强供应链合作倡议、贸易投资与可持续发展倡议,通过了海关合作与行政互助协定、粮食安全合作战略,首次举办应对气候变化高级别会议。

译文

This year, we launched the BRICS Initiative on Enhancing Cooperation on Supply Chains and the Initiative on Trade and Investment for Sustainable Development, adopted the Agreement on Cooperation and Mutual Administrative Assistance in Customs Matters and the Strategy on Food Security Cooperation, and held a High-level Meeting on Climate Change for the first time. ①

例 12

原文

2021 年 6 月 23 日,联合国大会连续第 29 次通过决议,呼吁美国终止对古巴长达 50 年的经济封锁,与古巴开展对话,改善两国关系。

译文

On June 23, 2021, the UN General Assembly voted in favor of a resolution for the 29th consecutive year to call on the United States to end embargo on Cuba and start dialogue to improve bilateral ties with the country. ②

当"通过"作为介词使用时,除了翻译成 by, through, with,同样也可以将它

---

① 《习近平在金砖国家领导人第十四次会晤上的讲话》,2022-06-27, http://www.china.org.cn/chinese/2022-06/27/content_78291483.htm,访问时间:2022-10-21。

② 国新办:《2021 年美国侵犯人权报告》,2022-03-02, http://www.china.org.cn/chinese/2022-03/02/content_78080644.htm,访问时间:2022-10-21。

们转化为具体的动作,因为看似静态的介词有时也包含着动作,可以将它们当作实义动词看待,请看例句 13~18。

例 13

原文

我们应该通过合理必要的改革,维护联合国权威,提高联合国效率。

译文

We shall carry out rational and necessary reform to maintain the authority of the UN; improve its efficacy and enhance its capacity to take on new press and challenge.

例 14

原文

中国政府通过发展农业生产奠定免于饥饿的坚实基础。

译文

China bases its food security on solid agricultural foundations. ①

例 15

原文

在全球新冠肺炎疫情大流行背景下,我们把全部参与者的健康放在第一位,坚持"外防输入、内防反弹",通过严格实施防控措施,有力保障了各方人员健康。

译文

Against the background of the COVID-19 pandemic that rages across the world, we have put first the health of all participants, adhered to the

① 国新办:《全面建成小康社会:中国人权事业发展的光辉篇章》白皮书,2021-08-26,http://www.china.org.cn/chinese/2021-08/26/content_77691534.htm,访问日期:2022-10-21。

policy of preventing imported cases and domestic resurgences, and strictly implemented the prevention and control measures. The health of people from all parties has been well safeguarded. ①

例 16

原文

解放战争时期,人民群众通过肩挑背负、小车推送运送大量物资,为人民解放军取得三大战役决定性胜利提供了巨大支持。

译文

During the War of Resistance Against Japanese Aggression, the Party mobilized the people and overwhelmed the enemy with a vast people's war. During the War of Liberation, with supplies transported in wheelbarrows and on people's shoulders, the People's Liberation Army (PLA) secured decisive victories against the KMT troops in the three major campaigns. ②

例 17

原文

基于对中国发展实际的分析和判断,中国共产党提出坚持以经济建设为中心,通过经济发展带动整个社会进步。

译文

Based on its analysis and judgment of China's realities at that time, the CPC decided to focus on economic development to drive social progress on all fronts. ③

---

① 《习近平在北京冬奥会、冬残奥会总结表彰大会上的讲话》,2022-04-15, http://www.china.org.cn/chinese/2022-04/15/content_78167686.htm,访问日期:2022-10-21。

② 中宣部:《中国共产党的历史使命与行动价值》,2021-08-26, http://www.china.org.cn/chinese/2021-08/26/content_77715666.htm,访问日期:2022-10-21。

③ 国新办:《全面建成小康社会:中国人权事业发展的光辉篇章》白皮书,2021-08-26, http://www.china.org.cn/chinese/2021-08/26/content_77691534.htm,访问日期:2022-10-21。

例 18

原文

(中国共产党和中国政府)坚持共同富裕方针,通过一部分人先富带动全体人民共富。

译文

Holding fast to the principle of common prosperity, they allowed some people to create wealth as a first step to bringing prosperity for all. ①

在上面各例句的英译中,几乎找不到"通过"的痕迹,因为译者已经将其转化为贴合语义的动词,有时辅助以表示方式和目标的介词 to 或 with,比如:apply, exercise, take measures, build, establish, carry out 等,这样不仅在意义转达上更为准确,也能够让整个句子"动起来",不那么沉闷。类似"通过"这种容易使学生掉进语言陷阱的例子,课堂上可以深入探讨,反复练习,学生把握其中的诀窍之后,再遇到类似的翻译时就知道该如何处理了。比如"抓好(工作)"的翻译,仅从 2016 年的《政府工作报告》中,就可以学到以下多种译法。②

例 19 关于"抓好(工作)"的表述及其英译

(1)继续毫不放松抓好"三农"工作。

We will, with as much care and attention as ever, continue focusing on our work related to agriculture, rural areas, and farmers.

(2)突出抓好三个方面。

We will concentrate our efforts on the following three areas.

(3)这件事一举多得,务必抓好。

There is much to be gained in this, and it must be carried out to full effect.

---

① 国新办:《全面建成小康社会:中国人权事业发展的光辉篇章》白皮书, 2021-08-26, http://www.china.org.cn/chinese/2021-08/26/content_77691534.htm, 访问日期: 2022-10-21。

② 《李克强 2016 年政府工作报告》, 2016-03-21, http://www.china.org.cn/chinese/2016-03/21/content_38073429_3.htm, 访问日期: 2022-10-21。

(4)着力抓好减少燃煤排放和机动车排放。

We will focus on promoting the reduction of emissions from the burning of coal and motor vehicles.

(5)重点抓好钢铁、煤炭等困难行业去产能。

We will focus on addressing the overcapacity in the steel, coal, and other industries facing difficulties.

(6)在适度扩大总需求的同时,突出抓好供给侧结构性改革,既做减法,又做加法。

While working to achieve an appropriate expansion of aggregate demand, we need to give particular emphasis to structural reform on the supply side, reducing supply in some areas while increasing it in others.

为了帮助学生继续打开思路,教师又让学生接着翻译下面这句话,但是要求译文不能雷同。课堂上进行这种翻译练习,往往能够激发学生的兴趣和好胜心,给严肃枯燥的翻译课堂增添语言游戏的乐趣。

例 20　重点抓好三项工作。

(1) We will give priority to the following three sectors.

(2) The focus of our task will be put on the following three aspects.

(3) We will highlight the tasks in the following three respects.

(4) Priority will be given to the following three tasks.

(5) We will address particular attention to the following three issues.

(6) Greater attention will be put to the following three fields.

(7) We will work to channel greater efforts into three sectors.

(8) The following three tasks call for our special attention.

上面所列举的 8 个学生译文在句子的主语、语态、用词、文体风格上都有所不同,显示出语言和句法的丰富性及灵活度。在翻译时,要根据特定语境选择恰当的表达方法,也要出于避免语言的重复性而变换译法。这样的"一句多译"精练可以在课堂上多安排一些,有助于学生在分享和讨论中集思广益,锤炼译语。英汉两种语言存在着不少差异,教师要鼓励学生时刻保持英汉互译的思维。虽然翻译课通常会按照学期划分为英汉翻译和汉英翻译,但这并不意味着在英汉笔译课时就只讲英译汉,而是要随时让学生在翻译中观察两种语言在表达习惯、句法结构、逻辑表达等各方面的差异。教学中要借助具体案例的分析和学习,从遣词造句、句式整合、词性转换、语态转换等不同角度入手,引导学生揣摩灵活多样的微观技巧。比如 strengthen 这个词,通常译为"加强、强化、深化"等,但如果翻译成"提振"是不是更有新意?而且也显得更书面和正式化,在语体上更胜一筹。反过来,如果让学生将"提振"翻译成英文,会不会想到用 strengthen 这个词呢?这样一对比,学生对英汉两种语言差异的理解就会更加深刻,思路也更容易打开。事实证明,学生很乐意参与这样的游戏式学习,通过这样的练习,能够更深入地领会课堂上讲解过的理论知识,根据英汉两种语言的具体差异寻找应对策略。

2.3.6 保持积极反馈与良性沟通

早在 2500 多年前,大教育家孔子就提出了因材施教的教学原则并且身体力行。《论语·先进》中有这样一段对话:

子路问:"闻斯行诸?"子曰:"有父兄在,如之何其闻斯行之?"

冉有问:"闻斯行诸?"子曰:"闻斯行之。"

公西华曰:"由也问闻斯行诸,子曰'有父兄在';求也问闻斯行诸,子曰:'闻斯行之'。赤也惑,敢问。"子曰:"求也退,故进之;由也兼人,故退之。"①

孔子所倡导的"各因其才,各尽所能"的教学法则至今依然值得借鉴,翻译课程尤其应当根据学习对象和学习目标来量体裁衣,使之尽可能合身。此外,因材施教也是教育部《指南》对翻译教学的明确要求:"因材施教,根据教学目标和内容选择合适的教学方法,重视启发式、讨论式和参与式教学法的使用,保证学生的全面发展和个性发展。"②

想要因材施教,首先要了解教学对象以及教学的实际效果,这就需要保持

---

① 孔子:《论语》,James Legge 译,郑州:中州古籍出版社,2016,第 138 页。

② 教育部高等学校外国语言文学类专业教学指导委员会英语专业教学指导分委员会:《普通高等学校本科外国语言文学类专业教学指南(上)——英语类专业教学指南》,上海:上海外语教育出版社,2020,第 33 页。

师生之间的积极反馈和良性沟通。通常在学期中间和学期结束时,笔者会让学生反思一下学习中遇到的问题、难点以及收获。对于学生的反思,教师除了给予反馈,还应当相应地调整教学内容、方法、节奏和难易程度。通过学生在课内外的表现以及他们的反馈,教师能够更加熟悉每位学生的情况,从而更好地因材施教。事实证明,这种反思和反馈的过程同时也是一种教学过程。教师在给予反馈时,同样也不要放过讲授知识点和启发的机会,反馈也要个性化。下面列举几例学生笔译课课后的反思以及笔者的反馈。

侯佳琦

通过学习本门课程,发现翻译变得更加灵活了,深化了我对翻译的理解。翻译是需要大量积累与实践作为基础的,有的时候句子中每一个词都认识,但就是无法快速形成一个通顺的句子,或者是一词多义导致句子理解出现偏差,这些都需要多加练习。"不要被字束缚,别拘泥于字本身",这些都是老师上课时对我们说的,我认为很有帮助。上这门课可以让我的思维更加多样化,更加"脑洞大开",可以充分发挥自己的能动性,既可以让一篇原文"变厚",也可以浓缩让其"变薄"。我会更加努力,抱着客观求实的态度,争取在每一次的练习中都让自己进步一点,提高一些。翻译不是一种机械的字词对照,译员也不是机器人。翻译就像牛吃草一样,如果不把原文的"草"反复咀嚼,那么就无法产出营养丰富的"牛奶",所以说,一篇文章不是翻一遍就够了,这是一条漫漫长路,今后还要一步一个脚印,踏踏实实地学习。

教师反馈

你所用的几个类比非常贴切,也说明你真正领悟到了翻译的实质以及挑战性。语言的灵活性、一定量的实践和开放的思路,都是译者必须具备的条件。翻译是一个艰苦的再创造过程,在充分"咀嚼"原文的基础上产出高品质的译文,是专业翻译应当追求的目标,而想要达到这个目标,绝非一日之功。译文绝不是翻出来就完了,而需要反复推敲,不断打磨。

郭秋彤

Growing old is mandatory;growing up is optional. 其实大多数时候,翻译

也是 optional 的，只有译者来要求自己是精益求精，还是蒙混过关。痛苦是翻译的必经过程，但是我们也正是在这一次次的痛苦中成长起来的。翻译不是机械的字词对照，译者也不是翻译机器，翻译是要把原文细细咀嚼，反复琢磨，认真消化。

教师反馈

译者要对自己有要求有监管，这一点特别重要，也难能可贵。打磨译文是非常艰辛的过程，但只有付出才有所收获。“道阻且长，行则将至”，翻译学习没有捷径，唯有“在做中学”。

杨欣宇

经过这一学期的笔译学习，收获很多。每周的热词让我掌握了国家当下的政策和形势发展的相关词汇。课上的学习让我印象最深的是关于名词的翻译，有的时候名词形式可以翻成动词等其他形式。这只是其中一个小技巧，很多时候都可以进行转换式翻译。此外，之前自己不太会意译，只会按照字面翻译，现在会更大胆和灵活。不仅如此，在课上也学习到了其他班同学优秀的译文。

教师反馈

翻译学习中能够举一反三，触类旁通，这一点值得鼓励。翻译不是闭门造车，要善于吸取他人的经验，尽可能拓宽思路，转换思维方式，追求语言的灵活度。翻译家思果先生认为翻译的第一要义就是“去字梏”，翻译其实是“重写”，他反复告诫译者：“字是桎梏，一定要打破，翻译要译意，要找中文来表达原文的意思、情感等。不过我现在觉得还不够，不如说重写，更容易叫读者明白我的用心。”①

任蕙卿

学习笔译课之前，我都是直译，不知道怎么得“意”忘“形”。有一次班主任老师找我做一个试译，我照着原文一字一句翻译了，但是交给老师后却再无下文了。我一开始不理解，学习笔译课之后，再反观我之前翻译的试译稿，有一种

① 思果：《翻译新究》，桂林：广西师范大学出版社，2017，第 1 页。

听外国人说中文的感觉。虽然翻译得对，但整个文章毫无美感，看起来像一份英译中句子练习作业，而不是一段能让读者展开想象，仿佛置身其中的小故事，这是我学习笔译后最大的感受。

教师反馈

自我反思和自我反馈也是译员必须具备的能力，意识到差距，才会追求更有质量的翻译。译文的质量取决于译员的双语语言的表达能力和水平，所以毫无美感的译文是因为译入语不够好。正如穆雷所总结的："双语熟练仅是翻译工作的基础，良好的翻译首先需要专业训练，双语之间的转换是有规律可循的，长期的专业训练可以令人掌握规律从而熟能生巧；翻译还需要有一定的文化教育作基础，成熟的心智和对职业的认识都是必备的条件，不是单纯两种语言好就可以胜任翻译工作。"①

孙雨萌

从第一节课的"大白话"翻译，到现在能够按照中国人的说话方式来翻译，虽然现在我还有很多不足，但这一学期的笔译课的确教会了我很多，例如动词、连词、形容词、副词，甚至时态的翻译，都可以决定一段译文的质量高下。除此之外，翻译不仅是对我们英语的考验，更是对我们汉语语言组织能力的大考验。在这学期，有很多句子我一看到就能够理解，但当要落实到文字的时候，我却组织不好自己的语言。因此我强烈地意识到，在接下来的学习中，我不仅要增加英语词汇量的积累，更需要阅读一些中文文章，这样在英译中的时候，语言就可以更加准确、灵活和得体。翻译不仅仅是翻译出意义，还要追求符合译入语语言习惯的表达方式，这个过程看似容易，但其实要有两种语言的双重功底。因此，我认为翻译是一份非常令人尊重的职业。

教师反馈

翻译首先需要完成对内容的理解，包括语言本身和语言外的相关知识。译文的生成及质量则取决于译入语语言的组织和表达能力。恭喜你，深刻领会到

---

① 穆雷:《我国翻译教育的理念转变与体制建构》,《语言教育》2021 年第 9 期,第 3 页。

了双语语言能力对译者的重要性。思果先生曾提出过这样一个观点:“不能写作的人,最好不要学翻译。”①你赞同这个观点吗?

张 宇

经过一个学期的笔译学习,我感觉在英译中方面更灵活了,不再是下拉菜单式的翻译,而是通过介词变动词、名词变动词等方式使表达更加通顺自然。在翻译过程中我也发现了自身的问题:中文不够好,不太能顺利地翻译成“人话”;不能很好地将长难句拆分为短句翻译。希望在接下来的学习中能够注重“小词”的译法,做到准确地译。这样长久地坚持,一定会为我的英语学习提供帮助。

教师反馈

译文首先要“读得通”,也就是我们说的可读性(readability),要说别人听得懂的话。开学第一课讲的翻译标准,可能到了学期结束时,大家才能够真正理解,可见,必须借助实践消化和吸收理论。介词是翻译中的难点之一。英语中有280个介词,汉语中只有30多个,因此平时要注意介词的翻译。比如,英译汉时可以将介词转换为动词,而汉译英时则要多使用介词。长难句也是翻译中的拦路虎,要敢于切断,重新整合。可以在厘清逻辑关系的前提下,把长句变成短句、从句变成简单句、两句合并成一句等。此外,翻译也要从“小词”入手,揣摩技巧和方法。

邹墨涵

通过笔译课学习到了翻译要做到信达雅。在上笔译课之前,我认为翻译是随时会被人工智能取代的。但通过一个学期的笔译课,我认为翻译不仅仅要做到把原文的意思表达出来,还要理解原文中蕴含的意思,以化繁为简或化简为繁的方式表达出来,挣脱字的束缚,这是机器无法取代的。我还学会了“一句多译”,练习时要尽量想出多种翻译的方式。

教师反馈

机器翻译代替不了高水平的人工翻译。有些深层内涵和意义也是机器无

① 思果:《翻译新究》,桂林:广西师范大学出版社,2017,第3页。

法驾驭的。坚持译意，挣脱字的束缚，是翻译必须遵守的纪律。机器翻译相对而言更为机械化和程式化。比如，化繁为简看似容易，其实对语言能力的要求更高。由于英汉在语言上的差异，一般来说，英译汉时主要省略虚词，包括代词、冠词、介词、连词、动词及非人称代词 it 等；汉译英时则主要省略不必要的重复、概念范畴类词语以及过于详细的细节描述。翻译时要视具体情况酌情处理，既要凝练，也要确保信息对等。而这种灵活应变的能力，恐怕是机器所欠缺的。

学生的反思体现出了他们认真的思考，也反映出他们一学期的收获。除了在知识和技能上提升，不少学生发自内心地表示，在上翻译课之前，从未想到过翻译会有如此大的魅力。也有学生立志要刻苦学习，将来成为一名合格的译员。这样的反思和反馈不仅真实体现出了教学效果，对师生双方也都是良好的助推剂，让师生以更大的热情投入到未来的教学和学习中去。

第三章 见微知著的翻译教学

不同的课程教学在学习材料、授课方式和侧重点上都不尽相同，教师也有各自个性化的教学思路和特色，因此，整个翻译课程呈现出的是多样化的课堂。此外，本书以翻译教学的理念探讨及个案分享为主，是因为翻译教学本身是属于教师层面的一种翻译实践，它可以"为翻译理论探索与研究提供问题和对象，从而拓展翻译理论研究的广度和深度"[①]。实践依托理论而展开，理论又在实践中得到检验，实践的重要性体现在对翻译理论研究的推动作用上。

2020 年版的《指南》为普通高校本科英语语言文学类专业下设的英语专业、翻译专业和商务英语专业分别制定了相应的规范。尽管《指南》做了这样的区分，但在实际教学中，很多知识和能力的培养并非泾渭分明，而需融会贯通，各院校可以根据自身教学软硬件和学生的实际水平大胆创新教学。以笔者所在院校为例，虽然本校开设的是商务英语专业，但在翻译教学中，除了根据《指南》要求制定教学目标和内容，也根据当下国家和社会对翻译人才的需求做了适当调整。

《指南》要求：商务英语专业的学生能够"完成不同类型商务文本的翻译任务"；教师在讲授翻译理论部分时，要"包括商务翻译相关概念、理论、标准、过程、常用策略与技巧"；教学中采纳的翻译素材要"包括商务信函、商务合同、商

① 穆雷、李希希：《中国翻译教育研究：现状与未来》，《外语界》2019 年第 2 期，第 31 页。

业广告、产品说明、企业介绍、商务文书等常用商务体裁”。[①] 无论是教学目标还是教学内容，都紧密围绕着“商务”二字。在实际教学中，翻译课程已经融入了这些内容，充分体现出“商务英语”的专业特色，但是在课程体系中还有其他一些内容交叉的商务类课程，包括英语财经新闻编译、国际商务谈判、商务英语阅读与写作、国际贸易实务模拟和外贸口语等，在这些课程中，学生除了要学习相关的商务知识，也会接触不同形式的商务翻译实践。鉴于此，在商务英语翻译课中，就不必完全围绕着商务内容，而可以考虑适当融入多样化的学习语料，以满足国家和社会对翻译人才的最新需求，比如结合思政要求以及国际传播战略的需求融入时政文本，结合考研需求适当讲授文学和文化翻译。

此外，教师作为教学的实际操作者，也需要结合个人在学术和专业上的优势领域，打造个性化课堂，更好地实现育人目标。因此，在笔者所在院校的翻译课程中，除了商务英语笔译和商务英语口译（交替传译）这两门必修课，还为本科高年级学生开设了同声传译选修课。同声传译课旨在培养尖子生，授课方式采用了双师授课，教学材料则适当纳入了国际会议领导人讲话、行业会议发言、政府工作报告等内容艰深但与时俱进的文本。通过这样的学习，学生在毕业后不仅可以在商务商贸行业就业，也能够进入传媒传播、外事外教、教育等领域，考研时的专业选择面也大大拓宽。

3.1　双师授课模式下的同声传译入门课

本科英语翻译教学的目标应该是培养具有一定翻译能力的人才。由于学生水平的差异，教学中需要展开分层分级和个性化教学。对于大多数学生，要让他们掌握翻译的基本理论和技能，具备基本的翻译能力。对于各方面基础相对突出的学生，要把他们打造成高阶性翻译人才，在知识、能力和素质各方面都达到更高的水平。

---

① 教育部高等学校外国语言文学类专业教学指导委员会英语专业教学指导分委员会：《普通高等学校本科外国语言文学类专业教学指南（上）——英语类专业教学指南》，上海：上海外语教育出版社，2020，第 65 页。

近年来，随着市场对高端翻译人才需求的不断扩大，一些高校审时度势，先后为本科生开设了同声传译课，使其成为本科阶段的一门特色课程。据不完全统计，目前国内已有十多所大学为翻译专业本科学生开设了同声传译课，包括北京大学、北京外国语大学、对外经济贸易大学、北京语言大学、中国石油大学、广东外语外贸大学、复旦大学和四川大学等。为本科开设同声传译课是出于市场需求，但更重要的是学校自身拥有足够的师资力量、配套的同声传译语言实验室或翻译语言实习基地，能够为学生提供良好的教学环境和条件。

一般来说，同声传译是面向英语专业研究生的一门课程，或是面向社会开办同声传译培训班。在目前国内300多所培养四年制翻译本科生的高校中，翻译“课程通常围绕政治、经济、文化、科技等一般性主题，对学生进行以交传为主的口译基本功训练，一般不涉及同声传译，或仅开设同声传译入门课程”①，但也有个别高校进行了大胆创新。比如，深圳大学外国语学院就独辟蹊径，选拔了一批语言基础良好且有志于学习口译的本科三、四年级学生，为他们开设了两年制口译特色人才培养班，旨在培养本科口译拔尖人才。

笔者所在的院校从2007年起，依托同声传译语言实验室和能够胜任此课程的师资力量，也为本校英语专业的高年级学生开设了同声传译入门课。尽管本科生在知识储备和语言能力上都存在着一定的不足，但经过课程组老师和学生的共同努力，十多年来已经培养出了一小批翻译能力相对拔尖的毕业生，证明了这门课程的实用性和超前性。

同声传译选修课为英语专业三年级下的学生开设同声传译(1)，为四年级上的学生开设同声传译(2)。同声传译(1)一般开设三个小班，每班人数控制在十人左右。因为同声传译语音实验室设备有限，除了模拟大会议室，还有四个同声传译箱，最多可以容纳八名学生同时进箱练习。到了同声传译(2)阶段，本着学生自愿选择和教师筛选相结合的原则，只开设一个班，人数在十人左右，因为同声传译(2)对语言和知识能力的要求更高，训练的强度更大。此外，能够坚持到这个环节的学生为数也不多，大多数学生毕业后不打算从事口译相关专

① 张吉良、柴明颎：《特色班——本科口译人才培养模式新探》，《中国翻译》2022第2期，第68页。

业或报考口译方向研究生。

为本科生开设同声传译课的确是一个巨大的挑战。如何在本科生有限的语言能力和水平上开展同声传译教学，如何在有限的课堂教学中传授复杂灵活的同声传译技能，教学过程中会面临一系列实际操作难题，相信不同的学校都有自己的应对之策。在十多年的教学中，笔者所在的院校走出了一条个性化教学之路，在同声传译课中开创性地采用了双师授课机制，并且大力加强课外自主训练和教师的监督和反馈环节，多管齐下，克服短板，取得了良好的教学效果。事实证明，同声传译班的学生在知识储备和语言技能上都明显超出同年级其他学生，相对突出的翻译能力成为他们考研和求职时的一把“尚方宝剑”。

3.1.1　强强联合的双师授课模式

为了达到最好的教学效果，笔者所在的院校在同声传译这门课上实行了双师授课。这一教学模式的优势在于两位授课老师可以强强联手，充分发挥各自在专业知识、语言技能、学术研究和实战经验等方面的优势。两位老师合理分工，在翻译练习中充分落实和细化扮演发言人做即兴演讲、监听学生练习、现场点评和教师示范等环节，更为精准地帮助学生发现自身的错误模式或弱项，从而更有效地进行针对性训练。

在教学内容的安排上，同声传译(1)主要以技能和策略为导向组织单元教学；同声传译(2)则主要以专题知识为导向安排教学。但无论是在哪个阶段，同声传译课始终贯彻“从做中学”的理念，技能训练与专题知识的学习紧密结合，同步提升。在学习语料的选择上，既满足商务英语专业的要求，也广泛采用政治、经济、文化等不同领域的内容；既包括专业知识的拓展，也会和学生一起了解热议话题和事件的相关内容；练习的材料和形式也不一而足，包括新闻、会议发言、领导人讲话、记者发布会、教师现场组织专题演讲等。十多年的教学实践证明，双师授课模式能够将课内的信息量最大化，确保课堂节奏的紧凑并提高学生的学习效率。

根据《指南》，翻译能力是指“能运用翻译知识、方法与技巧进行有效的语言转换，一般包括双语能力、超语言能力(如百科知识、话题知识等)、工具能力、策略能力等"①。在翻译任务中,知识的比重至少占到一半,甚至更多。对本科学生来说,百科知识相对而言容易积累,可以通过阅读和信息整合来获取,但话题知识或专业知识就会更多地依赖课堂和授课老师。比如,从单词的意义来说,除了词典意义,很多词的具体定义要看它的使用语境和领域,此外,还有单词在某个行业或领域内的特定意义。有些内容可以自主学习,有些则依赖于专业领域内的深耕或者实践经验。表 3.1 所列举的几个单词,除了字典上的意义,在不同的领域还有特定的含义。

表 3.1 一词多义举例

单词	释义
public utilities	词典释义:(复)公用事业公司发行的股票(或证券);(单)公用事业公司,公用事业单位 基础设施:水电气
sterilize	词典释义:消毒;使绝育;使无用等 货币财政:对冲
tariff	词典释义:关税;(旅馆、饭店等的)价目表,收费表 电力行业:电费

以 public utilities 为例,《英汉大词典》对该词组的释义是"公用事业公司发行的股票(或证券)",作为单数使用时指"公用事业公司/公用事业单位"。② 而在《牛津英语词典》中,只有单数用法,没有复数用法,定义则与《英汉大词典》中的一致。如果检索《英语国家语料库》,则有例句显示,public utilities 指的是"电力、交通等公共事业机构":Public utilities such as electricity supply and London Transport were put under public corporations between the wars, and they were the standard form of nationalization in the Attlee government for railways, air and freight transport, coal and steel. ③除了这类词,有的单词释义虽然能够在词典

① 教育部高等学校外国语言文学类专业教学指导委员会英语专业教学指导分委员会:《普通高等学校本科外国语言文学类专业教学指南(上)——英语类专业教学指南》,上海:上海外语教育出版社,2020,第 37 页。

② 陆谷孙主编:《英汉大词典》,上海:上海译文出版社,1993,第 1470 页。

③ 见《英语国家语料库》:https://www.english-corpora.org/bnc/。

中查到，但因为其词义过于繁杂，单纯地通过背词典掌握单词的用法也相当困难，比如 premium 一词，用于期货业指的是“易价，升值”，用于商业推广则是“赠品，优惠”，而在保险业中就应当译为“保费”。

对于学生而言，这些单词并非生词，如果不知道它们在具体领域或行业内的用法和定义，在翻译中就容易出错。有时也会因为认识而想当然地张嘴就来，缺乏探究性思维，不去深想某个词在某句话或某个篇章中的特定含义。对于这类一词多义现象，倘若没有实际工作中的经验或是专业的检索，往往很难准确掌握，需要教师结合练习给学生进行词汇扫盲。由此可见，在双师模式中配备具有实战经验的教师尤为重要。从实战中来的经验和专业知识是课堂上的稀缺产品，是翻译教学中最难能可贵的部分，所以要鼓励教师多参与翻译实践，而且是专业领域行业内的翻译实战，把他们在实际工作中获取的经验和知识拿回到课堂来，让学生接触到活的知识，而不是书本上死的理论。

通过上述这类单词的学习，我们也会发现另一个问题：不能过度依赖词典这种在一定时期内无法随时更新的资源。奈达在阐述语境对意义的影响时指出，所有使用中的语言一定是变动不居的，很多情况下词典无法教给我们如何去使用一个单词。除了无法及时吸纳新的意义之外，还有很多词典过于缩略，因此对读者没有太多实用价值。[①]

除了具有大量口译实战经验的教师，同声传译课对练习形式和材料的要求也不同于交替传译课，有的要求必须在双师授课模式下才有可能达到。口译课上的练习可以采用不同类型的音频或视频材料，但教师在课堂上现场组织的演讲才是最佳的练习素材。张爱玲指出，“专业训练材料不能是读稿的录音，更不能是笔头写就的稿子拿来读”，在专业的口译训练中，要“保持言外因素完整与符合口头表达特点”，这也是国内外知名口译院系始终坚持的一个训练原则。[②]尤其是在初学阶段，应该多采用口语体语料让学生进行翻译。一是因为口语体用词相对简单，便于学生理解；二是因为口语体大多不像书面体那么逻辑严谨、

① Eugene A. Nida, *Context in Translating* (Amsterdam/Philadelphia: John Benjamins Publishing Company, 2001), p. 31.

② 张爱玲：《多语种组合演讲视频教学素材库建设》，《外语电化教学》2015 年第 5 期，第 26 页。

清晰连贯，要求译者对语言进行适当整合，而整合能力是口译中必不可少的能力，尤其需要加强训练。显而易见，这种基于口语化素材的训练只有在双师授课的模式下才能实现。当一位老师就某个话题做口头发言时，另一位老师要对全班学生的翻译逐一监听和点评。倘若只有一位老师，这种操作往往很难实现，课堂效率和教学质量就大打折扣。

3.1.2 线上线下混合教学模式中双师授课的优越性

在同声传译这门课程中尤其要注重教学相长以及“在做中学”。在英语专业的课程设置中，为低年级开设的是一些基础课程，注重语音、语调、语法以及口语等的基础知识和技能的培养，而到了高年级，课程设置则更具有针对性和实战性，所开课程更注重学生实际运用语言能力的综合培养，同声传译课更是如此。教师要结合自身的同声传译实战经验，深入浅出地讲授同声传译理论，分享切实可行的方法和技巧。此外，高年级学生往往已经进入课外实践甚至找工作的阶段，他们会就实际工作中遇到的专业问题请教老师，这对老师也是一种挑战，老师自身的实践技能直接决定了其指导的水平。优秀的同声传译教师不仅要能胜任课堂上的教学，还要保持不断学习的精神和积极实践的劲头，使教学内容与时俱进。

在线上线下教学模式中，双师授课体现出更大的优势：一是课堂上的合作效率更高；二是加强了对课后练习的监督和反馈，确保学生在没有实验室的情况下，也能够保持高强度和高效的训练。事实证明，线上线下教学模式的那一学期，学生的学习效果反而超过了之前的学期。这个结果有点出乎意料，但也提醒教师要总结经验，在今后的教学中加强对课外练习的监督、评价和反馈工作。

以笔者所参与的2020年春季学期的同声传译课为例。该学期有三个小班，人数分别为11人、9人和11人，总计31人，由两位老师授课。上课平台为腾讯会议，同时利用超星平台发送各项学习资料、收取学生的反馈意见，学生的音频作业和练习打卡则在各自的班级微信群。在整个学期中，师生的工作量都非常大，两位老师分工处理，确保备课、授课和反馈各项工作及时到位，也做到了对学生作业和意见的一对一反馈。表3.2展示的是教师对学生课外练习环节的具体要求。

表 3.2 2020 年春季同声传译的课外练习要求

任务	具体要求
1	每天保证至少 1 小时的精练,争取完成 1~3 小时不同形式的翻译练习
2	每周会布置不同形式和要求的音频作业,请同学们将作业音频发到班级微信群,老师会收取并逐一点评。录制音频可以让自己从听众的角度感受自己的语言质量,从而发现问题并及时纠正
3	请做好课后练习的记录和学习笔记,并在每次上课前将前一周的练习记录和学习笔记发送到班级微信群,由专人负责记录,留存作为平时成绩档案
4	每周上完课之后,请同学们登录超星平台,就本周学习进行反思,包括对本节课的建议和意见、自己遇到的具体问题等;或者在讨论区就该单元的相关学习问题进行回答

除了每周布置的统一的课下作业,每位学生要根据自己的实际水平和能力选取语料,坚持日常的自主训练,形式和内容则不限。同时要求学生做好练习的打卡记录和学习笔记,包括遇到的问题、难点、收获、具体的词汇和语言点等,对学习过程和内容的详细记录和深入思考,有助于不断发现问题并解决问题。

下面选取一位学生的打卡记录作为案例分享。刘彬同学语言基础比较扎实、自主训练也很刻苦,这里选取了她第 13 教学周的练习记录。经过前期的影子跟读(分脑、调整 EVS、记忆储存)、积极听辨(听信息和意义、概述、回答问题)、视译(切意群、顺译)等多个环节的练习,刘彬已经可以就难度不大的语料进行同声传译,结合视译反复精练。在整个学习过程中,她既有较高的自我要求,也有足够的挑战意识,一学期内呈跳跃式进步(见表 3.3)。

表 3.3 刘彬同学第 13 周的练习记录打卡

日期	详细记录
5 月 13 号	内容:韩国警告民众不要放松警惕 来源:BBC News 练习时长:90min 自我点评:speaker 的语速适中,发音清晰,不知道是不是已经学过了几个发布会的原因,感觉这篇新闻里偏官话、套话的部分翻译得有模有样,有点学到了。像阿富汗、伊朗这一系列国家名能马上反应过来了,但还出现了德黑兰这个城市,之前不知道,没翻译出来。视译时整理了一下语序

续表

日期	详细记录
5月14号	内容:拉普兰上演炫目极光秀 来源:CNN News 练习时长:100min 自我点评:speaker 的语速偏快。这篇新闻偏科普,出现了许多专业词汇,如磁极、电子、质子、粒子等,所以有的没翻译出来。有的句子翻译出来了,只做到了“信”,不够“达”“雅”,比如 courtesy of mother nature 译为“大自然母亲的恩赐”更好,学到了!前两个短句就出现了 7 个国家名,都翻译出来了,不会再像以前一样影响后续同传了。视译的时候特别注意了物理原理部分句子的翻译
5月15号	内容:白宫和参议院推出 2 万亿美元经济刺激计划 来源:CNN News 练习时长:100min 自我点评:speaker 的语速偏快,但用词、语法方面都比较简单,出现了很多国际组织,不过因为扫过盲,都轻松解决了。难点在于数字比较密集,我在回放录音时发现自己译错了一个整数,当时完全没意识到。视译时用到增益法,比较顺利
5月16号	内容:受疫情影响 英国经济萎缩 来源:BBC News 练习时长:70min 自我点评:几个 speakers 的语速都不是很快,有关疫情的新闻同传做过太多了,应该是已经积累了经验,所以这篇新闻第一次同传就非常顺利,而且用语也有点摸着门道了。最后译出来的版本与参考译文相比较,并没有太多需要改动的地方,出入不大
5月17号	内容:美国国际开发署正在寻求新的合作伙伴 来源:VOA Standard 练习时长:110min 自我点评:这篇新闻里都是大长句子,没有时间给我整理语序、逻辑,所以翻译得有点细碎,之后的几遍尝试拉长了 EVS,但还是会有落下成分的情况出现,所以视译的时候真的好好整理了一番
5月18号	内容:阿富汗一家医院遭武装袭击 来源:BBC News 练习时长:100min 自我点评:有一些生词影响到了同传的效果,其余的翻译得还不错。现在国家名没什么大问题了,但是这篇新闻里提到了几个国家的首都,比较偏,没有翻译出来,城市名的背记也要提上日程了。扫盲、查词后再去视译,会比较容易一些

续表

日期	详细记录
5月19号	内容:美国首次申请失业救济人数328.3万人,创历史新高 来源:CNN News 练习时长:100min 自我点评:没什么生词、难点。问题在于有些词义翻译得不够准确,还有就是这篇新闻比较适合拉长EVS去调整语序,这样会翻译得更流畅,第一遍翻译得太颠三倒四了

在一学期的学习中,大多数学生都能像刘彬一样坚持练习、认真记录并勤于反思,因此这一学期学生进步的幅度远远超出预期。尽管每周的课上时间只有2小时,但大量的课后任务所带来的工作量让师生都陷入了马不停蹄的状态。两位老师需要就31位学生的作业和反思进行书面点评和交流,在课堂上对课外练习中发现的重点问题进行讲解,并就作业情况进行整体点评。所有的书面意见都会发给学生,供他们参考。

表3.4展示的是第7周教师对学生课外练习的反馈。限于篇幅,仅展示教师对其中几位学生的反馈记录。第7周的任务包括两项内容:一是前一周的每日练习记录打卡和学习笔记;二是选取适合自己的语料进行同声传译,并录制1分钟左右的音频上传至班级微信群。教师分别就这两项内容对每位学生提供了建议和意见。

表3.4　第7周学生作业的教师反馈

人名	反馈意见(学生的练习打卡和学习笔记+同声传译练习音频)
于艺华	打卡:“翻译中如果有从句复杂句,很难反应过来”,“边听边翻译,就光在想之前听的那句话是啥,就会漏掉下一句”。长句是难点,需要多练习。一定要能够边听边说,培养分脑能力。 同声传译:语言组织得不错,有灵活调整。声音可以再清晰有力些
胡静	打卡:“在刚开始练习同声传译的时候,感觉张嘴翻译真比较难,有种思维跟不上节奏的感觉。听自己的录音感觉翻译得断断续续”。“同声传译练习感觉可以更快反应了,语料生词较少,感觉比昨天顺了”。只要练习就有进步,进步的快慢则取决于自己的练习难度和强度,加油!要把握张嘴的时机,随时甩掉记忆包袱。 同声传译:基本可以做到顺句翻译,继续打磨语言组织能力

续表

人名	反馈意见(学生的练习打卡和学习笔记+同声传译练习音频)
王婧仪	打卡:“听着翻译不太容易找准意群进行翻译”,“但是在翻译的时候,还是会出现忘了现在正在听的这句话是什么意思”,很正常的问题及困难,继续练习。 同声传译:flow and pace 把握得不错,能够边听边组织语言,具备了一定的分脑能力
魏鑫蕊	打卡:《经济学人——发烧预测(1)》这篇内容不错,可以分享到群里,一起学习相关词汇。 同声传译:flow and pace 很好,EVS 合适,表述清晰
王宇欣	打卡:“不知道为什么听到数字第一反应不是去跟读,而是去换算,然后就把后面落下了”,数字尤其要坚持练习,要培养对数字的快速反应能力。 同声传译:能够顺句驱动,语速适中。在此基础上继续练习句式的整合
奇姝彤	打卡:“拿之前跟读过的文章重新跟读的时候发现自己有了进步”。“在对疫情专业词汇进行背诵后,发现跟读变得容易一点了”。所以坚持练习是能看到效果的。保持! 同声传译:flow and pace 很好,EVS 基本为半句或一句,表述清晰
陈思静	打卡:“反应还是能跟上的,但是语言组织能力还是不够”,“听到音频的瞬间反应不够,顺句驱动能力有待加强”。继续发现自己的问题,进行针对性练习。 同声传译:声音不够自信,可以再清晰点,杜绝“嗯”之类的 empty filler
王欣雨	打卡:“在反复听的同时,揣摩句与句之间的逻辑关系”,“状语等这些中文语序需要颠倒的总想调整,语言输出太慢了”。理解了才能翻译,还要尽力打破原语的束缚,这些都需要练习才能达到,坚持! 同声传译:flow and pace 不错,声音质量不错。能够顺句驱动,继续提高语言质量
梁威	打卡:“前面能说出大概意思,越往后拖延越多”,“语言组织困难,断句多”。都是很正常的问题和困难,加大练习强度和难度,尽快突破第一关。 视译:节奏比较稳,语言简洁利落。能够注重听,而不是不停地说
教师总结	①能够开口并且找到翻译的感觉,很重要。 ②继续通过精练和录音的方式,找到自己的问题并解决。 ③精练的过程中要确保每一次自己都有进步,或者用不同的句式或语序,培养语言的灵活度和丰富性。 ④尽可能提高第一遍翻译的正确率和完成度,这个最具参照性

表 3.4 选取的内容旨在展示 2020 年春季学期师生在同声传译课的课外练习环节所付出的刻苦努力。事实证明,在口译学习中,教师的指导固然重要,但

学生课外的自我训练更加重要。为了确保训练的质量,让学生从量变到质变,教师需要加强对课外练习的监督和反馈。这当然意味着巨大的时间和精力的付出。在线上线下授课模式中,双师授课适当缓解了教师的个人压力,也大大提升了教学品质和效果。

3.2 思政背景下时政文本的学习和翻译——以政府工作报告为例

除了坚持双师授课模式,笔者和同事们还在教学内容上做文章,尽可能采用最实用和最新鲜的语料作为学习材料,争取以最高效的方法训练学生的入门技能。同时也从思政教育和国际传播人才培养的要求出发,把包括政府工作报告在内的时政文本的翻译学习融入教学当中。

同声传译课在国内开设时间较短,和其他课程的教材相比,同声传译类教材数量不多,质量也参差不齐。尽管很多口译教材中都会有专门的章节谈到同声传译,但这些教材基本上都是以交替传译为主,同声传译仅仅是作为一两个单元的概论式介绍,无法提供系统的训练指导,不能完全满足同声传译的授课需求。有的教材只是对同声传译理论和技巧做了简要梳理;有的则堆砌了大量练习材料,缺乏针对性和根据不同技巧训练而进行的更为细致的划分,内容也稍显滞后。

为了弥补同声传译教材方面的短板,笔者和同事们通过多种渠道,结合自己的同声传译实践,为课程配备了大量实效性和实用性兼具的练习材料。这些材料有的是来自各种大型会议的资料,有的是来自网络、电视媒体等的录音、录像和光碟材料,如国务院总理和外交部长的两会新闻发布会、国务院新闻办公室的新闻发布会、国家领导人互访时的讲话、各类国际会议现场音频视频、央视国际频道访谈和专题讨论节目以及国外新闻社的新闻等。多样化的学习材料既确保了足够的信息量,也为学生尽快融入实际的翻译工作打下了坚实的基础。

在补充的各种语料中,政府工作报告要求学生重点学习和掌握的内容,包括语言上的学习、翻译技巧上的借鉴以及对报告内容和精神的领会。此外,两会之后召开的总理记者发布会、国家领导人在重大国际会议和外交场合的讲话都可以拿来深入学习和研究。在原有的翻译教材之外补充这类文本,既能够切实培养学生驾驭时政类文本的能力,也符合思政融入翻译教学的要求,符合国家传播战略的要求。时政文献与其他文本性质不同,属于政治文本,其重要性不言而喻。"中国时政文献也称'党政文献',是中国国家权力机关对外宣布国家政策、发布执政理念、说明行为规范的重要文件载体,集中说明中国政府大政方针,如中国的国体、政体,习近平新时代中国特色社会主义思想,社会主义核心价值观,中国在经济、外交、文化等关键领域的重大原则、路线与方针,反映当代中国政治、社会、经济发展的基本状况等,是中国政府对外交流与宣传的官方渠道,也是世界了解中国时政的重要窗口。"①

本书第一章就提到了当前的翻译教学要服务于国家的国际传播战略,助力国家形象建构和传播。国家形象建构和传播是近年来国内高度关注的一个话题,对翻译人才的培养当然要从利用翻译这一传播媒介助力国家形象的建构及宣传的角度出发,为国家翻译能力的建设做好储备,以便维护和争取国际话语权,更好地向世界讲述中国故事。为了实现这一目标,就有必要把思政融入课堂,思政走进翻译课堂不仅必要,而且可行。具体做法是在翻译专业理论和翻译技能训练这些显性教学内容之外,同时融入隐形课程的内容,即"通过有意识地挖掘课程的社会主义核心价值观、良好的职业道德和人生目标等一系列思想底蕴来完成的"②课程思政内容。

在翻译专业的思政教育中,引导学生利用翻译能力参与国家形象建构和传播是最终目标。但是在口译教学中融入时政文本的学习,对教师和学生都是个巨大的挑战,因为时政话语不同于其他话语,它"具有政治敏感性和政策性等特征,对术语翻译的准确性要求较高"③。想要掌握特定术语的翻译,首先要吃透文本,理解文字背后的政策内涵,而这需要在教师的指导和解读下完成。其次,在学习过程中,要加强特定术语或表述的学习,在大脑中形成图式认知。这种

① 孙有中、任文、李长栓:《高级汉英笔译教程》,北京:外语教学与研究出版社,2022,第2-3页。

② 秦和:《翻译专业课程思政的认识理念、实践路径与发展展望》,《中国翻译》2021年第5期,第74页。

③ 秦和:《翻译专业课程思政的认识理念、实践路径与发展展望》,《中国翻译》2021年第5期,第39页。

知识储备有助于在时间压力巨大的口译中，提前扫清“术语”地雷，而把更多的脑力运用在文本的整体信息处理上。

2013 年 9 月和 10 月，习近平总书记出访中亚和东南亚时，分别提出了与相关国家共同建设“丝绸之路经济带”和“21 世纪海上丝绸之路的倡议”①，这就是“一带一路”的来历，它的英文全称是 the Silk Road Economic Belt and the 21st Century Maritime Silk Road。但是如何翻译“一带一路”这个术语？从 2013 年至今，“一带一路”的翻译五花八门，从定冠词、双引号到单复数形式等，都不一致，不同部门发布的文件和文本中的表述也不统一，各种新闻和网络平台上的表述就更不规范。请看例 1 中的不完全统计：

例 1　“一带一路”英译举例

(1) the Belt and the Road

(2) the “Belt and Road”

(3) the Belt and Road

(4) “One Belt and One Road” strategy

(5) the One Belt and One Road Initiative

(6) the Belt and Road initiatives

(7) The “Belt and Road” initiative

(8) “Belt and Road” initiative

(9) China's “Belt and Road” initiative

(10) The strategy of developing the Silk Road Economic Belt and 21st Century Maritime Silk Road

目前官方采用的译法有两种：the Belt and Road Initiative (BRI), Belt and Road cooperation。在政府工作报告和联合国这类更加正式的场合，大多采用前者，而在其他一些场合和领导人讲话中，更倾向于使用后者。相比较而言，采用 initiative 一词更符合英语语言的表达习惯，而 cooperation 一词则能凸显“一带一路”的合作共赢的核心理念。

---

① 中国外文出版发行事业局、当代中国与世界研究院、中国翻译研究院：《中国关键词：“一带一路”篇》，北京：新世界出版社，2019，第 2 页。

从词源学来看,initiative 意为“随时准备锐意创新”,它强调“率先行动的姿态”以及“行动力”①。该词是英语中非常高频的一个词,根据《英语国家语料库》对该词的检索结果,在该词出现的 3 568 个文件中,出现在口语体文本中只有 176 次,新闻类文本中 405 次,非学术型文章中 1 187 次,学术型文章 602 次(见表 3.5)。

表 3.5　initiative 的用法在《英语国家语料库》的检索结果

文本类型	全部	口语类	虚构类	杂志类	新闻类	非学术类	学术类	其他
次数	3 568	176	83	163	405	1 187	620	934
占比(%)	35.68	17.66	5.22	22.45	38.70	71.96	40.44	44.83

注:表中数据引自《英语国家语料库》(BNC),https://www.english-corpora.org/bnc/,访问日期:2022-07-30。

总的来说,initiative 不仅是英语母语使用者习惯使用的一个词,也是近年来国内时政文本中的高频词。专家将“一带一路”的英译确定为 the Belt and Road Initiative(BRI),据笔者的理解,一是因为这种译法更容易为西方读者所接受,二是因为其深层内涵与“一带一路”的本质契合。而采用 cooperation 一词,则更为准确地揭示了这一倡议提出的初衷和远景目标。2015 年 9 月 15 日,中国政府制定并发布了《推动共建丝绸之路经济带和 21 世纪海上丝绸之路的愿景与行动》这一纲领性文件,文中开宗明义地写道:“坚持开放合作。”(The Initiative is open for cooperation.)②可见,“合作”是“一带一路”的指导原则,是实现共赢的唯一途径。

按照这个思路,“一带一路”沿线国家的译法也从最初的 neighboring countries along the Belt and Road, countries along the land and maritime Silk Roads 转变为 Belt and Road partner countries, members in the big family of Belt and Road cooperation,新译法更好地体现出我们与这些国家不仅是地理意义上的友好邻邦,更是可以长远发展的合作伙伴。作为一项区域合作发展的倡议,“一带一

① 见电子词源词典:https://www.etymonline.com/word/initiative#etymonline_v_9276。

② 《推动共建丝绸之路经济带和 21 世纪海上丝绸之路的愿景与行动》,2015-09-15,http://www.china.org.cn/chinese/2015-09/15/content_36591064_4.htm,访问日期:2022-10-21。

路"本着"共商、共建、共享"的原则,"实实在在地造福沿线国家和人民"[①]。换言之,这个倡议本质上就是要打造坚实的合作伙伴关系。

同样,汉语的相关表述也有分歧,早期的表述大多为"一带一路"战略、中国的"一带一路"战略等。这在西方人眼里难免会产生"中国打造"或"中国操纵"的歧义,从而引发强烈的抵触情绪。黄友义就曾在一次访谈中解释过,目前的官方文件已不再使用"一带一路"战略的说法,而是改为"一带一路"建设或"一带一路"倡议。[②] 把"战略"换成"建设""倡议""举措",强调了中国作为领头羊或倡导者的实质,避免了其他不合理的联想和指摘。可见,对"一带一路"这类核心概念或重要术语,必须掌握最新和最权威的表述。在翻译教学中要适当选用权威机构发布的时政文献,这些文本经由翻译专家严格把关,从表层意义到深层内涵都经过反复推敲,是学习时政文本翻译的范本和标杆。

3.2.1　政策领悟和翻译学习双管齐下

从思政教育的角度来说,把政府工作报告这类文本的学习和研究融入翻译课程,有助于学生深刻理解国家的大政方针,了解国家在经济、社会、民生和文化等各方面的发展和前景,从而树立起正确的三观,并尽可能利用语言的优势参与国家形象的建构与宣传。由中国外文局对外传播研究中心和中国翻译协会共同主办的期刊《中国翻译》近年来对政府工作报告等文本的英译研究非常关注。期刊所开设的"实践探索"和"词语选译"等专栏,重点探讨政府工作报告、《中国共产党第十九届五中全会公报》等纲领性文件和领导人重要讲话的翻译,这也从一个侧面说明了翻译学习与思政教育紧密结合的重要性和大趋势。从传播的角度来说,时政文本的学习也不可忽视,这是因为"中国时政文献是中国政府对外交流与宣传的官方文件,也是世界了解与认识中国时政的重要窗口,在加强中外交流、促进中外融通方面发挥着不可替代的作用"[③]。

对于教师来说,一方面要思考如何从思政教育及传播意识入手,将政府工

---

① 中国外文出版发行事业局、当代中国与世界研究院、中国翻译研究院:《中国关键词:"一带一路"篇》,北京:新世界出版社,2019,第 2 页。

② 朱义华:《外宣翻译的新时代、新话语与新思路——黄友义先生访谈录》,《中国翻译》2019 年第 2 期,第 118 页。

③ 孙有中、张威:《汉英翻译教程》,北京:外语教学与研究出版社,2022,第 4 页。

作报告等文本的学习合理运用到翻译教学中去,让学生最大限度地领会这类时政文本的核心精神;另一方面则要从翻译层面探讨政府工作报告等英译本的宏观策略和微观技巧,借鉴这些权威英译文本的翻译技巧。简而言之,教师要从政策领悟和语言技能两个方面细化教学过程和内容,深入浅出地进行解读和讲授。

3.2.2 以问题为导向的教学设计

在设计教学内容时,教师可以以问题为导向,先提出问题,再设计解决方案。可以设计如下问题:

(1)如何引导学生深入领会报告精神以及报告对"中国形象"塑造和宣传的重要意义?

答:通过教师对报告内容的导读以及学生的课外拓展阅读,帮助学生理解报告的指导精神和原则,让他们意识到在当下语境,塑造和宣传"中国形象"的重要性及迫切性。从领会报告精神的层面来说,研究时可重点关注以下几个方面(见图 3.1)。

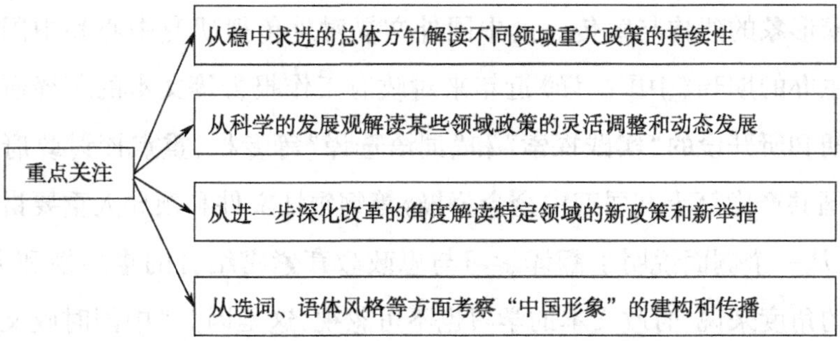

图 3.1 政府工作报告的重点关注内容

(2)报告从指导思想到具体内容都颇具深度,信息量巨大,并非简单背诵就能掌握,如何引导学生同时完成政策领悟和语言技能这两方面的学习?

答:每年报告的中英文对照版通常都有五六十页的篇幅,但也有特殊情况。比如,2020 年受新冠疫情影响,很多工作无法充分展开,报告内容缩减到 30 多页,中文版仅有 19 307 字。2021 年(中文 31 390 字)和 2022 年(中文 29 258

字)的篇幅又增加到了 40 多页。整体来说,这个文本的学习难度和强度都很大。因此,课堂上可以先分专题导读报告的内容,然后再学习相关的翻译技巧和策略,大致可分为以下几个步骤(见图 3.2)。

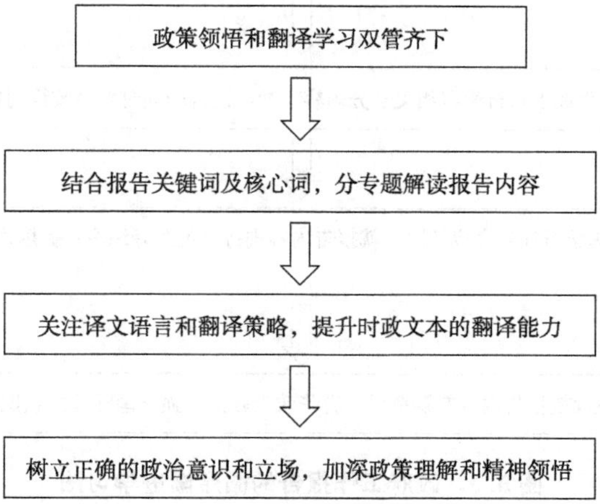

图 3.2　政府工作报告的整体学习步骤

从图 3.2 可以看出,对于时政文本这类难度相对较大的文本,学习环节更为复杂,更需要在教师的引导下一步一个脚印往前走。在政策领悟层面,要遵循宏观政策理解—核心和术语理解—整体思想的进一步把握的步骤;在语言学习层面,则按照单词—句子—篇章的顺序循序渐进。必须强调的是,时政文本的特殊性决定了对它们的学习不能只停留在语言层面,更重要的是通过语言学习理解国家的政策方针,掌握中国特色社会主义理论。只有这样,才能确保师生在学习和研究的过程中牢牢把握社会主义核心价值观,避免在翻译中犯原则性错误,并在此基础上进一步汲取翻译知识层面的内容。

除了性质上的特殊性,报告本身也是优质的翻译学习文本,它所使用的语言和翻译方法及策略都值得探讨和学习。为了帮助学生夯实报告的不同学习环节,教师制订了课内外持续性学习的方案,将学习过程分解如下:课堂内专题内容导读—学生课下自主学习—作业检查及语言点和翻译策略提炼—精神领悟升华及传播意识强化。教师按照这个步骤引领学生由浅入深,一步一个脚印,让艰深的学习变得可以驾驭(见图 3.3)。

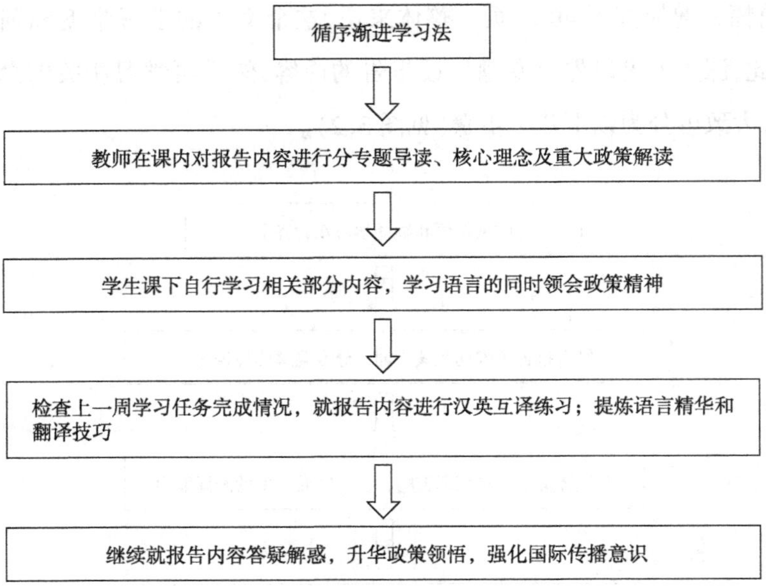

图 3.3　政府工作报告的循序渐进学习法

经过上述几个环节后，学生就能够完成一个专题内容的学习，在一个学期的时间内完成报告主体内容的学习。在语言和翻译技能学习层面，教师要重点引导学生关注以下各个知识点：高频及核心词的译法、专门术语和表述的译法、实用便捷的构词法、中国式特色表达及新词汇的学习等。此外，还要强调译文的动态化更新、汉语特有的三字和四字词组的翻译方法、英汉句式的灵活转换以及以受众为中心的文体风格等。

3.2.3　加强对国情国策的了解和理解

《指南》明确指出，"英语教育要主动服务国家战略和地方经济社会发展"①。想要把学生打造成服务国家和社会发展的复合型人才，就要让他们对国情和国策有所了解，学习报告就是一个很好的渠道，有助于他们从宏观和微观的角度加深对国家发展战略和规划的理解。

每年报告的具体内容会有微调②，但主要包括以下三个版块的内容：一是对

① 教育部高等学校外国语言文学类专业教学指导委员会英语专业教学指导分委员会：《普通高等学校本科外国语言文学类专业教学指南》(上)，上海：上海外语教育出版社，2020，第 xix 页。

② 受新冠疫情影响，2020 年政府工作报告的版块与以往有所不同，发布时间也因两会的推迟召开而相应推迟。

上一年或前几年政府工作的汇报和总结；二是对来年及未来几年政府工作的总体部署；三是就来年工作制定重点目标或提出建议。除了一些持续性的方针政策，报告每年都会在不同领域有不同的政策调整，哪怕是一字之差，其内涵也可能完全不同。以 2021 年的报告为例。2021 年是"十四五"的开局之年，国家提出要进一步优化区域经济布局，促进区域协调发展。在持续推进区域经济一体化的过程中，除了继续打造区域性经济地带，还强调发挥规模效应，避免单打独斗。号召先进地区带动落后地区，东部携手西部，实现经济效益最大化。教师在课堂上讲授这个专题时，要引导学生既领会政策，也要学习语言(见表 3.6)。

表 3.6　2021 年政府工作报告中区域经济一体化的具体内容及其英译

中文	英译
京津冀协同发展	coordinated development of the Beijing-Tianjin-Hebei region
长江经济带	the Yangtze Economic Belt
粤港澳大湾区	the Guangdong-Hong Kong-Macao Greater Bay Area
长三角一体化发展	the integrated development of the Yangtze River Delta
黄河流域生态保护和高质量发展	ecological protection and high-quality development in the Yellow River basin
高标准、高质量建设雄安新区	build Xiongan New Area to a high standard
西部大开发形成新格局	a new stage in large-scale development in the western region
推动东北振兴取得新突破	promote breakthroughs inthe revitalization of northeast China
中部地区加快崛起	accelerate the rise of the central region
鼓励东部地区加快推进现代化	encourage the eastern region to accelerate modernization
推进成渝地区双城经济圈建设	promote the development of the Chengdu-Chongqing economic zone
革命老区、民族地区、边疆地区	old revolutionary base areas, ethnic minority areas, border areas
拓展海洋经济发展空间	unlock the development potential of the maritime economy

由点到线，连线成片，从区域到整体，这就是协调发展和一体化发展的大格局。为了实现共同富裕的目标，既要保证发达地区加速发展，也要推动落后地区迎头赶上。要下好全国一盘棋，盘活所有地区，而非单打独斗，各自为战。了解国家发展的整体规划和布局之后，学生会更加发自内心地热爱国家，自觉维护国家利益，支持各项政策和举措。

在领悟政策时，教师尤其要引导学生关注国家、社会的发展和进步。比如往年报告所提到的“老少边穷”（old revolutionary base areas, areas with large ethnic minority populations, border areas, and poor areas），2021 年的报告为什么去除了“穷”？这是因为截至 2021 年，中国已经消除了绝对贫困。2021 年 2 月 25 日，习近平主席在全国脱贫攻坚总结表彰大会上的讲话向世界庄严宣告：“我国脱贫攻坚战取得了全面胜利，现行标准下 9 899 万农村贫困人口全部脱贫，832 个贫困县全部摘帽，12.8 万个贫困村全部出列，区域性整体贫困得到解决，完成了消除绝对贫困的艰巨任务。”[①]这就解答了上面关于“穷”的问题。

此外，教师也要提醒学生学习新表述和新名词，以“成渝地区双城经济圈”为例，它指的是以成都和重庆这两座城市为核心打造的区域经济带。2021 年 10 月，中共中央、国务院印发了《成渝地区双城经济圈建设规划纲要》，决定大力打造“成渝地区双城经济圈”，这是在“新形势下促进区域协调发展，形成优势互补、高质量发展区域经济布局的重大战略支撑，也是构建以国内大循环为主体、国内国际双循环相互促进新发展格局的一项重大举措”[②]。“国内国际双循环”也是新冠疫情后受到高度关注的一项战略决策，它的具体含义是指构建以国内大循环为主体、国内国际双循环相互促进的新发展格局。[③] 2020 年，这个表述同时入选了《咬文嚼字》年度十大流行词以及“2020 年度中国媒体十大新词语”。

在时政文本的翻译学习中，既要从术语和小词入手，也要通过词语或词组透视背后的宏观决策，因此在报告的学习中尤其要关注文中出现的高频词和关键词。仍以 2021 年的报告为例，该报告中出现频率最高的动词包括：发展（141）、建设（79）、推进（61）、加强（53）、实施（42）、完善（41）、创新（40）等。高频名词前几位则是：经济（43）、企业（42）、就业（34）、社会（33）、国家（30）、政策（29）、服务（29）等。从高频词往往可以看出国家的政策重心、当下的重点关

① 习近平：《全国脱贫攻坚总结表彰大会讲话》，2021-02-25，http://www.china.com.cn/zhibo/content_77241679.htm#fullText，访问日期：2022-10-21。

② 《成渝地区双城经济圈建设规划纲要》，2021-10-21，http://zw.china.com.cn/2021-10/21/content_77823279.html，访问日期：2022-10-21。

③ 2021 年 3 月，这个政策被列入《中华人民共和国国民经济和社会发展第十四个五年规划和 2035 年远景目标纲要（草案）》。

切以及未来的发展方向。同理,一些重要理念或概念也需要引导学生多加关注,如表 3.7 所列举的部分核心理念。

表 3.7　2021 年政府工作报告中的部分核心理念

中文	英译
能力建设	capacity building
高质量发展	high-quality development
协同发展	coordinated development
一体化发展	integrated development
创新发展	innovation-driven development
生态文明	eco-civilization
民生福祉	people's wellbeing
安全保障	safety & security

由于时政文本的特殊性和难度,政策解读和语言学习都需要教师给予适度的引领和指导,否则本科学生很难独立完成。加强对国情国策的了解和理解,有助于学生更好地学习语言,培养对这类文本的翻译能力。

3.2.4　与时俱进的语言学习

在政策领悟和概念学习之后,报告的语言学习环节也不容忽视。和其他性质的文本相比,报告的翻译难度和要求都非常高。承担报告英译工作的是国家权威机构的中外翻译专家,随着越来越多外国专家的参与和指导,从整体来看,近几年报告英译本的语言风格、翻译策略和传播效果等都在不断地变化发展之中,呈现出选词和句式趋于简约、表达更加地道的特点。由此可见,报告不仅能够帮助我们迅速掌握国家的大政方针,补充最新鲜的语汇和信息,更新背景知识库,也是锤炼译语的上佳范文。对于想要从事外事外宣工作的译者来说,报告不仅是教科书,更是翻译标准和指南。下面所列举的是从报告中选取的部分例句,从翻译策略到语言质量都值得借鉴。[①]

---

① 各例句选自 2016—2019 年的政府工作报告中英双语版本。句子中的画线部分由笔者标注。

例 2

原文

创新驱动发展战略持续推进。

译文

Further progress was made in implementing the strategy of innovation-driven development.

原文

积极的财政政策要加大力度。

译文

We will pursue a more proactive fiscal policy.

点评

两句中文原文结构类似,英译则采取了不同的译法。第一句将“持续推进”这一动作转化为名词词组,并采用了被动语态;第二句使用人作为句子主语,后面的谓语成分也做了相应调整。“持续推进”和“加大力度”都没有照字面直译,而是进行了灵活转译。

例 3

原文

针对工业增速下降、企业效益下滑,我们一手抓新兴产业培育,一手抓传统产业改造提升。

译文

In addressing the decline in industrial growth and the downward slide incorporate performance, we worked to foster new industries and upgrade traditional ones.

点评

“一手抓”的翻译,做了从抽象化到具体化的处理,同时也避免了语言的重复。

例 4

原文

深挖国内需求潜力，开拓发展更大空间。

译文

Tap the potential of domestic demand to increase the space for development.

点评

"更大"照字面意义应该使用比较级，但译文采用的 increase 一词本身就包含了"增加，更多"的意思，所以再使用比较级就有画蛇添足之嫌。

例 5

原文

增强城市规划的科学性、前瞻性、权威性、公开性。

译文

We will make urban planning more sound, forward-looking, authoritative, and transparent.

点评

和上一句反其道而行之，"增强"的语义通过比较级体现出来，因为英文本身就更需要借助语法来体现意义。此外，四个并列的抽象名词转译成形容词，简洁而且更方便句子的组织。

例 6

原文

着眼开拓发展空间，促进区域协调发展和新型城镇化。

译文

We promoted coordinated development between regions and the new type of urbanization to expand development space.

原文

紧扣增进民生福祉，推动社会事业改革发展。

译文

We promoted the reform and development of social programs to improve living standards.

点评

在上面两句中，中文原文并没有出现逻辑关系词，英译时为了凸显逻辑关系，使用了 to 这一关联词，表明了前后两个意群之间的因果关系。这也体现了英汉语言的差异，英语语法重形合，往往需要借助连接词、句式结构来呈现时态、逻辑关系和意义等。汉语更重意合，各种意义可以通过文字进行隐性表达。

例 7

原文

精准脱贫有力推进，农村贫困人口减少 1 386 万，易地扶贫搬迁 280 万。

译文

Precision poverty alleviation made significant progress, with the rural poor population reduced by 13. 86 million, including 2. 8 million people assisted through relocation from inhospitable areas.

点评

利用介词词组、分词短语、动词不定式进行整合，既能使句子更加精炼，也能凸显逻辑关系。with 引导的后置介词短语结构是对“精准脱贫有力推进”的具体解释和说明，including 一个单词就明确了 280 万人口和 1 386 万人口之间的从属关系。无论是笔译和口译，都要学习介词的巧用和妙用。

例 8

原文

企业和群众办事便利度不断提高。

译文

Both businesses and the public now enjoy increasingly better access to government services.

原文

去年还发生了多起公共安全事件和重大生产安全事故。

译文

Last year saw the occurrence of a number of public safety incidents and major workplace accidents.

点评

用无生命的物体做主语可以避免句式的单调和重复,拟人化的表达也更形象生动。enjoy 是很常用也很好用的一个词,很适合表达享有或拥有积极的、有益的事物之意。

例 9

原文

我们要充分发挥中央和地方两个积极性。

译文

We will keep both the central and local governments fully motivated.

原文

大力优化创新生态,调动各类创新主体积极性。

译文

We greatly improved the innovation ecosystem to keep innovators of all kinds fully motivated.

点评

中国人很爱说“积极性”，但它实际上是个意义很宽泛的词，这类词通常不能字对字翻译，而要想办法找到对应的实义动词。上面的例句将其转化为 keep/get sb. motivated 就很贴合语义。如果换个上下文，将其翻译成 encourage sb. to be more proactive 也未尝不可。

例 10

原文

推动装备、技术、标准、服务走出去，打造中国制造金字品牌。

译文

We will promote greater use of Chinese equipment, technology, standards, and services in the international market, and help Chinese manufacturing brands gain international recognition.

原文

居住证具有很高的含金量。

译文

Residence cards are important assets for their holders.

点评

例句中“金”字的这种用法是一种隐喻修辞手法，翻译时可以灵活处理，直译、意译或解释性翻译都可以视语境而定。汉语中有很多这类隐喻式的表达，比如包含“红”的红色基因、红色足迹、红色旅游、中国红等，想要翻译得准确和灵活，平时就要多观察和积累不同的译法。意在言外，功夫也在课外。

在上面各例中，教师对报告中值得学习的翻译技巧和选词用语做了点评，重点关注的也是学生在学习中感到比较棘手或容易出错的问题。和学生一样，教师也要时刻牢记“意在言外，功夫也在课外”，上课之余要做好与课程内容相关的总结和研究，对相关的翻译研究问题进行研讨，然后再把自己的学习成果分享给学生，这就是教学相长所提倡的教学与治学相辅相成、教师和学生共同成长的过程。

从长远来看，将思政教育和翻译技能学习紧密结合，有助于推动翻译教学从以国家意志主导的国际传播需求出发，在教学方法和内容上进行创新和改革。想要成为高层次翻译人才，除了相应的翻译知识和技能，也需要具备足够的百科知识、对政治经济和社会动态发展的了解以及服务国家建设的觉悟。把报告这类时政文本作为学习语料补充进翻译课堂，有助于培养学生参与国家形象建构和传播的意识，打造相应的翻译技能；也能够增强教师对这类文本的领悟和讲授能力，提升相关的学术科研能力，让思政教育始终贯穿翻译教学。

3.3　同声传译初学者汉译英时的主要问题及对策

同声传译是一项对语言、体力和脑力等各项综合素质要求极高的工作，不经过系统的训练往往很难胜任。在同声传译训练的各个环节，学习者会遭遇不同的瓶颈，需要根据具体情况进行不同的技巧训练。在同声传译学习的入门阶段，学生的问题和难题很多，想要解决这些难题，除了采取合适的翻译策略，还要加大课下的针对性训练，通过保质保量的练习来夯实课上所学。

选修同声传译课的四年级学生都已通过英语专业四级考试，口试成绩均在良以上。课程采取小班授课。在经过 4 周的影子跟读训练之后，教师发现，学生在练习中遇到的最突出的问题有两个：一是分脑困难；二是整合句子的能力很差。分脑的困难主要体现在“说”会干扰“听”，从而影响到整段翻译的连续性和准确性。整合句子的能力很差，则是由于英汉两种语言在词汇和句法上有所不同，学生在强大的时间压力下，即使听得懂，也很难迅速按照译入语的表达习惯来重新组织句子。

口译是一项多任务同步进行的工作，耳、脑、嘴同时开动，听、记、思、表要一气呵成。在极大的时间和心理压力下，初学者难免会手忙脚乱，顾头不顾尾，关注了听就忘记了说，或者关注了说影响了听。怎样才能让学生快速准确地完成

“说”的部分，分出更多的脑力对输入的信息进行再加工，确保输入和输出的过程持续不间断？在这个阶段，可以着重练习顺句驱动（syntactic linearity），在翻译时遵循省力原则，尽可能化繁为简，同时还要加强课下的自我训练。

为此，授课教师选取了合适的语料，让学生先在课堂上进行练习，然后找出学生在翻译时出错最多、感觉最为棘手的句子为例，逐句分析顺句驱动和省力原则的要点。类似这样的专题练习可以帮助学生更有效地解决问题，从更多有经验的口译员老师那里学到实用的方法，改善自己的语言质量。下面所要分享的教学个案是关于同声传译初学者汉译英对策的专题练习。练习材料选取了一篇语速适中，内容也适合初学者的领导人讲话①。

3.3.1 顺句驱动

由于受自身条件限制和训练强度的不同，不少学生在经过一段时期的影子跟读训练后还是无法一心二用，不知从何张嘴，导致不断漏译。同声传译时，译员要在听到原语几秒钟后就开口翻译，“从译员听到原语到开始翻译间的这段时间距离被称为‘听说时差（EVS）’”②，也称为耳口间距。如果为了听全和听清楚而拉长 EVS，就会加大短时记忆的负担；而且在张口翻译的时候，学生又很难同时对听到的新的原语进行记忆和分解，最终导致信息传达的失败。对于这一问题，在学生自动处理信息的大脑机制还没有形成的初始阶段，顺句驱动是一个比较好的解决手段。

顺句驱动是指在同声传译过程中，译员按听到的原语句子顺序，把整个句子切成意群单位或信息单位，再使用连接词把这些单位自然连接起来，译出整体的意思③，也有学者称之为“顺译”④。也就是说，有时候为了确保口译的速度，或者为了减少记忆压力，译员会避免对语序做大幅度调整，请看下面两个例句⑤。

---

① 《胡锦涛在联合国成立 60 周年首脑会议上的讲话》，2005-09-16，http://www.gov.cn/ldhd/2005-09/16/content_63871.htm，访问日期：2022-10-21。现场有联合国译员所做的同声传译，因为没有中英对照文稿，口译员的译文由笔者根据录音听读而来。

② R. Setton, *Simultaneous Interpretation: A Cognitive Pragmatic Analysis*, (Amsterdam/Philadelphia: John Benjamins Publishing Company, 1999), p. 28.

③ 仲伟合：《英汉同声传译技巧与训练》，《中国翻译》2001 年第 5 期，第 40 页。

④ 杨承淑：《从“经济性原则”探讨“顺译”的运用》，《中国翻译》2002 年第 6 期，第 29 页。

⑤ 每个例句后附有口译员的现场译文和笔者提供的参考译文，有的例句也附上了学生的译文。

例 11

原文

60 年来,联合国在维护世界和平、推动共同发展、促进人类文明等方面发挥了重要作用,取得了巨大成就。

译员

In the past 60 years, the UN has played an important role and made enormous achievements in maintaining world peace, promoting common development and advancing human progress.

参考译文

(1) Over the past 60 years, the UN, in terms of safeguarding world peace, promoting common development and advancing human progress, has played a very important role and made great achievements.

(2) Over the past 60 years, the UN has maintained world peace, promoted common development and human civilizations and has played a very important role and made great achievements.

点评

在此例中,原句中有一个介词短语构成的长状语。汉语中长状语的出现频率比较高,学生基本上都是等听到"发挥了重要作用,取得了巨大成就"才开始口译。由于 EVS 拉得过长,大部分学生都没有把"在维护世界和平、推动共同发展、促进人类文明等方面"这个前置的长状语翻译完整。而且在张嘴翻译这一部分的时候,"听"受到"说"的干扰,导致下一句也被部分或完全漏译。对于这种结构的句子,有经验的译员凭借着强大的记忆力以及良好的预测能力,往往会按照符合英语表达习惯的方式重新整合句子(译员版本)。而缺乏经验且不敢大胆预测的初学者,则可以利用 in terms of 等引导的介词词组把状语提前,如参考译文(1);或者变状语为谓语的一部分,把听到的动作顺次译出,随后再利用重复或添加等手段补全信息,尽可能保证信息的完整性,如参考译文(2)。后两种方法基本上不用调整句子语序，而是听到什么就译什么。

顺句驱动的好处在于可以及时甩掉记忆包袱，缺陷在于这种“直接输出”而未经译员再加工的句子在语言质量上可能稍为逊色，信息也有可能遗漏，需要过后找补，比如适当补充连接语。这样一来，语言就会相对琐碎，也难免有重复现象。

例 12

原文

应该以平等开放的精神维护文明的多样性，加强不同文明的对话和交流，协力构建各种文明兼容并蓄的和谐世界。

译员

We should endeavor to preserve the diversity of civilizations in the spirit of equality and openness and enhance inter-civilization exchanges and join efforts in building a harmonious world where all civilization co-exist and accommodate each other.

参考译文

(1) We should maintain the diversity of civilizations in the spirit of equality and openness and work together to create a culturally inclusive and harmonious society.

(2) We shall maintain the diversity of civilizations in the spirit of equality and openness and jointly create a harmonious society with diversified civilizations.

(3) We shall maintain the diversified cultures in the spirit of equality and join efforts in building a harmonious society embracing diversified cultures.

点评

汉语句法结构的另一个特点是定语成分有时比较长，而且多位于所修饰的名词之前。遇到长定语的时候，最省力的办法也是尽可能顺句驱动，如参考译文(1),也可利用从句、介词词组和分词结构等形式将定语后置,如译员版本、参考译文(2)、参考译文(3)。

需要指出的是,在口译练习中,学生往往会因为一两个单词而卡壳,或是为了斟词酌句而错失开口的最佳时机,这就违反了同声传译的一个重要原则:捷。国内外学者和理论家提出翻译的标准有很多种,学生听到最多的就是"信、达、雅"或"忠实、通顺、美"。每个标准体系都有各自的侧重点,但在衡量口译质量时,也许将"雅"或"美"这一对于文采的要求改成对时间的要求更为合理,比如可以"改成另一个字'捷',即快捷及时"①。顺句驱动就是实现快捷及时这一目标的有效策略之一。但是在"捷"的同时,也要确保译文的"信"和"达",所以顺译并不仅只是按照原来的语序,把原语信息逐一翻译出来,而是还要通过其他的一些手段来补充和调整,比如借助适当的增补或重复让信息的传递更为完整,逻辑更为清晰。当然,口译时还要尽可能追求语言的简洁凝练,减少"说"的部分,可以保证"听"得更充分,也能为自己赢得更多处理信息的时间。简而言之,顺句驱动是同声传译中很好用的一种方法,因此也是"同声传译的一个最大特征"②。但整体来说,顺句驱动更适合缺乏经验的初学者,在入门阶段可以多加练习和运用。

3.3.2 省力原则

辅仁大学的杨承淑教授指出,为了实现"捷"的目标,就要遵循"最小劳力"和"最少操作"等"经济性原则"③。如何在口译时更加省力省时?这就需要借助句子的整合能力,尤其是化繁为简的能力,也可以多采用释意法。著名口译专家丹尼尔·吉尔(Daniel Gile)给同声传译总结出了一个模式:同声传译=L+P+M+C。其中L、P、M分别指的是同声传译中的三项基本任务,即听解、翻译和短期记忆;C则代表协调。④ 如何在最短的时间内达到最理想的同声传译效果,一个颇为有效的方法就是酌情整合,尤其在处理一些长句和难句时更要化繁为

---

① 赵军峰:《商务英语口译》,北京:高等教育出版社,2004,第8页。

② 张维为:《英汉同声传译》,北京:中国对外翻译出版公司,1999,第41页。

③ 杨承淑:《从"经济性原则"探讨"顺译"的运用》,《中国翻译》2002年第6期,第30页。

④ D. Gile, *Basic Concepts and Models for Interpreter and Translator Training*(Amsterdam/Philadelphia: John Benjamins Publishing Company, 1995), p. 179.

简，采取释意法或译意法。

巴黎释意学派主张，“翻译活动必须摆脱原语语言形式的影响，以完整地传递原语信息为目的”①。要跳出单个的字和词，在掌握主要信息的前提下灵活、快捷地翻译。对释意派而言，意合重于形合，从宽泛的角度而言，这和翻译理论家奈达所指出的“信息对等是一切翻译的核心”的概念相互吻合：“所谓翻译，是指从语义到语体在译语中用最切近而又最自然的对等语再现原语信息……在翻译中，译者所寻求的应当是对等语，而不应是同一语。这在某种意义上说，也就是强调再现原语信息而不强求保持其表达形式。”②丹尼尔·吉尔也认为：“在翻译时，总的一条规律就是在可能的情况下，按原文的意思译，而不去管它的形式。”③相对于形式上更忠实于原语的直译或硬译，释意学派对译员在信息吸收和处理的能力上要求更高，要在确保“信”和“达”的基础上力求“捷”。这种对信息和译语的整合能力，就是丹尼尔·吉尔所说的 C，即同声传译中的协调能力（coordination effort）。请看下例。

例 13

原文

在机遇和挑战并存的重要历史时期，只有世界所有国家紧密团结起来，才能真正建设一个持久和平，共同繁荣的和谐世界。

译员

In this period of historical importance as opportunities and challenges exist side by side, countries can truly bring about a harmonious world with lasting peace and common prosperity, only when they rally closely together.

学生译文

At the important historical time when opportunities and challenges

① 勒代雷：《释意学派口笔译理论》，刘和平译. 北京：中国对外翻译出版公司，2001，第 11-12 页。

② 谭载喜编译：《新编奈达论翻译》，北京：中国对外翻译出版公司，2002，第 11 页。

③ D. Gile, *Basic Concepts and Models for Interpreter and Translator Training* (Amsterdam/Philadelphia: John Benjamins Publishing Company, 1995), p. 167.

coexist, only when all the countries unite with each other, will it be possible to build a harmonious world with lasting peace and common prosperity.

参考译文

Faced with opportunities and challenges, only by uniting closely with each other, can we really create a harmonious world with lasting peace and common prosperity.

点评

在翻译本例句的状语部分时，大部分学生逐字翻译，语言相对啰唆。现场译员也采用了字面直译的方法，用语偏书面化，用了14个英文单词翻译状语成分，参考译文则只用了5个英文单词。需要解释的是，由于这篇领导人的讲话语速较慢，而且是在联合国首脑会议这种很正式的场合，因此，译员为了保持匀速的翻译节奏以及突出庄重严肃的语体，刻意选用了比较复杂严谨的句式①，而参考译文则采用了化繁为简的原则，保留了原句的主要信息，牺牲了包括文体在内的其他层面的信息，这种方法更适用于初学者以及口语化表达。随着语言能力和同声传译技巧的不断提升，学生还是应当逐步提高译语的质量，在各个层面都实现信息的对等传达。

例14

原文

我们应该尊重各国自主选择社会制度和发展道路的权利，推动各国根据本国国情实现振兴和发展。

译员

We should respect every country's right to independently choose its own social system and path of development, and encourage countries to go about their revitalization and development in line with their national condition.

① 一般来说，领导人的讲话事先会有译稿，译员也有可能是在读稿，语言质量自然不可同日而语。

学生译文

We shall respect each country's own right in choosing their own social system and path of development, and accelerate them to realize their revitalization and development according to their national situation.

参考译文

We should respect the right of all countries to freely choose their social systems and development paths, and support them to revitalize and develop in their own way.

点评

在此例中,三种译文在意义的转达上都没有问题。学生译文略有不足,比如用词重复,own 这个单词用了两次。译员的版本更为书面化和精准,比如“自主选择”在外交语境中一般都译为 independently choose 或 the independent choice of...。参考译文则体现出省力原则。一般来说,口译在选词上倾向于使用短小简单的词汇,宁短勿长,所以参考译文用 support 来表示“推动”;in their own way 虽然没有按照字面翻译出“按照本国国情”,但根据上半句以及整篇讲话的背景,意义不言自明,因此也可以做简化处理。此外,时政文本的翻译也可以采取“大词小译”的原则,用平实朴素的小词或更接地气的方式来翻译,这也符合近年来国家传播话语走群众路线的下沉式风格。需要再次强调的是,应当鼓励学生向译员的版本看齐,追求高质量的译语,但在初学阶段,教师可以提供一些省力和实用的解决方案,帮助学生尽快渡过眼前的难关,积累信心,在日后更为艰深的学习继续打磨语言,提升技能。此外,在这个句子中,“根据……”这一状语短语的译法也值得关注。汉语中有很多这样的表述,比如因时、因势、与……接轨、与……对接等,这类表述大多可以利用下面这些介词词组来牵线搭桥:in line with, in light of, in terms of, in view of , according to, in alignment with 等。英文中这类介词词组很丰富,它们可以和句子中的动词或其他成分灵活搭配使用。此外,也可以使用现在分词构成的分词短语,比如 suiting their own national condition, following the principle of, aligning...with... 等,请看下面的三个例句。

例 15

原文

我们因时因势调整了防控策略。

译文

We adjusted response measures in view of the evolving COVID-19 dynamics.

例 16

原文

我们要加快质量安全标准与国际标准接轨。

译文

We will move faster to bring domestic quality and safety standards in line with international standards.

例 17

原文

我们将推动"一带一路"与联合国 2030 可持续发展议程相对接,与非盟《2063 年议程》相对接,与非洲各国发展战略相对接,让中非合作插上"一带一路"的强劲翅膀,飞得更高,飞得更远。

译文

By aligning the Belt and Road Initiative with the UN's 2030 Agenda, the AU's Agenda 2063 and the development strategies of individual African countries, we will give wings to China-Africa cooperation to help it soar to greater heights. ①

---

① 《外交部长王毅就中国外交政策和对外关系回答中外记者提问》, 2018-03-29, http://www.china.org.cn/chinese/2018-03/29/content_50767996.htm, 访问日期: 2022-10-21。

此外,汉语语言有时为了加强语气或语义会采用重复的修辞手法,在英译时要酌情删减,这属于合理性的语义减译,请看下面的例句。

例 18

原文

我们应该推动建立健全开放、公平、非歧视的多边贸易体制。

学生译文

We shall accelerate to set up and improve an open, equitable, non-discriminative multi-lateral trading regime.

参考译文

We shall develop and improve an open, equitable, non-discriminative multi-lateral trading regime.

平行文本

为推动建立健全党和国家功勋荣誉表彰制度体系奠定了重要法治基础。

laying down an important legal basis for establishing and improving relevant systems of Party and state awards and honors①

点评

在上例中,"推动""建立""健全"三个动词一字排开,汉语这么说没有问题,也不妨碍理解,但在英译时,是否有必要将这三个动词都翻译出来?事实上,这句话里的"推动"更多是一种汉语的口头语或习惯性表达,在这个句子中甚至可以把它当作虚词,并不一定要翻译出来,因为具体要做的事情是后面的"建立"和"健全",它们是具有实际意义的动词。鉴于此,参考译文只译出了 develop 和 improve 这两个动作。平行文本的译文也采取了同样的略译法。如果为了更加严谨和完整,把"推动、推进"的动作翻译出来也完全可以,比如可以译为 press ahead with, work to achieve/accelerate 等,这样可以还原中文的语义重

① 《全国人大常委会工作报告(2016)》,2016-03-22,http://www.china.org.cn/chinese/2016-03/22/content_38083485_2.htm,访问日期:2022-10-21。

复,从而加强语气。是略译还是保留重复修辞,翻译时可以视具体情况而定。

下面的例 19 同样也是出于修辞目的而使用的重复表达,结构上的工整打造出了节奏感,突出了语言的美感,也增强了语气。

例 19

原文

我们建成了世界上最大的社会保障体系,覆盖近 14 亿全体中国人民,确保人人有饭吃,人人有房住,人人有学上,人人有医疗。

译文

We have put in place the world's largest social security system, covering nearly 1. 4 billion people and ensure that everyone has access to housing, education and medical insurance. ①

点评

对于原文一连四个"人人有……",译文采用了 have access to 的表达,非常符合英语语言的表达习惯,也巧妙避免了复制汉语中的重复表达,从语言的角度看既凝练又地道。而从意义转达来看,译文里略去了"人人有饭吃"这个指标,不仔细的读者未必能发现这个漏译或略译,这是译者的无心之失还是有意而为?关于这个问题可以参看前文所提到过的解释,即 2021 年中国取得了彻底摆脱绝对贫困的重大成就,这就意味着不可能再存在吃不上饭的情况。发言人也许是想强调"人人都有……"的局面,而译者则对"人人有饭吃"做了略译的处理,想必是为了避免引发西方读者不恰当的联想吧。可见,翻译要用心,作为翻译初学者更要"多"心。此外,类似例 18 和例 19 的重复性表达,在英译时要视具体情况灵活决策。汉语语言中使用这种重复修辞手法,往往是为了突出节奏感和韵律感,增强语气或气势,在英译时可以采用"保留反复、省略反复、替代反复"②等不同对策。例 19 的译文省略了源语中的词汇反复,下面的例 20 则

① 《拜登称不会让中国超越美国,华春莹:你们从来不是中国的目标》,2021-03-27,https://mp.weixin.qq.com/s/xW8MaFZiRDh6Azk5lZV-qg,访问日期:2022-10-21。

② 孙有中、任文、李长栓:《高级汉英笔译教程》,北京:外语教学与研究出版社,2022,第 18 页。

采取了保留反复的策略。

例 20

原文

营造人人有责、人人参与,全行业全社会共同维护核安全的良好氛围。

译文

It has created a positive atmosphere in which everyone shoulders responsibility, everyone participates, and the whole industry and society work together to safeguard nuclear safety.①

点评

需要指出的是,保留反复的前提是能够合理融入整个句子结构而不显得臃肿。除了词汇重复,汉语中也会有句子结构上的重复性表达,属于语义反复,这类重复表达大多隐含着某种逻辑关系,因此在英译时可以出于逻辑显化的目的将其保留,请看例 21。

例 21

原文

世上没有从天而降的英雄,只有挺身而出的凡人。

译文

The world has no heroes parachuting from the sky, what it has are ordinary people doing extraordinary things.②

点评

在这个句子中,"没有……只有……"构成了前后两个小句意义上的对比,

---

① 国新办:《中国的核安全》白皮书,2019-09-04,http://www.china.org.cn/chinese/2019-09/04/content_75170779.htm,访问日期:2022-10-21。

② 《习近平在全国抗击新冠肺炎疫情表彰大会上的讲话》,2020-09-08,https://mp.weixin.qq.com/s/R7XZk0gvpSfbH2vuPfFgWw,访问日期:2022-10-21。英译文由笔者根据现场同声传译音频听写而成。

译文保留了语义重复，还原了句法上的对仗和工整，通过对比突出了“只有挺身而出的凡人”的核心意义。不仅如此，ordinary 和 extraordinary 这一对反义词的妙用，再度强调了挺身而出的凡人实为不平凡的英雄这一事实，整句译文不拘泥于原句的字，但从形式到语义和气势上的转达都充分而且完整，堪称形神兼顾的佳译。

综上所述，在同声传译初学阶段，可以鼓励学生加强顺句驱动的训练，在整合句子时也要从省力原则出发尽可能化繁为简。从表面上看，顺句驱动或顺译更倾向于直译，而省力原则往往要借助释意法来实现。但两者并不矛盾，对不同的翻译方法要融会贯通，灵活使用。使用顺译或直译不容易漏掉信息，有助于译员保持一定的节奏和速度，而整合或释意则简化了组织句子的过程，可以争取时间和主动。两种翻译策略都能有效地帮助初学者解决问题。但是在克服分脑和句子组织的困难之后，随着训练的不断深入，同声传译学习者还需要不断改变训练的重心和要点，有针对性地加强其他各项技巧的训练。

3.4　在实践中打磨翻译技巧——以全国政协十一届五次会议新闻发布会为例

实践是翻译的必修功课，既要保质，也要有量，要经历从量变到质变的多个回合才能爬坡过坎。翻译技巧懂得再多，也要在实践中消化和打磨，这就是本书第一章提到过的杜威的实用主义教学理论。翻译学习者要在实践中坚持反省和探究，逐渐形成自己的批判性思维，因为思维是翻译中的核心能力，在两种语言之间的思维转换决定了译语能否达到既准确又灵活的标准。

准确性与灵活性是口译的两大原则。口译首先要确保原语信息的准确性，其次要借助不同的形式来完成信息的传递。在口译中，无论是交替传译还是同声传译，准确性都是首要及重要标准之一。杨承淑认为，口译要遵循“明确与正确并重的确切原则……就是将原文信息做到词义正确、语义清楚、不漏失原意、不添加主张的目标”[①]。也就是说，在口译时，我们虽然不能像笔

① 杨承淑：《口译教学研究：理论与实践》，北京：中国对外翻译出版公司，2006，第2页。

译那样严格追求信息的完全对等，但至少要保证原语信息最小限度的流失，任何灵活的变通与整合必须在此基础上进行。要忠实传递发言者的本意及立场，选择恰当的语汇及表达方式，不能擅自添加自己的观点。特别是像新闻发布会这种重大的场合，信息的准确性尤为重要。需要注意的是，由于训练有素的发言人语速相对较慢，节奏平稳，译员往往有足够的时间斟词酌句，所以必要时可以化简为繁，适当添加有效信息，从而使听众接收到更加完整和准确的信息。

除了准确性之外，灵活性也是译员必须具备的能力。口译实战中，译员往往要对原语进行整合，即在保留原语信息的情况下适当调整句式和语法，得其“意”而忘其“形”。翻译理论家奈达强调，翻译要实现信息对等，但这种对等是指“把信息从一种语言传译成另一种语言时，我们必须不惜一切代价保存其内容；至于形式，除特殊情况（如诗体）外，大都处于次要地位”①。奈达认为，在形式与内容两者不可兼得的情况下，前者必须让位于后者，切不可因为讲究形式而丢失信息，这就要求译员在翻译时具有一定的灵活性。譬如，可以采用化繁为简、适当添加、反说、归纳、词性转换以及语态转换等多种方式来传达原语信息。适当的整合也有助于译员摆脱原语臃肿的句式或重复的信息，为自己赢得时间，减缓压力。

3.4.1 酌情增减

对于新闻发布会这类现场口译任务来说，准确性是一个重要的衡量标准，而灵活性则是非常实用的原则。接下来要分享的教学案例以全国政协十一届五次会议新闻发布会现场口译为学习和研究对象②，精选了此次发布会现场口译的多个例句，逐一进行点评和分析。目的就在于让学生观察和分析在口译实战中，译员如何借助化繁为简、化简为繁以及灵活转换等多种方式，实现得“意”忘“形”的目标。

---

① 谭载喜编译：《新编奈达论翻译》，北京：中国对外翻译出版公司，2002，第206页。

② 该发布会于2012年3月2号下午在北京举行，时长1小时40分钟，内容涉及深化改革、公共外交关系、政协工作以及两岸关系等多个方面。本书所采用的发布会中文文字材料来自网易：http://news.163.com/special/2012lianghui/，英文部分由笔者根据网易的视频听写并整理而成。

例 22

原文

不知道发言人注意到没有，最近世界银行发布了一份研究报告，名字叫作《2030 年的中国》。

译员

I don't know if you have noticed a report issued by the Word Bank recently entitled *China* 2030.

点评

原语的这个完整的句子共 35 个字，包含三层含义，而译员只用了 18 个词就表述完毕。她把原语中的第二和第三小句都转变成后置定语的形式，可谓化繁为简的范例。

例 23

原文

如果你听到的和我听到的都存在的话，那么达赖是个两面派。

译员

If he said both things, then he is not an honest man.

点评

时政话语中难免涉及敏感话题，或者是中文中的禁忌表达。遇到这种情况和场合，立场明确、表达简洁可能是上策。单从语言来看，译语完全摆脱了原语形式的束缚，采用意译法，干脆利落。

例 24

原文

我们也看到官方媒体，包括新华社等都发表了改革的言论。最近《人民日报》也提出，宁可要不完美的改革，也不要不改革的危机。

译员

There are remarks that people would rather have (the) imperfect reform than (the) crisis brought about (by) the lack of reform.

点评

在此例中，译员根据自己的理解把“不改革的危机”翻译成 crisis brought about (by) the lack of reform。brought about 这个动词词组的增补点明了“不改革”与“危机”之间的因果关系，这是译员在正确理解原语的基础上所做的语义增补。她利用 brought about 引导的后置定语从句交代了两者之间的逻辑关系，清晰准确。译员对信息进行处理加工后再传达给受众，减轻了受众的负担。适当添加的目的无非是使信息转达更为完整和准确，所补充的信息可能是相关的背景知识，也可能是原语中暗含的逻辑关系。这对译员的背景知识储备和逻辑思辨能力都是一种考验。

例 25

原文

20 世纪 90 年代初，围绕着改革存在着两种思路，一种是在严峻的国际形势下放慢改革的速度，另一种则主张抓住机遇深化改革。

译员

In early 1990s, there were two competing ideas about reform in China. One idea was to slow down the pace of reform due to the challenging international situation. The other believed that we should seize the opportunities to deepen reform.

例 26

原文

新闻发布会的效果就是对内政务公开、透明，扩大了公众的知情权，也有助于公众监督政府。对外就是向世界说明中国的真实情况，解疑释惑。

译员

There are two functions of press briefings. One is to help build an open and transparent government. The public can stay better informed and better supervise the work of the government. The other function is to explain China better to the world so that the world can know what real China is like.

点评

例 25 和例 26 都采用了增补法，体现出译员卓越的理解和归纳能力。例 25 译文中的现在分词定语 competing 是译员根据语义添加的。根据原语，围绕着改革的两种思路一是放慢，二是加速，所以这两种思路之间的关系是对立或矛盾的，译员的补充是对两者隐性逻辑关系的显化。在例 26 中，译员添加了一句归纳性的话语“There are two functions of press briefings.”，也点明了后面所述两点内容之间并列的逻辑关系，让听众一目了然。

例 27

原文

去年“7・23”事故以后，伴随着原铁道部新闻发言人王勇平的调离，可能大家熟悉的面孔都淡出公众视野。

译员

After the spokesman of the Ministry of Railway left his job due to the bullet train accident that took place in Wenzhou on 23th July last year, many familiar faces or spokespersons of the ministries have left office.

点评

译员在翻译“7・23”事故时，补充了相关的详细信息 the bullet train accident that took place in Wenzhou。尽管有些事件众所皆知，但考虑到仍有受众可能缺乏相关的背景知识，在时间允许的情况下，尤其是交替传译中，译员可以本着以听众为中心的传播原则予以适当补充，使信息的转达更为完整准确。

例 28

原文

它们不是全国人民代表大会审核和批准的，它们是在当地注册的，至于全国人民代表大会成立类似的组织，也有可能。

译员

They didn't need the approval of the CPPCC National Committee to establish these organizations. And these organizations are registered locally. And it is possible for the National Committee to establish such an organization at the national level.

点评

这句话的背景是有记者指出上海、天津、广东三地已成立了公共外交协会。发言人回答说，这三地的公共外交协会是在地方注册的，人大将来也有可能成立类似的组织。译员在翻译时补充了一个后置定语 at the national level，和前面的地方性组织 registered locally 构成了信息的对称，表明人大如果成立类似的组织则属国家级。这个信息补充看似可有可无，却体现出译员对信息的再加工和严谨的态度。

3.4.2 灵活转译

转译是翻译中常用的策略，具体可以有很多种形式，包括词性转换、语序调整、句式转换、主动和被动语态的转换、肯定与否定的转换等，翻译时要随时转换思维，根据英汉两种语言各自的特点和表达习惯进行灵活转译。

例 29

原文

政治体制改革的必要性和它的艰巨性，邓小平先生做过很详细的论述。

译员

Mr. Deng Xiaoping gave a very detailed explanation of the necessity of the political structural reform and how challenging the reform could be.

点评

原句中有两个名词“必要性”和“艰巨性”，译员在翻译时一个保留名词词性，另一个则转换成从句，显示出其翻译方法的灵活性，避免了句式的单调。

例 30

原文

政治体制改革是要在深思熟虑、征求各方面意见之后才能进行。

译员

I think we need full consideration and deliberation and seek opinions from all sides before we can implement the political structural reform.

点评

这句话的翻译本可以顺句驱动，用被动句式表达，但可能是因为译员在翻译前面一句时已经使用了被动语态，所以在译这一句时，译员找出了隐含主语，变被动句为主动句。英汉互译中的语态转换非常常见，英译汉时被动多转为主动，汉译英时则可以适当多使用被动语态，这是由两种语言自身的特点所决定的。此外，在处理无主语的句子时，往往可以从语态的转换入手。

例 31

原文

围绕“十二五”规划实施过程中重大问题的调查研究和协商议政，先后组织开展考察和专项调查 85 次。召开加快经济结构战略性调整，促进经济平稳较快发展专题议政性常委会议，向中共中央报送了一批高质量的意见和建议。

译员

The National Committee organized 85 inspection tours and surveys on important issues concerning the implementation of the 12th five-year-plan. Its standing committee held a meeting on speeding up the strategic adjustment of the economic structure and promoting a balanced and fast economic development. A number of quality opinions and recommendations have been presented to the CPC central Committee.

点评

译员在翻译这段话时做了较多整合。首先，在翻译第一句时，由于原语没有出现主语，译员根据对上下文的理解找出了隐藏的实际主语 the National Committee，然后将“围绕”这一动词引导的句子转换成现在分词后置定语，修饰 important issues。第二句的处理则更为复杂，译员把原语中的宾语 its standing committee 转变成主语，将其从句末调到句首，成为施动者。但是第二句的后半句译员又放弃了 its standing committee 这一主语，把 a number of quality opinions and recommendations 作为主语，语态也相应地由主动转为被动。这种大幅度的句式整合建立在译员对原语意义的准确把握上，体现出其灵活处理信息的功力。

例 32

原文

一年来，全国政协提案超过 6 000 件，提案内容广泛，针对性强，效果明显。

译员

Members of the National Committee put forward over 6 000 proposals in the past 12 months. These proposals involve a wide range of topics and are well-targeted and highly effective.

点评

这句话的翻译至少有两点可取之处。一是译员找出了前半句的隐含主语，是“政协委员”而不是“政协”提交了 6 000 多件提案，所以将 members of the National Committee 作为句子的主语，并补充了相应的动宾结构。二是在翻译“内容广泛，针对性强，效果明显”这三个四字词语时，译员分别采用了动宾词组和系表结构，更加简洁生动。

例 33

原文

我们国家刚刚新修订的环境空气质量标准将 PM2.5 纳入了强制性的污染物监测范围。

译员

According to the latest-revised air quality standard, cities will be required to monitor PM2.5, or particular matters with a diameter of 2.5 micrometers.

点评

译员完全抛弃了原语的语法结构和主动语态，将原语中的主语“环境空气质量标准”转换成状语，将隐含在原语中的另外一个实际施动者——负责进行 PM2.5（细颗粒物）监测的 cities 变为句子的主语，并使用了被动语态。这种句式的整合虽然完全颠覆了原语的形式，但并未丢失任何信息。这是译员摆脱形式束缚，准确传达信息的一个很好范例。

例 34

原文

有人说（新闻发言人）是高危岗位，根本不存在问不倒的发言人。

译员

Some people say that the spokespersons are a highly risky job and there are simply no spokespersons who can perfectly handle all questions.

点评

原语中的“问不倒的发言人”很难照字面直译。译员将“发言人”作为主语，否定词“不”也挪了位置，用来修饰“发言人”，符合英语表达习惯，而不是生搬硬套中文的表达方式。原句用了双重否定表示肯定，译文则直接采用了否定译法，这也是一种很实用的反译法。

上面是让学生深入学习的一部分新闻语料，教师挑出有代表性的句子，让学生逐一观察和领会其中的翻译技巧，学会将抽象的理论运用到实际的翻译中。想要胜任口译工作，就要积极调动自己的知识储备和理解力，在对源语信息充分消化和再加工的基础上，实现准确而又灵活的输出。通过学习，学生可以认识到知识储备和实践的重要性，翻译技能的掌握绝非一日之功，必须通过大量有针对性的训练才能逐步提升自己的翻译能力。

第四章

合作型翻译学习和任务

在互联网和多媒体高速发展的当下，随着翻译技术的日新月异，翻译活动从形式到内涵都有了很大的改变。就翻译活动的形式而言，一个突出的转变就是翻译中的合作机制不断多样化。传统的翻译活动往往由个人独立完成，是强调译者个体独创性的文化行为，现在的翻译活动融入了大量的商业运作，由各种性质的翻译公司或语言服务公司操作，大多需要依托团队或多人合作完成，具体形式也趋于多样化，包括职业译者与兼职译者、国内外译者或翻译机构、线上与线下、机器翻译与人工翻译以及口译与笔译任务的合作等。除了市场上这些可以称为“翻译生产”的合作形式，在翻译教学中，各个层面的合作也无所不在，包括师生之间、学生之间、笔译课与口译课之间的相互配合与协作等。因此，无论是基于市场运作的“翻译生产”，还是翻译教育中的“教学生产”活动，都越来越离不开各种形式的翻译合作。

国内翻译学奠基人之一谢天振把中西翻译史分成三大历史阶段，“即以宗教典籍为主要翻译对象的宗教典籍翻译阶段，以文学名著和社科经典为主要翻译对象的文学名著、社科经典翻译阶段，以及目前所处的以实用文献为主要翻译对象的实用文献翻译阶段”①。他把目前这个阶段称为“翻译的职业化时代”，这个阶段翻译转型的表现之一就是翻译中新的合作模式，“现在意义上的‘合作翻译’并非简单的化整为零式的‘合作’，而是融合了各种现代化的科技手

① 谢天振：《现行翻译定义已落后于时代的发展——对重新定位和定义翻译的几点反思》，《中国翻译》2015 年第 3 期，第 14 页。

段和管理手段的'合作',与传统意义上的合作翻译完全是两码事,根本不可同日而语"①。谢天振还指出,合作模式的转型离不开翻译工具和手段的变化与升级。

翻译活动如此,翻译教育也在经历着升级和转型。互联网等高科技的发展给翻译以及翻译教育都带来了前所未有的变化,比如2020年新冠疫情之后,线上线下合作教学模式已经迅速从摸索阶段达到基本普及,而且很有可能成为今后高校常态化的教学模式。整体而言,无论是以国家利益为先的国家翻译实践,还是市场上的商业化翻译生产,翻译中合作的广度和深度都在不断拓展,形式也越来越多样化,因此有必要充分认识并且利用翻译中合作机制的优越性。②

本章探讨翻译学习和任务中隐性或显性的合作机制。首先,翻译课堂是建立在合作机制之上的课堂,因为翻译学习是一种师生合作型学习,需要充分的师生互动以及学生互助,也需要课内学习和课外实践持续而且紧密的配合。其次,笔译和口译虽然是不同类型的翻译任务,但它们同为翻译门下"弟子",无论是在学习过程中还是实际的翻译活动中,也需要相互合作,彼此借鉴。

4.1 师生合作型学习

合作型课堂包含了充分的师生间和学生间的互动,学生能够在教师的启发与指导下,积极开展自主探究型学习和训练。在众多教学方法中,案例教学法是合作型课堂中比较见效的一种方法。授人以鱼不如授人以渔,教师借助具体案例进行示范教学,学生经过类似的搜集整理语料—自主分析—理解和吸收—讲解和分享的过程,可以逐步掌握科学高效的翻译学习方法,培养终身学习的习惯和能力。此外,教师也要注重对学生作业的反馈,一对一的点评和交流能够帮助学生认识到自己的问题并寻求对策。这种作业点评环节虽然非常烦琐,却同样是一种脚踏实地的教与学的互动,在打磨和提升译文质量上行之有效。如本书第二章所介绍过的,这种师生合作范式在《北外高翻笔译课》一书中有非常系统和完整的展示。

---

① 谢天振:《现行翻译定义已落后于时代的发展——对重新定位和定义翻译的几点反思》,《中国翻译》2015年第3期,第14-15页。

② 2022年6月25日,由国际翻译家联盟、中国翻译协会联合主办,北京外国语大学承办的第十届亚太翻译论坛在北京召开。本次论坛主题为"翻译世界中的合作:新时代、新变化、新模式"。更多详见https://mp.weixin.qq.com/s/mEdx5fiC0Ntmw7CF_6UKJA。

在翻译的理解阶段，除了需要个人先进行独立思考，也可以通过讨论集思广益，拓展思路。在翻译中，我们有时难免会受到个人思路局限性的影响，而他人提供的新角度新观点很可能会带来新思路。启发式教学固然是教师的授课方式之一，但倘若能够充分利用学生更多样化、年轻化的视角和思辨能力，就可以实现信息共享及效用最大化。除了译前准备阶段，译文形成之后的课堂讨论和教师点评环节，也是充分挖掘言外之意、理解文化内涵以及梳理深层逻辑的环节，有助于学生发现问题、分析问题和解决问题。翻译学习的意义更多地在于这个思考和探究的过程，正如释意派所主张的："在学习翻译阶段，实现翻译的手段比寻找翻译结果更重要。"①在翻译练习中，学生往往得不到所谓的标准答案，因为翻译从来没有唯一标准的答案，只有更为理想和完善的版本。在这样的翻译课堂上，随着学生思路的逐渐开阔，译语的不断精进，学习和探究的过程会变成享受语言乐趣的过程，是利用语言积木进行创意搭建的游戏。这样的过程从广义上来说，是师生之间和学生之间相互配合完成翻译任务的过程，既具有挑战性，也让翻译学习变得更加有益和有趣。

4.1.1 案例教学法——以"一句多译"专题训练为例

在翻译教学中，"一句多译"是锤炼译语灵活度的一种训练方法，用英文来说就是 paraphrasing。但由于 paraphrase 一词在不同的语境具体含义不同，因此有必要先厘清这个单词的定义和用法（见表 4.1）。

表 4.1 paraphrase 的定义和用法

词典名称	词典释义
《牛津英语词典》电子版	to express what somebody has said or written using different words, especially in order to make it easier to understand
《词源学词典》电子版	(v.): restate, interpret, express the meaning of in other words, c. 1600 (n.): a restatement of a text or passage, giving the sense of the original in other words, often in fuller terms and greater detail, 1540s
《英汉大词典》	（对一段文字的）释义，意译；（作为语言教学方法的）变换措辞

资料来源：https://www.oxfordlearnersdictionaries.com/definition/english/paraphrase_1; https://www.etymonline.com/search? q=paraphrase；陆谷孙：《英汉大词典》，上海：上海译文出版社，1993，第 1316 页。

① 勒代雷：《释意学派口笔译理论》，刘和平译，北京：中国对外翻译出版公司，2001，第 124 页。

从表4.1可以看到,在《牛津英语词典》的定义中,paraphrase一词除了有“用不同的语言来转述”之意,还含有“尤其是出于更便于理解的目的”。言下之意,该词多指用更加直白易懂的语言或表达方式来转述。在《词源学词典》给出的初始用法中,该词意为“变换措辞进行重述、解读、表达”,其中的interpret一词也切合我们现在对口译的英文译法,即interpreting/interpretation。更值得注意的是,paraphrase在作为名词使用的时候,是指用另一种方式表达出“原文的含义”,即原文的sense而不仅仅是meaning,要释“意”,转达出原文的多重含义,而非单纯的字面意义。《英汉大词典》则明确指出,paraphrase可以用来指“语言教学方法中的变化措辞”。

值得注意的是,paraphrase有时会被定义为“释义”,比如表4.1中所列举的《英汉大词典》的定义。思果则把翻译和“释义”做了区分:“翻译还是释义(paraphrase),大有分别。通常翻译不该是释义。只有原文实在难译,偶一释义,还情有可原。”①他认为“释义越少,越见翻译的功夫”②。思果所说的“释义”是否就是巴黎释意派(interpretive theory)所主张的“释意”呢?我们不妨比较一下各自的核心理念。“释意派翻译理论建立的翻译程序是:理解原文、脱离原语语言外壳(deverbalisation)、用另一语言表达理解了的内容和情感。”③而思果反复强调了翻译的第一要旨:“字是桎梏,一定要打破,翻译要译意,要找中文来表达原文的意思、情感等。”④可见,释意派的主张和思果的翻译原则完全一致。

虽然释意派主要是以口译为研究对象,但它的原则同样适用于笔译。但又该如何理解思果所说的“释义”呢?显然,思果所说的“释义”(paraphrase)指的是望文生义的“照字死译”。他认为真正的翻译应该是“释意”,也就是巴黎释意派的核心原则:牢牢把握原语的意义,摆脱原语字面和结构等形式上的束缚,用另一种语言转达出内容及情感。因此,释意派提醒译者,“直译可能造成蹩脚的词句充斥译文,有时甚至令人费解”⑤。同样,思果也一再告诫译者:“不能照

① 思果:《翻译新究》,桂林:广西师范大学出版社,2017,第183页。
② 思果:《翻译新究》,桂林:广西师范大学出版社,2017,第183页。
③ 勒代雷:《释意学派口笔译理论》,刘和平译,北京:中国对外翻译出版公司,2001,第1页。
④ 思果:《翻译新究》,桂林:广西师范大学出版社,2017,第1页。
⑤ 勒代雷:《释意学派口笔译理论》,刘和平译,北京:中国对外翻译出版公司,2001,第1页。

字死译……而是要拆掉重装，天翻地覆。”[①]

以上是对 paraphrase 一词定义和用法的简要梳理。在翻译教学中，我们可以用 paraphrasing 一词来表示“一句多译”练习法，即尝试用不同的方式去翻译同一个句子。在练习过程中，要让学生仔细揣摩“释意”或“译意”的必要性、可行性和重要性，尤其是译“意”而非译“字”所带来的语言灵活度。倘若学生通过一句多译掌握了释意的诀窍，翻译策略的选择性就会呈几何倍增长，译文会变得更加多元化，译者的自主能动性或者创译的空间也能拓展到最大。

下面所分享的就是“一句多译”的专题训练课，笔者将它视为案例教学法。案例教学法最初是指在课堂上以商业管理中真实情境或事件为案例，教师扮演设计者和激励者的角色，鼓励学生围绕案例进行思考、参与和讨论。同理，翻译课上也可以采用翻译实践中的真实文本，借助对这些文本的讨论来启发和指导学生，积极寻求解决方案，也就是更好的翻译策略和译文。

在本次“一句多译”专题训练中，笔者先和学生分享了自己在翻译实践中的“一句多译”，直观地展示如何从多角度切入或变换，从而实现译语的多样化；分享之后再让学生也用“一句多译”的方式来翻译几个句子。[②]

例 1

原文

This book, therefore, focuses on the rugged terrain of the world's environmental, cultural, social, economic, and political geographies.

译文

(1)因此，本书将从环境、文化、社会、经济以及政治的角度入手，聚焦世界各地千差万别的地理特质。

(2)因此，本书将着力绘制一幅全球地貌图，从环境、文化、社会、经济以及

---

① 思果：《翻译新究》，桂林：广西师范大学出版社，2017，第 8 页。

② 以下所有例句选自笔者和同事的译著《地方之力：地理环境、人类命运及全球化景观纵览》，英文原著名为 *The Power of Place: Geography, Destiny, and Globalization's Rough Landscape*，作者为地理学家哈姆·德伯里(Harm de Blij)。

政治的角度全方位展示世界各地千差万别的地理特质。

(3)因此,本书将着力绘制一幅全球地貌图,从环境、文化、社会、经济以及政治等角度全方位展示世界各地的巨大差异。

(4)因此,本书将着重从地理学角度考察世界各国在环境、文化、社会、经济以及政治等方面的巨大差异。

分享

上面这个句子,笔者在翻译过程中也经历了由混沌到清晰的过程。遇到拿不准吃不透的句子,笔者会尝试变换措辞,一句话给出几种不同的译法,然后再把它们放到上下文中进行"评选",反复通读,从通顺度、连贯性及逻辑性等各个角度进行比较。从语言上看,第一种译法对语序进行了调整,符合汉语中常把状语放在被修饰的成分前的表达习惯。第二个和第三个译文将原文中的focuses on the rugged terrain 译为"着力绘制一幅全球地貌图",把 focuses on 译为"着力绘制",保留了原句的隐喻修辞手法。但是在译完全稿回过头来再看时,笔者发现前三种译法都没有突出原句的核心词 geographies(各种地理学),于是又进行了修改,最终译文定稿为第四个。纵观全书,作者哈姆·德伯里是从环境地理学、文化地理学、社会地理学、经济地理学以及政治地理学的视角出发,探讨世界各国的差距和差异。因此,该句中"环境的、文化的、社会的、经济的、政治的"都是作为"地理学"的限定词,指的是地理学的各个分支学科,比如,环境地理学是指以人类与地理环境的关系为对象,研究地理环境的发生和发展、组成和结构、调节和控制、改造和利用等;政治地理学则是结合地理因素分析政治现象的空间分布。可见,翻译除了要在语言上下功夫,更要在读懂全文、掌握相关专业知识的基础上对译文精益求精。既不能拿来就翻,也不能翻完就扔,要反复打磨,敢于推倒重来。

例 2

原文

In Africa, thousands of desperate emigrants climb into unseaworthy boats every year, seeking to reach the European mainland; this has been going on for decades, with immeasurable cost in lives and misery.

译文

(1)在非洲,近几十年来,每年都有成千上万陷于绝望境地的难民试图偷渡到欧洲大陆。他们爬上毫无安全保障的小船,死伤惨重,饱经苦难。

(2)几十年来,每年都有数以千计绝望的非洲难民爬上毫无安全保障的小船。他们试图偷渡到欧洲大陆,但却为此付出了惨重的代价,从此坠入苦难的深渊。

(3)在非洲,每年都有成千上万绝望的难民挤上毫无安全保障的小船,试图偷渡到欧洲大陆。几十年来,他们为此付出了惨重的生命代价,尝尽人间疾苦。

(4)在非洲,成千上万无以谋生的难民试图从海路偷渡到欧洲,这种现象几十年来从未断绝。他们爬上那些毫无安全性可言的船只,有的付出了惨重的生命代价,有的则从此坠入无涯的苦海。

分享

在上面这句的翻译中,原句意义的理解并不难,难就难在语言的组织,尤其是想要翻译得更有文采,就更需要不断推敲。英文原句分别用了一个现在分词短语作为后置目的状语以及介词 with 引导的后置定语,在翻译这样的长句时,要敢于切断,大刀阔斧地整合。此外,形容词和时间状语的位置也要灵活处理,不必拘泥于原文。在语言的选择上,虽然有一定的自由发挥度,但考虑到这是一本地理学专著,不能一味追求文学性和艺术性而技痒难耐,要从文体和风格上适度把握。

例3

原文

South Africa still is <u>a mirror</u> to the world. It has not yet <u>crossed the Rubicon</u>.

译文

(1)时至今日,南非的发展史依然值得借鉴。它仍未破釜沉舟,走向新生。

(2)时至今日,南非始终犹如一面镜子警醒着世人。它亟须痛下决心,开启新生。

(3)南非始终是世界的一面镜子。时至今日,它仍未跨越卢比肯河,开启新的篇章。

分享

原句虽然非常简短,但是使用了两个隐喻。在翻译时,译者就要对此进行翻译决策。第一个关于"镜子"的隐喻在英语中很常见。《哈姆雷特》中有一句关于文学理论的经典表述:戏剧的最终目的是"给自然照一面镜子"。文学理论家更是用"镜"与"灯"分别指代"模仿说"和"表现说"。[①] 哪怕不懂西方文学理论的中国学生,也都熟知我国"以铜为镜,可以正衣冠"的典故,因此,无论是直译和意译都不妨碍读者的理解。但是在翻译第二个隐喻时,可能就要考虑是选择直译加上解释性翻译,还是抛弃原文的典故进行意译。crossed the Rubicon 的字面意义是"跨越卢比肯河",引申意义为孤注一掷、破釜沉舟,指下定决心投身某事。这个典故来自恺撒的传说。公元前 49 年,时任高卢总督的恺撒率领军队跨越卢比肯河,进入意大利,此举等于向罗马元老院宣战,从而引发了长达 5 年的内战。之后恺撒成为罗马独裁者,罗马共和制度被君主专制所替代。上面所列举的三个译文对直译、意译、增译和减译手法进行了不同的排列组合,至于哪一种译文更好,就见仁见智了。

在和学生分享了上述翻译过程和反思后,接下来就要求学生进行类似的翻译实践了。笔者选取了该地理学专著中的另外两段文字作为课后练习,让学生重点关注含有比喻修辞手法的句子,翻译时尽可能变换不同的方式。比喻是英汉两种语言中都很常见的修辞手法,翻译时没有一定之规,要视具体场合、情境、读者群等来确定翻译方法。[②] 需要指出的是,哪怕同样出现在时政文献中,采用了比喻手法的句子允许译者自由发挥,而特定术语和表述则要严格采用专

---

① M. H. 艾布拉姆斯:《镜与灯:浪漫主义文论及批评传统》(*The Mirror and the Lamp: Romantic Theory and the Critical Tradition*),郦稚牛、张照进、童庆生译,北京:北京大学出版社,2004。

② 英汉语言中有哪些比喻类型?怎样翻译带有比喻的句子?推荐阅读《高级汉英翻译教程》第 13-14 页。

家确定的版本,连介词、冠词、连词之类的虚词也不能随意改动。例 4 是这次翻译练习中含有隐喻表达的句子,仅仅展示学生对句子隐喻部分的翻译,即文中的下划线部分。

例 4

原文

Until the great transformation brought about by the Pacific Rim economic boom of the past three decades, which has produced an unprecedented cultural mix in China as millions ofmobals moved eastward, most Chinese citizens could be readily identified locationally by their dialect, the baggage of place.

参考译文

在过去的 30 年里,环太平洋经济带的蓬勃发展吸引了数以百万计的人口向东迁移,带来了深刻的变化以及前所未有的文化融合,而在此之前,大部分中国人都很容易通过方言来辨识各自的地域身份,因为方言就是他们随身携带的"地方牌行李"。

学生译文

(1)大多数中国公民都可以很容易地通过他们的方言——地方的包袱来识别。

(2)大部分中国公民都可以通过方言——地方的语言特色来加以识别。

(3)大多数中国公民都可以很容易地通过他们的方言,即地方的特色来识别。

(4)大多数中国公民都可以很容易地通过他们的方言来识别。

(5)大多数中国公民都可以通过他们的方言轻易地识别出他们家乡的位置。

(6)大多数中国人都可以轻易地通过地域梗来分辨各自的方言。

(7)多数中国人都能通过他们的方言从而识别出他们是哪个地方的人,因此,方言也成了地方的特色。

点评

这句话的翻译重点想考查学生对原文中的 their dialect, the baggage of place 如何处理。学生的翻译尽管存在着种种不足，但也不乏亮眼之作。比如译文(6)中的“地域梗”就很时尚，也很接地气，虽然整个句子意义的转达不够完整；如果再补充半句“进而识别各自的地域身份”，整个句子就很完整了。学生贡献的这类新鲜思维和语言，值得在课堂上分享和学习。前三个学生译文都保留了 the baggage of place，但是译文(1)直译为“地方的包袱”就有点令人费解，不如译文(2)和(3)中将其意译为“地方的语言特色”和“地方的特色”更好理解。译文(4)和(5)采取了略译，译文(7)则采用了解释性翻译，但是意义的表达还不够准确，这也是学生的译文中普遍存在的一个问题：没有把握住这句话或这段话所要表达的核心意义——身份识别问题。原句中使用了它的动词形式 identified，翻译时要先理解这个关键词，这就相当于读文章时要抓住“文眼”，即文章的主旨。身份问题是文化研究中的一个重点议题，人文地理学关注的更多是身份识别而非具体的地理位置，因此译文(5)把原句中的 locationally 理解为“识别出他们家乡的位置”，其他学生的译文也只是泛泛地译为“加以识别”，都没有落到“地域身份”问题上，一是犯了字对字翻译的错误，二是缺乏文化研究的相关背景知识，这就是翻译中缺乏全局意识或宏观认知的表现。为了帮助学生理解上述各种问题，笔者也在课堂上分享了自己的译文以供参考：大部分中国人都很容易通过方言来辨识各自的地域身份，因为方言就是他们随身携带的“地方牌行李”。

在这种案例式教学法中，教师选取自己翻译实践中的案例在课堂上进行展示，分享自己在实际翻译过程中的决策、方法和译文，然后再让学生进行实际操作。在经过了充分的思考和动手翻译之后，师生再次围绕着该案例进行分享和讨论，这样多环节交互的学习过程远比单纯的照本宣科更有启发性，对翻译理论和技巧的学习也变得更加直观和深入。

无论是何种形式的教学法，教师都不能忘记因材施教这一原则。同为英语专业高年级学生，英语水平却存在很大差异，教师要分层分级去训练和制定学习、考察和评价目标。基本功比较扎实的学生需要灵活性的锤炼，力求“翻得漂亮”,呈现出更高质量的翻译;基础比较差的学生首先要提升自己的语言和翻译水平,从“能够翻译”努力提升到“翻得漂亮”,这个爬坡过坎的过程非常艰辛。对于不同水平的学生,教师在课堂上的要求也要有所区别,只要有进步,都应当予以鼓励。对基础好的学生要更为严格,这对他们反而是一种促进。事实证明,这样的教学方式确实有效地激发了学生的积极性,也树立了他们对自己的信心。

在课堂上,学生的突破和创新时常会让人惊喜,一学期下来,他们逐渐培养起了专业的翻译意识,也开始揣摩如何把握翻译中的灵活度。语言的积累非一日之功,每前进一小步,都需要大量的翻译实践做支撑,但课堂教会了他们自我训练的方法和专业翻译的意识,这些将有助于他们日后更为长期的自我训练,为继续打造和提升翻译能力夯实基础。

4.1.2 作业点评法

本小节内容借鉴《北外高翻笔译课》(英译汉)的模式,对学生的翻译作业进行深度点评。《北外高翻笔译课》一书呈现的是北外高翻学院教学团队的真实教学过程,书中所展示的内容包括学生译文加注和提交修订稿、参考译文加注、学生互审、批改全覆盖、双师教学、补充专业知识等环节。① 虽然该书讨论的是本科专业的翻译教学,在课时、学生语言水平、教学内容深度、师资团队力量等各方面无法相提并论,但在翻译的教学思路和训练方法上是一致的,《北外高翻笔译课》提供了很多有益的参照,尤其是师生对译文进行的交叉和平行式的修改都有一定的深度及广度,教师批注、学生间互评以及师生之间的相互评议和校正都非常充分。最值得学习的是,该课程广泛采纳教师和学生的修正建议与讨论意见,打破了师生的隔阂,极大地增强了学生的参与感和积极性,也充分地尊重了每一位参与者的劳动和贡献。

笔者和同事虽不能览其全貌,但希望得其精髓,也努力在本校打造这样的翻译课堂。翻译课堂大多时候可以被称为翻译工作坊或者小型翻译研讨会,每个参与者都要积极思考,有所贡献,这样才能拓展思路,积累多样化的表达,最大程度地“变现”已有的知识储备和翻译能力。此外,翻译课程重在帮助学生掌

---

① 李长栓、王苏阳:《北外高翻笔译课》,北京:中译出版社,2020,前言第 i 页。

握科学和系统的翻译训练方法,培养举一反三的变通能力,而不是仅仅满足于知识的灌输。让学生掌握查阅文献、检索语料库、借鉴平行文本等基础技能,他们就可以不断扩大自己的知识储备,提升自己的翻译能力。限于篇幅,本小节主要展示教师对翻译材料的注释和思考以及对学生提交作业的点评。学生通过微信或超星平台与教师进行的互动和反馈就不在此一一展示。此外,同一课程组老师在备课期间就教学内容进行的切磋也不在展示之列。

第一个例子是"非尽百家之美,不能成一人之奇"的翻译。这是课外练习材料里的一个句子,要求学生课下自行学习并掌握重点。很显然,大部分学生没有认真背诵和学习材料里提供的参考译文,没有读懂这句话在特定的上下文中的意思,因此在提交作业的时候,学生们各显神通,译得五花八门。针对这种情况,教师在课堂上进行了重点讲解。

为了获得全局意识,从宏观上判断和决策,我们先来了解一下这句话的出处和它在这个语境里的特定内涵。在动笔翻译之前,还要适度参照和借鉴平行文本的翻译。

例 5

原文

非尽百家之美,不能成一人之奇。

(原文出处:世界是丰富多彩的,多样性是人类文明的魅力所在,更是世界发展的活力和动力之源。"非尽百家之美,不能成一人之奇。"文明没有高下、优劣之分,只有特色、地域之别,只有在交流中才能融合,在融合中才能进步。①)

译文

The world we live in is diverse and colorful. Diversity makes human civilization what it is, and provides a constant source of vitality and driving force for world development. As a Chinese saying goes, "Without achieving the good of one hundred various schools, the uniqueness of one individual

① 《习近平在中华人民共和国恢复联合国合法席位50周年纪念会议上的讲话》,2020-10-25, http://www.china.org.cn/chinese/2021-10/25/content_77830980.htm,访问日期:2022-10-23。

cannot be achieved." No civilization in the world is superior to others; every civilization is special and unique to its own region. Civilizations can achieve harmony only through communication, and can make progress only through harmonization.

解读

在上面这个讲话里,"百家"指的是多样化的人类文明,而非我们通常理解的"百家争鸣"和"诸子百家"中的各个流派、学派或思想体系。从表 4.2 列举的三个平行文本可以看出,无论是"百家争鸣"还是"诸子百家",其中的"百家"通常都译为 one hundred schools of thought。由于"百花齐放,百家争鸣"常常会同时使用,英译时也往往会采用排比或对仗的修辞手法。

表 4.2 "非尽百家之美,不能成一人之奇"的平行文本

中文	英译
古希腊哲学和文学泰斗辈出的黄金时代,恰恰也是中国"百家争鸣"的思想迸发期	Greek's golden era produced many of its great philosophers and literary giants. That coincided with a period in China when "a hundred schools of thought contended with each other" and flourished together.
要坚持为人民服务、为社会主义服务,坚持百花齐放、百家争鸣,坚持创造性转化、创新性发展,不断铸就中华文化新辉煌	We should ensure that this culture serves the people and serves socialism. We should follow the principle of letting a hundred flowers bloom and a hundred schools of thought contend, and encourage creative transformation and development, so as to add new luster to Chinese culture.
2 000 多年前,中国就出现了诸子百家的盛况,老子、孔子、墨子等思想家上究天文、下穷地理,广泛探讨人与人、人与社会、人与自然关系的真谛,提出了博大精深的思想体系	Over 2,000 years ago, there was an era of great intellectual accomplishments in China, which is referred to as "the period of one hundred masters and schools of thought". Great thinkers such as Laozi, Confucius and Mozi, to name just a few, explored a wide range of topics from the universe to the Earth, and from man's relations with nature to relations amongst human beings and to that between the individual and society.

资料来源:《习近平在希腊媒体发表署名文章〈让古老文明的智慧照鉴未来〉》,2019-11-21,http://www.china.org.cn/chinese/2019-11/21/content_75432206.htm,访问日期:2022-10-23;《习近平在中国共产党第十九次全国代表大会上的报告》,2017-11-06,http://www.china.org.cn/chinese/2017-11/06/content_41852215.htm,访问日期:2022-10-23;《习近平在布鲁日欧洲学院的演讲》,2014-04-04,http://www.china.org.cn/chinese/2014-04/04/content_32005938.htm,访问日期:2022-10-23。

由于“百家”的概念深入人心，很容易产生联想，因此在翻译“非尽百家之美，不能成一人之奇”时，直接借用了通常的“百家”的译法，只是稍微做了点变通处理：one hundred various schools。这就是图式理论，也是一种很灵活巧妙的挪用。利用这种方法的好处有两点：一是可以迅速地从记忆储存库中找到适用的译法；二是由于挪用的译文耳熟能详，很容易为听众接受和理解。一般来说，挪移法或套用法特别适用于成语、谚语、习语和俗语等的翻译，尤其是在时间压力很大的口译中，直接套用或借用符合口译的最省力原则。

虽然学生提交的作业很多并非“标准答案”，存在着意义把握不准确、表述不准确以及语言质量欠缺等诸多问题，但可喜的是，经过一学期的翻译训练后，学生普遍具备了一定的翻译意识，而且敢于追求翻译时的灵活性，不拘泥于字面意义，稍举几例如下。

例 6 “非尽百家之美，不能成一人之奇”的学生译文及教师点评

学生译文

(1) If we can't exhaust a hundred schools of thought, we can't achieve one person's success.

教师点评

这句译文再回译成中文，可以理解为：穷百家之智，成一人之功。换句话说，一个人的成功要以穷尽众人的资源为代价，这显然与原文所蕴含的“各美其美，美美与共”的深意不相符合，属于逻辑和认知上的偏差。从字面上看，译文看似忠实地翻译出了原文的两个否定“非”和“不能”，但由于没有吃透原文否定表象之下的深层含义，把逻辑关系弄错了，关键就在于误读了“尽百家之美”中的“尽”，在这个句子中，“尽”指的是“充分发挥和施展”，因此前后两个意群的逻辑关系是：除非能让各种文明皆大展其美，否则一家文明不可能独美。可见，翻译中最重要的是把握句子的深层逻辑，而不是简单地忠实于原文的字面意义和句法形式，要避免落入逻辑陷阱。

学生译文

(2) Collect the essence of the world; carry forward the exclusive

advantage.

教师点评

这句译文的意思是:集百家之精华,扬独家之奇绝。有“众星捧月”之意,和上例相仿,犯了逻辑错误。值得肯定的是采用了标语式翻译,在句法和节奏感上与原文比较接近。

学生译文

(3) One person can not be amazing only by oneself without the whole world being perfect together.

教师点评

学生基本上译出了原文的深层含义,对个体和整体之间的逻辑关系把握准确。把 one person 和 the whole world 分别作为前后两个意群的主语,倒也合情合理;把个体之“奇”译成 amazing,百家之“美”译为 perfect,字面上都还算过得去。最大的亮点是 only by oneself 和 together 的对照使用,突出了个体与整体的对比,强调了语气,体现了良好的语感,不失为一个加分项。

学生译文

(4) Assistance from nations prospers one nation.

教师点评

这句采用了意译,语言很简洁,意思也沾上点边,不过和文明多样化还是有点远。但从译文看,可以理解为“众人拾柴火焰高”的意思。从语言上看,prosper 一词用得简洁生动。

学生译文

(5) One can't be a wonder without the beauty of a hundred families.

教师点评

典型的字对字翻译,“一人”和“百家”老老实实地译成 one 和 a hundred families,“奇”译成 wonder,“美”就是 beauty。与此类似,也有学生把“奇”理解为“奇迹，传奇”，所以用了 legend，看似翻译出来了，实则词不达意。在一学期的笔译训练后，不应再出现这种“死译”或“硬译”。

学生译文

(6) The accomplishments of a person not merely rely on his diligence but also the efforts made by the people who around him.

教师点评

从语言层面来说，句式完整，但关键错误在于把“一人”和“百家”做了字面理解和翻译，没有理解原文所指的个体文明和各种文明之间共存共生的逻辑关系。

学生译文

(7) Without the contribution of various resources, a man can't act creatively and surprisingly.

教师点评

同样也是把句子主语错误理解为作为个体的人。值得赞许的是把“奇”译为 creatively and surprisingly，单就这个字的处理来说，act surprisingly 的搭配不太贴切，但 act creatively 却多少能够传达出“奇”的意义来。

学生译文

(8) One can't be a success without the treasure of a hundred of families.

(9) One can't become a wonder without the beauty of one hundred families.

教师点评

把“百家”直译为 a/one hundred of families，显然不知道“百家争鸣”的内涵及通常译法。前半句采取了意译，“不能成一人之奇”的“奇”分别译为 success 和 wonder，百家之美的“美”分别译为 treasure 和 beauty，都可圈可点。

总的来说，翻译时要先做好理解工作，其次就是决策环节。具体而言，决策首先涉及具体的翻译方法，其次是语言的选择，因此决策过程实际上也是译者的判断过程。“决策能力涉及的范围要广泛得多，不仅是表达层面，还包括理解层面的对原文内容是否需要进行保留、删除、合并、调整、增加等一系列问题的判断，因而更确切地说是一种判断能力。”①

比如“众力并，则万钧不足举也”，通常在翻译这类习语、俗语或谚语时，我们会很自然地增补上一个导语：as the old saying goes, as we say in China, as it is said in China...，相当于中文里的“俗话说”“古人云”“中国有句老话”等。汉语中这个导语可有可无，因为中国人一听就明白，但是英译时，外国人并不一定知道这句话或引文的出处。为了照顾这种文化空白，最好还是点明出处。此外，这句译文使用了 pull 一词，该词是时政文本中的高频词之一，简单却极具动感和画面感。pull together 描摹出了“一齐拉一齐拽”的画面感，其引申意义为携手、合力、聚力，可以转化为汉语中的“齐心协力、同舟共济、勠力同心、众志成城、和衷共济”这些比较书面化的四字词组。在翻译学习的过程中，要善于捕捉这些好用的高频词，并且能够活学活用。下面稍举几例学生的译文。

例 7　“众力并，则万钧不足举也”的参考译文、学生译文及教师点评

参考译文

As we say in China, “When people pull together, nothing is too heavy to be lifted.”②

学生译文

(1) If we pull together, then it's easy to lift a stone weighing thousands of pounds.

教师点评

准确理解了前后两个意群的逻辑关系，把隐含的条件关系显化，采用了条件状语从句来表述。把“万钧”具化为 a stone weighing thousands of pounds，从抽

① 龚锐：《以作业为核心的笔译教学模式探析》，《中国翻译》2022 年第 1 期，第 65 页。

② 《习近平在“领导人气候峰会”上的讲话》，2021-04-27，http://www.china.org.cn/chinese/2021-04/27/content_77445771.htm，访问日期：2022-10-23。

象到具体化的处理手法值得赞许。此外,这里还采用了反译法,把原文中的否定表达转变为肯定表达,体现了语言的灵活性。

学生译文

(2) As the old saying goes, "With the cooperation of people, everything could be lifted."

教师点评

这句字面翻译的痕迹很重,用 cooperation 一词显然是要表达合作、合力之意,后半句的"万钧"译为 everything,算是一种大而化之甚至有点夸张的意译,回译成中文就是"万物皆可举",这种绝对肯定的语气倒是与原文有一定程度的契合。看似平淡简单的翻译,细细品咂,也恰到好处。

学生译文

(3) If people pay joint efforts to remedy the problem, the question will be much easier.

教师点评

在这个译文中,remedy the problem 和 the question will be much easier 相互呼应,把原文"举"和"万钧"所传达出的"举重"的意象转化为"解决问题"的意象,也是一种转译,但从语言上来说有中式英语之嫌。在英文中,"解决问题"常用的搭配是 solve the problem, address an issue 等, remedy a problem 往往是纠正、改进、补救之意。

笔译课上还给学生布置过下面这段翻译练习,选自《经济学人》的一段文章。整体来看,学生的理解力都不错,能够抓住这段文章的关键词"营销",但是在细节处理上会遇到问题。

例 8　段落翻译

原文

In the business press, countless articles are devoted to marketing strategies and tactics. <u>Marketing is tricky, however, and it has been the</u>

Achilles' heel of many formerly prosperous companies. Large, well-known businesses such as Sears, Levi's, General Motors, and Xerox have confronted newly empowered customers and new competitors, and have had to rethink their business models. But making the right decisions is not always easy.

参考译文

商业媒体连篇累牍地报道营销战略和战术，然而营销是件棘手的事，它也成为许多曾经辉煌一时的大企业的软肋。许多大公司，如西尔斯、李维斯、通用汽车和施乐等知名企业都承认，随着消费者自主意识的增强以及竞争对手的日益强大，它们不得不重新审视各自的经营模式。要做出正确决策并非易事。

在课堂上请学生分享自己的译文时，主要问题集中在标有下划线的句子。这句中有两个不太好处理的细节：the Achilles' heel 和 formerly prosperous companies。此外，倒数第二句中的 many newly empowered customers 的理解和翻译也存在分歧。

首先，the Achilles' heel 是古希腊神话典故，在翻译时具体怎么处理，一要看具体的语境，二要取决于译者的主观决策。下面列举的译文，(1)～(8)是学生的译文，(9)～(12)来自机器翻译，(13)～(15)是笔者提供的参考译文。

例9　句子翻译

原文

Marketing is tricky, however, and it has been the Achilles' heel of many formerly prosperous companies.

学生译文

(1)然而，营销是件棘手的事情，它如今也是许多繁荣一时的大型公司的痛处。

(2)然而，营销是棘手的，它是许多曾经繁荣的公司的痛点。

(3)但是，市场营销这一棘手问题曾一直困扰着以前许多繁荣的公司。

(4)然而，市场营销是棘手的，它已经成为很多曾经繁荣的公司的致命弱点。

(5)然而,市场营销是有挑战性的,它也是很多之前很繁荣的公司的阿喀琉斯之踵。

(6)然而,营销很棘手,它一直是许多以前繁荣公司的致命弱点。

(7)然而,市场营销这个棘手的问题,是许多曾繁荣过的公司的致命弱点。

(8)然而,营销的过程其实困难重重,这实际上成了以前很多优秀企业的痛点。

机器译文

(9)然而,市场营销是个棘手的问题,它一直是许多曾经繁荣的公司的致命弱点。(360 翻译)

(10)然而,营销是棘手的,它是许多曾经繁荣的公司的阿喀琉斯之踵。(有道翻译)

(11)然而,营销是棘手的,它一直是许多以前繁荣的公司的致命弱点。(Deep L)

(12) 然而,营销是棘手的,它一直是许多曾经繁荣的公司的致命弱点。(搜狗)

参考译文

(13)然而,市场营销绝非易事,很多大公司都在这上面栽了跟头,哪怕曾经一度红红火火。

(14)然而,市场营销大有门道,它是很多大公司的阿喀琉斯之踵,营销失策让它们风光不再。

(15)然而,做好市场营销谈何容易,很多大公司由盛及衰,都要归咎于营销这一致命软肋。

其次,many formerly prosperous companies 是个偏正词组,中心名词前面有三个限定词,例 9 列举的大多数译文都采用顺译的方式将其译为:以前很多优秀企业、许多以前繁荣的公司、许多曾经繁荣的公司、很多之前很繁荣的公司。意思表达出来了,但是读起来不够通顺和简洁,唯一读起来尚可的是“许多繁荣一时的大型公司"。遇到这种情况如何处理？这里又要提到"挣脱字的束缚"，要打破原句的结构，重新整合。译文(13)～(15)是笔者提供的参考译文，重新安排了三个限定词的位置，力求灵活达意。但整体而言，例9所列举的译文都不尽理想，仍然有待推敲和完善。

此外，倒数第二句中出现的newly empowered customers在这里的翻译也值得讨论。学生和机器翻译的答案基本是以下几种：更有自主权的顾客、更加自主的客户、新授权的客户、新的客户。empower本义为"赋权"，是西方人时常挂在嘴边的一个时髦词，但在这里显然不能将empowered customers直译为"被赋权的顾客"，如果译成"更有发言权/更具有自主权/自主意识更强的顾客"，是不是更贴切呢？

从上面这段翻译练习明显可以看出，机器翻译已经不可避免地干扰了学生的翻译学习。很多学生会把翻译作业直接交给机器来完成，有些会稍做"修缮"后再提交，有些甚至原封不动地提交给老师。对机器翻译的严重依赖已经影响和干扰了他们翻译思维的拓展和训练，因为在机器译文先入为主的情况下，往往很难再有自己的切入角度和语言创新。不可否认，机器翻译已经成为翻译活动中不可或缺的技术，但这并不意味着人工翻译会被完全取代，反而说明市场对高级翻译人才的需求会增加，普通翻译人才的竞争力堪忧。目前来看，机器尚不能完全取代人力，更高质量的译文暂时也还是需要依赖人工来完成，或是通过人机合作机制，借助人工的后期完善来为译文质量把关。像上文所指出的，机器目前只能完成"曾经繁荣的公司"或"以前繁荣的公司"这种字面化的翻译，和人工翻译一样也避免不了翻译腔，更别提对深层的文化内涵或审美意蕴的转达了。可见，机器翻译虽势不可当，但革命尚未成功，机器仍需努力。

4.2　口译笔译合作型翻译任务——以总理记者发布会为例

口译和笔译是两种不同类型和要求的翻译任务，是翻译专业学生都需要掌握的技能。在课程设置上，口译和笔译是两大类核心课程，每类下面又有细分的学习内容和任务。不管课程如何设置，学生在翻译学习的过程中都应该融会贯通，充分利用不同形式的课程及内容，夯实语言基础，拓宽知识储备，打磨翻译技能。无论是何种形式的翻译，基本的翻译标准和原则大致相同，具体的技能、方法和侧重点则有所不同。

在时政文本的翻译中，记者会之类的场合会同时包含交替传译、同声传译和笔译任务，口译部分要求现场完成，笔译部分则属于后期工作。这种级别和规模的翻译任务非一己之力可以完成，往往需要团队合作。在这种合作模式中，现场的交替传译和同声传译人员轮流作业；后期笔译团队对现场口译版本进行必要的修正，以确保最终呈现出的是高质量的时政文本。

每年两会之后的总理记者发布会就要求这种高水准的口译笔译合作型翻译。对于翻译专业的学生来说，它是一次难得的口译、笔译精练的好机会。学生可以在发布会召开时，同步观摩或进行模拟口译。在发布会结束后，再深入学习官方发布的笔译校对版本。

本节以 2020 年、2021 年和 2022 年这三年的李克强总理两会记者发布会为研究对象①，对比分析现场口译和后期官方发布的笔译文本，一方面旨在学习外交部翻译专家在语言细节、句子整体组织以及深层逻辑上的把握，另一方面也通过文本分析对口译和笔译在语言、风格和方法上的具体差异进行微观考察。整体来说，现场口译更注重快速反应和信息的即时转达，语言偏口语化；后期笔译文本更注重语言组织和句子结构的完整性，表述更为严谨和书面化。现场口译迫于时间压力，信息对等度偶尔略有缺失；笔译版本则尽可能兼顾或保留源语的语法和表达习惯，最大限度地实现各个层面的信息对等。正因为存在着这种语言风格和翻译策略上的差异，有必要对现场口译版本进行后期“修缮”，除了对个别误译和漏译进行必要的修正，也要通过句式整合等手段对译文进行深度打磨，呈现出更加完善和精准的书面时政文本，助力国家形象的建构和传播。

① 本书中李克强总理两会记者发布会的中文原文和笔译文本均以新华网发布的为准。现场口译员的译文由笔者根据链接里的音频听写和记录而成，链接详见：《李克强回答中外记者提问》(2020)，2020-05-28，https://mp.weixin.qq.com/s/c6pjZDNqj3CfDJukKsjLzQ；《李克强回答中外记者提问》(2021)，2021-03-12，https://mp.weixin.qq.com/s/kPA8pqsc2FQThGlvVTmk1A；《李克强回答中外记者提问》(2022)，2022-03-11，https://mp.weixin.qq.com/s/TTm6b_Ds5IkGJCPgUjVfyQ。访问日期：2022-10-23。

通过这样一番对比学习也能发现，在记者发布会这类重要外事外宣场合的翻译中，口译笔译相辅相成的合作机制不仅非常必要，也是高效和高质量翻译的保证。此外，翻译学习中要注重全面培养个人的口译笔译综合能力，只有这样，才有可能驾驭不同类型的翻译任务。哪怕是个人承担的翻译工作，也可以独立完成口译和笔译的合作型任务。

需要特别指出的是，本书所选取的口译笔译范例都出自外交部翻译专家之手，笔者本着诚恳学习和借鉴的态度进行分析、讨论。对于翻译方法及译文质量的评价见仁见智，也难免受个人学识和语言能力的局限，如有不当之处，敬请批评指正。

4.2.1　笔译对口译译文的酌情改译或略译

口译员在现场工作时，受环境的嘈杂、发言人的口音、音响设备的效果不佳等干扰，难免会听错或听漏信息。除了这些外部原因造成的误译、漏译或减译，译员也会有意识地减译或略译。此外，译员在紧张之下偶尔也会出现无意识的口误。为了弥补这种“一次性现场艺术”中难免出现的缺憾，就有必要让笔译再把一道关，查漏补缺。

例 10[①]

原文

今年我们要努力做到平均每日新注册企业 2 万户左右，这是观察中国经济活力的一个重要指标。(2020 年)

口译

This year, our goal is to continue to work to see that the number of newly registered businesses will stay at about <u>10,000</u> on an average day. And that figure, <u>actually</u>, has become an important indicator gauging the economic vitality of China. (21:10)

---

① 本书所引用的记者会中文原文只标注其年份，不标注具体出处。笔者听记的口译译文会在句末标注其在音频中出现的时间点。

笔译

This year, our goal is to see that the number of newly registered businesses stay at about 20,000 on an average day. And that figure has become an important indicator gauging the economic vitality of China.

点评

在这句话中,原文的“2 万户”,口译员译成了“1 万户”,笔译进行了修正。此外,口译时偶尔会使用没有实义的填充词,比如这句中的 actually 一词,笔译校对时可以酌情删除。

例 11

原文

中美之间的商贸合作应该遵循商业规则,由市场来选择,由企业家判断、拍板,政府起搭平台的作用。(2020 年)

口译

I believe the economic cooperation and trade between our two countries should continue to follow the business rules. We should leave the decisions to the market and to the business leaders. The examples I just shared shows that the job of the market is to establish platforms for the business communities of the two countries. (12:05)

笔译

I believe the economic cooperation and trade between our two countries should follow the commercial principles. We should leave the decisions to the market and to the business leaders. The job of the government is to establish platforms for the business communities of the two countries.

点评

这句话笔译修正了两个地方。原文中的“商业规则”,口译员译为 business

rules,笔译将其改为 commercial principles。这两者差别不大,可以灵活互换。除了这两种外,也有其他译法,比如:business rules and market principles①,business code of conduct②。此外,原文提到了"政府起搭平台的作用",口译员误译为 the job of the market,笔译纠正为 the job of the government。这里涉及对社会主义市场经济这一重要概念的理解。对于一些关键和重大的政策和理念,译员应当对其历史沿革做全面和深入的了解,以便准确把握它们的内涵和外延。图 4.1 就勾勒出了社会主义市场经济这一概念的提出和发展过程。

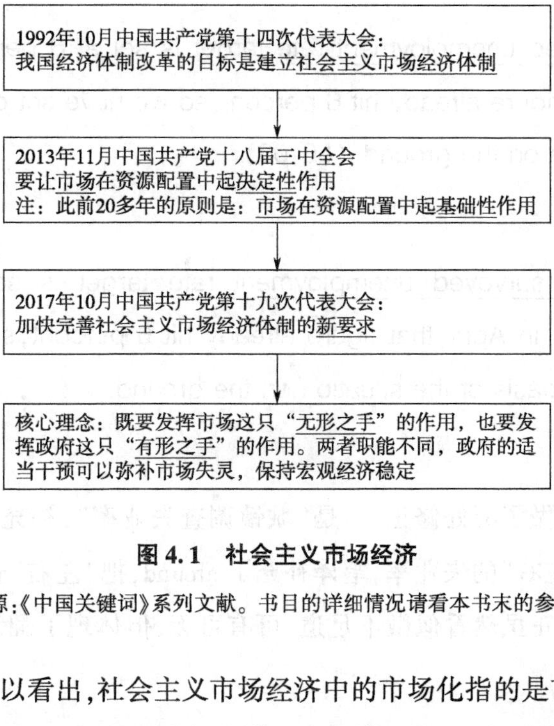

图 4.1 社会主义市场经济

资料来源:《中国关键词》系列文献。书目的详细情况请看本书末的参考文献。

从图 4.1 可以看出,社会主义市场经济中的市场化指的是市场在资源配置中起决定性作用,但不能离开政府的管理和监督职能,只有双管齐下,才能确保社会主义市场经济的健康发展。两者的角色和定位不能混淆,所以这句原文中所说的"由市场来选择……政府起搭平台的作用"就不能够把"市场"和"政府"

① 《李克强总理会见采访两会的中外记者并回答提问》,2018 年 3 月 27 日,http://www.china.org.cn/chinese/2018-03/27/content_50749712.htm,访问日期:2022-11-23。

② 《澜沧江-湄公河合作第三次领导人会议万象宣言》,2020 年 9 月 17 日,http://www.china.org.cn/chinese/2020-09/17/content_76646045.htm,访问日期:2022-11-23。

翻错位，失之毫厘，差之千里。口译时难免发生口误，对于这种原则性错误，在笔译校对时一定要及时发现并予以纠正。

例 12

原文

我们把城镇调查失业率定为 6%左右，今年 4 月份城镇调查失业率已经是 6%了，我们这样做也是实事求是。（2020 年）

口译

The surveyed unemployment rate target is set at 6 percent. The truth is, in April, that figure already hit 6 percent, so we have set our goals based on the situations on the ground. (50:00)

笔译

The urban surveyed unemployment rate target is set at around 6 percent. In fact, in April, that figure already hit 6 percent, so such a target was set on the basis of the situation on the ground.

点评

笔译对口译做了两处修正：一是"城镇调查失业率"，补充了 urban 这个限定词；二是"6%左右"的失业率，笔译补充了 around，把"左右"这个模糊限定词加上了。两处修正虽然看似微不足道，可有可无，但体现了翻译工作必须具备的严谨态度。

例 13

原文

总之，要相互尊重，平等互利，尊重对方的核心利益和重大关切，寻求合作共赢。这于己、于人、于世界都有利。（2020 年）

口译

In a word, I believe that the two countries should respect each other and develop a relationship on a basis of equality, respect each other's core interests and major concerns and embrace cooperation. That will be conducive to both countries and to the world. (13:36)

笔译

In a word, I believe that the two countries should develop a relationship on the basis of mutual respect, equality and mutual benefit, respect each other's core interests and major concerns, and embrace cooperation. That will be conducive to the interests of both countries and the world.

点评

口译虽然达意，但略显啰唆和凌乱。笔译在口译的基础上稍加整理，利用三个动词 develop、respect、embrace 构成了三个短小的动词词组，既增强了句子的动势，也使句式更加整齐凝练。此外，在翻译第二句的"于己、于人、于世界都有利"时，笔译补充了 the interests of，与前一句提到的 core interests 等构成呼应，语义更加明确，属于锦上添花。

例 14

原文

我记得去年在记者会上，也有记者提出中国政府采取的政策规模和力度是不是偏小了。(2021 年)

口译

I recall that at last year's press conference, I was asked by a journalist whether our policy support, in terms of scale, was a too modest one. (35:16)

笔译

I recall that at last year's press conference, I was asked by a journalist whether the scale and intensity of our policy support was too modest.

点评

现场问答中,“中国政府采取的政策规模和力度”听起来不是很清晰,导致口译时将“规模”和“力度”理解为偏正的关系,即“政策规模的力度”,而不是“政策的规模和力度”,译文为:our policy support, in terms of scale。但是继续往后听,总理接下来又重复了一遍:“现在看,这个规模、力度是合理的,准备的储备政策后来也没有用。”从这句来看,“规模”和“力度”是平行关系,两者共同作为定语修饰“政策”,因此,笔译对这句译文进行了修正:the scale and intensity of our policy support。虽然是不太容易被注意到的细节,但是笔译对这样小的细节也不放过,足见其专业能力和职业精神。这个例子提醒我们,无论是口译还是笔译,翻译时都要本着精工细作的工匠精神,不当“差不多”先生,而要像傅雷先生所说的那样,哪怕天资不足,也要用苦功弥补。

例 15

记者提问

At the same time, the government has set a 5.5 percent growth target that many economists see as ambitious given the pandemic and the war in Ukraine. (2022 年)

口译

今年中国政府制定了不少经济学家认为是颇具雄心的 5.5%的增速目标,这是在面临新冠肺炎疫情继续蔓延以及乌克兰冲突的情况下制定的目标。(04:30)

记者提问

Are you concerned that China's support for Russia could harm those relationships and then in turn the Chinese economy itself?

口译

中国是否担心会因为目前对于危机的处理影响到与欧洲的良好关系,甚至影响中国自身经济的发展?(05:08)

点评

对照记者英文提问和口译员的中译,会发现两者在表述上不完全一致,但这些改译不仅恰如其分而且是必要之举。在翻译时政文献和文本时,尤其要保持政策头脑和政治敏感,坚持正确的价值观和政治立场。作为中方译员,必须能够分清主体和客体的立场,注意内容表述和语气的正确性;在用词上注意区分褒义、贬义和中性,确保词汇的深层内涵或特定含义运用准确。涉及基本国策和重大外交原则等相关内容,必须精准表达,杜绝任何原则性错误。在记者会这种对中外媒体开放的场合,与西方媒体对话时要格外小心。对于西方媒体的提问或者表述,无论是立场不同还是刻意污名化,译员务必从正确的立场出发准确传递信息,对源语合理略译或改译。既要严格遵守国家传播和宣传政策,统一口径,又要能够以四两拨千斤的手法机智应对敏感话题。

4.2.2　笔译对语义、风格及深层逻辑的把握

通过对比口译和笔译文本不难发现,笔译能够组织更加书面化的长句和复杂句,口译译文的句子相对零碎,逻辑性偶有欠缺。因此,对记者发布会这类重要的时政文本进行笔译校对不仅必要,也能确保文本的权威性和规范性。接下来的这些范例一方面能够体现出口译和笔译的具体差异,另一方面也显示出笔译在语义、语体风格及深层逻辑的把握上所具有的优越性。

例 16

原文

今年经济确实遇到了新的下行<u>压力</u>和挑战,且不说各种复杂环境在变化,不确定因素增多……(2022 年)

口译

This year, we face new downside <u>risks</u> and challenges. There is a lot of complexities and rising uncertainty. (13:25)

笔译

This year, we face new downside <u>pressures</u> and challenges, with much complexity and rising uncertainty.

点评

口译员把“下行压力和挑战”译成了 downside risks and challenges，笔译将其中的 risks 修正为 pressures。口译员将“各种复杂环境在变化，不确定因素增多”作为一个独立的句子处理，笔译将这两个意群用 with 连接，作为前半句的后置状语：with much complexity and rising uncertainty。在梳理意群之间逻辑关系的前提下，用 with 把相应的句子成分变身为伴随状语或者定语，是在句式整合中常用而且非常好用的一种方法，能使得句子更加简洁灵活。

例 17

原文

我们今年采取的举措不仅是应对短期的，也是立足当前、着眼长远的，决不预支未来，是可持续的。(2022 年)

口译

Our policies set for this year are based on the current realities and have also taken into account long-term development needs. They are sustainable. (19:05)

笔译

Our policies set for this year are not just aimed at addressing immediate needs. They also take into account long-term development needs. They will not sacrifice future interests and are therefore sustainable.

点评

原文及口译译文都相对松散和口语化，笔译除了采用更为繁复的书面语，也对缺失的语义做了适当补充，合理的增补使句子逻辑更为紧密，意义更加明确和连贯。首先，在翻译“应对短期”的举措时，口译员采用了更为简单朴素的 based on the current realities，笔译则修改为 aimed at addressing immediate needs。通常口译选词遵循用词简短的原则，笔译倾向于使用复杂和多音节词，所以笔译在这里修改了口译译文，一方面是为了意义表述更加准确，另一方面则是为了符合书面语体的要求。其次，除了选词，笔译还注意到了“不仅……也是……”这个语义重复结构所传达出的强调语气，因而补充了相应的语气词just。此外，在翻译“决不预支未来，是可持续的”时，笔译不仅将口译略去的“决不预支未来”补充完整，而且用therefore一词明确和强调了“决不预支未来”和可持续发展两者之间的因果关系，是对句子深层逻辑的把握和再现：They will not sacrifice future interests and are therefore sustainable.

例18

原文

这件事，还有类似的事，看似不大，政府工作人员多费些心，就可以让老人、让家庭多一点舒心。(2021年)

口译

This may not seem to be a very big issue. But I believe it is essential for government officials to take more concrete steps so as to deliver more reassurance to the elderly people and to all the Chinese population. (46:55)

笔译

Like other similar issues, this may not seem to be a very big thing. Yet if government officials care more and do more on these fronts, they will make life much easier for the elderly people and their families.

点评

原文偏口语化，意义也相对简单直白，但有时化简为繁反而更考验译者的功力。这一句笔译做了比较大的改动，是化简为繁的范例。

第一，原文很零碎，更需要译者进行句式整合，梳理逻辑关系，明确语义。口译员将原文整理为一个简单句和一个复杂句；笔译整合为两个复杂句，语义更加完整，也更符合书面语体的要求。

第二,对口译版本在句子结构上做了调整。第二句是以主语I引导的一个宾语从句;笔译则使用了 if 引导的条件状语从句,主语更换为 government officials。这种转换一方面更符合原文的表达角度,也点名了施动者或行为主体为政府工作人员,弱化了 I believe 这种表述中的个人主观色彩,将口语化表达转变为书面语言。

第三,值得注意的是“多费些心”和“让老人、让家庭多一点舒心”这两个比较随意和口语化的表述。口译员将“多费些心”译为 take more concrete steps,笔译则为 care more and do more on these fronts。口译的处理方法可以视为转译,从“费心”转换为“采取切实的举措”,是从抽象到具象化的翻译。笔译所用的 care 一词更契合源语的“费心”,可谓形神兼备,也传达出了文字所蕴含的情感与温度。相比之下,take concrete steps 用在这个语境里,就似乎多了一点公事公办的生硬,少了一点柔软。如果用亚里士多德修辞学三要素①来衡量的话,care 一词显然更能满足听众的情感诉求,更能让听众感受到发言人的同理心与同情心,从而唤起共鸣。同样,口译员在翻译“让老人、让家庭多一点舒心”时,采用了时政文本惯用的表达方式:deliver more reassurance to the elderly people and to all the Chinese population;笔译则改为 make life much easier for the elderly people and their families。虽然口译和笔译都是对源语“舒心”的意译或转译,但从情感诉求的角度来看,笔译版本显然更具有亲和力,从“老人及其家人”的角度去看待问题,努力帮他们解决生活中的实际困难,让他们生活得更加轻松愉快。在这个细节的处理上,笔译反其道而行之,把口译偏正式的文体风格转变为更加通俗化的表达,体现了译者对原语深层情感内涵的理解以及对翻译原则的灵活把握,恰如其分地再现了李总理在回答这个问题时的语气、态度、情感和立场,是既有精准度也有温度的译文范本。

---

① 以听众为中心(audience-centered)是亚里士多德修辞学的核心理念,因此出色的演讲者要能满足听众的三个诉求:理性诉求(logos)、情感诉求(pathos)和人品诉求(ethos)。理性诉求要求演讲者逻辑清晰、信息准确以及表达有条理。情感诉求是指演讲者要设法让听众感受到自己的同理心和同情心,唤起听众的共鸣。人品诉求则是指演讲者要获取听众对自己德行的信任,要能够赢得足够的公信力。

例 19

原文

至于企业的调整布局，是按市场规律办事，市场规律本来就是企业进进出出、生生死死。我们不能违背市场规律，凭空设计，而是要让市场更加相互开放。(2022 年)

口译

Some may say that there are adjustments taking place in this global industrial and supply chains. We believe these are natural decisions made by businesses. It is only natural for them to make adjustments to their business landscape in keeping with market principles and rules. Some come and some may go which should not go against market rules. And we should keep our market open to each other. (44:32)

笔译

Some have made plain their intention to readjust the global industrial and supply chains. In the marketplace, it is only natural for companies to come and go, succeed or fail. People should not make arbitrary plans against market rules. Instead, we should open up our markets wider to each other.

点评

原文的表述比较啰唆，口译译文也偏口语化，笔译版本做了更书面化的处理。整体来看，原文是两句，口译将其整合为五个句子，68 个词；笔译整合为四句，50 个词。显然，笔译译文更加短小精悍，但意义却更为完整和准确。

第一，口译中的第一句用了"Some may say that there are adjustments taking place..."的表述，笔译则使用了相对文气和正式的表述"Some have made plain their intention to readjust..."。

第二，"市场规律本来就是企业进进出出，生生死死"里的两个四字叠词，口译员只译出了前一半，笔译补足了意义，并且把口译译文的两句合并为一句：In the marketplace, it is only natural for companies to come and go, succeed or fail.

第三，在翻译"我们不能违背市场规律，凭空设计"时，口译员把它和上一个意群合并为一个句子，处理也比较简单化：...which should not go against market rules；而笔译则把这句单独拎了出来，采用了情态动词 should 的否定用法，用词和语气都比较正式：People should not make arbitrary plans against market rules. "凭空设计"没有直译，但其涵义已经包括在 make arbitrary plans，称得上是"化境"式翻译。

第四，"而是要让市场更加相互开放"中的"而"字，表明了这半句与前半句之间的转折关系，口译时用了 and 作为连接词，并不影响现场听众的理解。笔译时追求精准，换了一个关联词，突出了两个意群的转折关系：Instead, we should open up our markets wider to each other. 此外，口译译文没有体现出"更加开放"中的比较级，笔译做了修正。

例 20

原文

要打造市场化、法治化、国际化的营商环境，打掉那些不合理的条条框框，让他们公平竞争。这种措施看似无形，但能创造出有形的财富，干好了，不亚于真金白银的投入。(2020 年)

口译

We will continue to foster a market-oriented and world-class business environment governed by a sound legal framework. The government must lift all unnecessary restrictions on market entities and develop an environment for fair competition. Such invisible policies and measures will be able to create tangible wealth and generate great and important deliverables to our businesses. (18:14)

笔译

We will continue to foster a market-oriented and world-class business environment governed by a sound legal framework. The government must lift all unnecessary restrictions on market entities to facilitate fair competition. Such policies and measures, intangible as they are, will create tangible wealth in our businesses just like real investments.

点评

英译把原文的两个句子拆成了三个句子,口译和笔译版本都各有亮点。除了第一句保持了口译版本,后两句笔译都做了改动,显示出笔译在逻辑整合上的明显优势。

第一,第一句中的三个化字词组——"市场化、法治化、国际化"是中文中常见的三字式词组的并列使用,这类词组属于时政文本中常见的词缀化抽象名词,类似的还有范畴类虚义名词,比如"工作、水平、问题"等①。英译时很难"复原"这种三字式表达,而要根据实际意义进行灵活翻译。更为棘手的是,这三个化字词组作为修饰"营商环境"的定语,虽然看似并列,但它们之间的逻辑关系未必是并列关系;就算是并列关系,在英译时也可以把三者进行主次关系的重新分配。在翻译时,口译员将"市场化"和"国际化"作为并列的前置定语修饰核心词"营商环境",而把"法治化"作为后置定语:a market-oriented and world-class business environment governed by a sound legal framework。需要指出的是,三个定语位置的重新分配不仅使得句子结构更为灵动,还通过 governed 这个动词的添加突出了依法而治的重要性,加强了语义。这种处理方法既体现出口译员深厚的翻译功力,也从一个侧面反映出口译员对相关政策的准确把握:依法治国作为一项基本国策和宏观政策,对很多领域的微观政策具有指导作用,是整体的以及更高层次的要求和目标。在这一句的处理上,笔译文本未做改动。

第二,原文第一句的后半句,口译员通过增补主语和情态动词,将其变成了独立的一个句子:"(政府必须)打掉那些不合理的条条框框,让他们公平竞争。"并且利用 and 进行连接,将"打掉不合理的条条框框"和"公平竞争"这两

---

① 中国时政文本中有一些特殊词汇,比如词缀化抽象名词、范畴类虚义名词和多义词等,往往是英译中的难点。关于这类词的具体翻译方法和策略可参看孙有中总主编、张威主编:《汉英翻译教程》北京:外语教学与研究出版社,2022,第 6-8 页。

者处理成并列的关系。但是笔译通过换用 to 这个连接词,重新定义了两者的逻辑关系:The government must lift all unnecessary restrictions on market entities to facilitate fair competition. 一词之差,并列关系就变成了因果关系,更加符合原文的深层逻辑,而且凸显了促进公平竞争的最终目标和重要性。

第三,原文的第二句是英文的第三句,笔译对这句话做了较大的修正:"这种措施看似无形,但能创造出有形的财富,干好了,不亚于真金白银的投入。"这个句子中"无形的措施"和"有形的财富"这一对概念,口译员译为 invisible policies and measures 和 tangible wealth。在此基础上,笔译员调整为 intangible 和 tangible 这一对形容词,更为贴切和准确。此外,笔译版本还通过一个让步状语从句,凸显了"无形的措施"的重要性:Such policies and measures, intangible as they are, will create tangible wealth in our businesses just like real investments. 更值得学习的是,这一句里的"真金白银的投入",口译员做了略译处理,而笔译则将其理解为"实际的投资":just like real investments,准确地把握住了"真金白银"在这个句子的特定含义以及它和"无形的措施"之间的关系,即上文提到的市场化的各种措施虽然是无形的,但它们却能够转化为有形的财产,这就相当于是为市场注入了"实际投资"。

例 21

原文

中美两国作为联合国安理会常任理事国,对于维护世界和平稳定、促进世界繁荣发展,都有重要责任。<u>应该</u>推动中美关系越过坎坷往前看,向着总体稳定的方向走。(2021 年)

口译

Both countries are permanent members of the UN Security Council, and hence shoulder important responsibility for maintaining world peace and stability and promoting global prosperity and progress. We <u>hope</u> that China-US relationships will be future-oriented, overcome obstacles and move in a positive direction. (01:13:20)

笔译

As permanent members of the UN Security Council, the two countries shoulder important responsibility for maintaining world peace and stability and promoting global prosperity and progress. We need to be future-oriented and overcome obstacles to move China-US relations in a direction of overall stability.

点评

笔译对这两句话都进行了句式调整。首先,在第一句话的处理上,笔译更加符合英文的表达习惯,将“作为联合国安理会常任理事国”译为以 as 引导的定语短语,并且放在句首:As permanent members of the UN Security Council。这么长的一个定语前置,有效地平衡了句子的结构,逻辑分明,比口译版本的平铺直叙显得更有层次感。口译版本中,and 作为连接词出现了四次,笔译通过句式调整避免了这种用词上的重复现象。在翻译和写作中,避免用词重复是一个基本要求。其次,原文的第二句“应该推动中美关系越过坎坷往前看,向着总体稳定的方向走”略去了主语,是因为心照不宣,不需要点名道姓。口译自然而然地采用了第一人称或发言人的视角和口气:We(China) hope that,因为用了动词 hope,这里的 We 显然是指“我们中国”。笔译同样是用 We 作为主语,但将谓语换成了情态动词词组:We need to be,这样一来,We 所指的就是“我们双方(中国和美国)”,即我们双方(中美双方)都应着眼未来,跨越障碍,谋求稳定的中美关系。这是两国应当共同努力的方向,也是两国共同的美好愿景,而不仅仅是中国单方面的愿望。笔译对谓语做的这种微调,使得意义的表达更为客观和准确,仍然是细节之处足见真功。

例 22

原文

在 2020 年经济受冲击最严重时,我们也就是这么大的政策规模,最终挺过来了,而且我们这次调整了结构,把退税顶在前面。所谓退税,就是按照增值税税制的设计,对市场主体类似于先缴后返的税额,我们采取提前退税的办法,就

是一次性把留抵的税额退给企业,规模1.5万亿元以上。(2022年)

口译

We recall that with these policies, we successfully pulled through those very difficult times back in 2020. Tax refund will be the highlight policy this year. Under the current tax code, (businesses), there will be tax collection first, and then there will be tax refund. And this year, we will make a 1.5 trillion RMB yuan amount of VAT credit refund. (34:32)

笔译

It was also with such policy intensity that we pulled through those very difficult times in 2020. We have made some adjustments this time, and tax refund will be the highlight of policy for 2022. Under the current VAT tax code, there will be tax collection first, and tax refund later for enterprises. This year, we will refund in advance the existing overpaid VAT credits in a lump sum worth 1.5 trillion yuan.

点评

这是一段非常艰深的翻译,信息密集,政策复杂,因此首先要对涉及的专业术语和政策背景进行扫盲(见表4.3)。

表4.3 税收政策相关表述和术语

中文	英译
规模性政策	policies of a sizable/large scale, various macro policies
政策力度	policy intensity
关键性政策	policy highlight
阶段性大规模减税降费	time-limited large-scale tax and fee cuts
退税	tax refund
提前退税	refund in advance
增值税税制	VAT tax code
企业先缴后返	collection first, and tax refund later for enterprises
现有留抵税额	existing overpaid VAT credits

续表

中文	英译
存量留抵税额	outstanding VAT credits
增量留抵税额	newly-increased VAT credits
一次性退税	refund in a lump sum
逐月退税	refund on a monthly basis
规模达 1.5 万亿元	ina lump sum worth 1.5 trillion yuan
小微企业	micro and small firms/MSEs
国企	state-owned enterprises/SOEs
央企	centrally-managed enterprises
个体工商户	self-employed household
制造业	manufacturing
研发服务业	R&D service providers/R&D service industry

其次,在术语扫盲过后,要对相关的政策背景有深入了解。在这几句话之前,总理刚刚介绍了 2022 年的情况:"这次我们实施的大规模减税降费是退税和减税并举,规模 2.5 万亿元。"2020 年,国家也是借助这种规模性政策渡过了难关,2022 年不仅继续保持了这种规模性政策,还做了进一步的调整,即"调整了结构,把退税顶在前面"。换句话说,以前的增值税是先缴后返,现在调整为提前退税,而且规模高达 1.5 万亿元以上。不仅如此,国家在执行提前退税的政策时也颇具灵活性,对不同性质和类型的企业采取不同的退税政策,比如,"要在 6 月底以前,把小微企业的存量留抵税额一次性退到位,把制造业、研发服务业等一些重点行业的留抵税额在年内全面解决,对小微企业的增量留抵退税逐月解决"。重要和重大的政策往往具有延续性,在延续性上又会不断创新和调整。译员在做前期知识储备时,要尽可能多参考历时性和共时性的平行文本,了解相关政策的沿革及其规范的英文表述。此外,在译文的处理上,笔译对口译译文进行了几处增补,使得表述更为准确,语气也更接近原文:一是将"这么大的政策规模"译为 with such policy intensity,语义和语气都更准确;二是补译"调整了结构"(We have made some adjustments.);三是将"提前退税"的翻译补充完整(refund in advance);四是将"规模 1.5 万亿元以上"译为 a lump sum worth 1.5 trillion yuan, a lump sum 指的是一次性或一大笔资金，因此就准确表达出了把留抵的税额一次性退给企业的意义。在经过以上这四处的查漏补缺之后，笔译文本在意义转达上更为严谨和准确。

例 23

原文

这次规模性政策筹措的资金分两大块：一块是新增财政赤字和发行抗疫特别国债，共两万亿元。还有另外更大的一块，就是减免社保费，有的国家叫工薪税，并动用失业保险结存，推动国有商业银行让利、自然垄断性企业降价以降低企业的经营成本。这一块加起来大概是前一块的两倍。我们是要将这些资金用于保就业、保民生和保市场主体，支撑居民的收入。这些资金和我们现在全部居民收入 40 多万亿元的总盘子相比，比例达两位数。(2020 年)

口译

The sources of the funds of a fairly large scale can be grouped into mainly two categories. The first category covers the increase of the budget deficit and issuance of special treasury bunds for COVID-19 control. Together it amounts to 2 trillion RMB yuan. The other category covers pension, payment relief for enterprises of their contributions to social security schemes, tapping into the balance of the unemployment insurance fund, and other balances of social security funds, interest concessions made by state-owned commercial banks and price reductions in natural monopoly industries to lower enterprises' operating costs. The monetary scale of measures in the second category is twice as big as that in the first one. And this money will be primary used to support jobs, people's basic living needs and businesses. And we will also, in a quite direct way, contribute to the increase of household income. The truth is, the scale of our funds accounts for a double-digit figure in the 40 trillion RMB yuan of total household income in China. (14:39)

笔译

The financing raised through policies of a sizable scale can be grouped into mainly two categories. The first covers the increase of fiscal deficits and issuance of government bonds for COVID-19 control. Together it amounts to 2 trillion RMB yuan. The other category, which is roughly twice as big, covers payment relief for enterprises of their contributions to social security schemes, also known as payroll tax in some other countries, and taps into the balance of the unemployment insurance fund, interest concessions made by state-owned commercial banks, and price reductions in natural monopoly industries to lower enterprises' operating costs. This money will be primarily used to support jobs, people's basic living needs and businesses, and sustain household income. It accounts for a double-digit share in the more than 40 trillion RMB yuan of total household income in China.

点评

这段话的翻译难度很大，一是内容涉及具体的货币财政政策，必须有提前的知识储备；二是逻辑链条比较长，加大了口译员现场逻辑梳理的难度。但是口译员沉着冷静地完成了这段翻译，显示出了非常深厚的语言能力。整体来看，口译基本遵循了原文的语序，并适当找补。笔译做了语序调整，把其中一个意群提前，整个段落更加紧凑，逻辑更加清晰。这段翻译充分显示出了笔译在时间上的优越性。在没有时间压力的情况下，笔译时可以更加从容和全面地整合句子，呈现出更加理想的书面文本。

第一，在翻译这段话时，口译员基本按照原文语序进行翻译，笔译则做了大幅度的整合。比如原文的"这一块加起来大概是前一块的两倍"，口译员把它还原成单独的一个句子：The monetary scale of measures in the second category is twice as big as that in the first one. 笔译则将其简化成一个插入型定语 which is roughly twice as big，同时将其前后的三个句子整合在一起，构成了一个多达 59

个单词的复杂长句。笔译根据句子和意群之间的逻辑关系，打破原文语序进行大跨度整合，在这一点上，笔译更游刃有余；而想要在口译时进行这样大幅度的调整，压力和难度都相对更大。

第二，再来看原文中的这一句：“我们是要将这些资金用于保就业、保民生和保市场主体，支撑居民的收入。”口译将其翻译成两个句子，共 32 个单词；笔译整合为一个干净利落的句子，19 个单词：This money will be primarily used to support jobs, people's basic living needs and businesses, and sustain household income.

第三，根据上下文可知，最后一句中的“比例达两位数”，指的是上述各种资金在全部居民收入中所占的比例达到了两位数，口译译为 a double-digit figure，意义略显含混，笔译改成了 a double-digit share，意义就变得很明确。

第四，除了语言组织上的难度，这段内容还涉及一些具体的货币财政政策和专业术语，这些政策大多是国家为了应对疫情而制定的灵活性举措（见表 4.4）。

表 4.4 货币财政政策相关术语

中文	英译
规模性政策筹措的资金	the sources of the funds of a fairly large scale（口译） the financing raised through policies of a sizable scale（笔译）
财政赤字	budget deficit（口译） fiscal deficits（笔译）
抗疫特别国债	special treasury bonds for COVID-19 control（口译） government bonds for COVID-19 control（笔译）
社保费/工薪税	payment relief for enterprises of their contributions to social security schemes, social security funds（口译） payment relief for enterprises of their contributions to social security schemes, payroll tax（笔译）
失业保险	unemployment insurance fund
结存	balance
（银行）让利	interest concessions
自然垄断性企业	natural monopoly industries
民生	people's basic living needs
居民收入	household income

遇到这种需要一定政策背景而且专业术语扎堆的翻译,没有做好功课的译员会觉得步步是坎,寸步难移。因此,翻译学习必须打持久战和攻坚战,要从语言能力、知识储备和心态准备这三个方面做好功课。其中,知识储备的重要性不亚于语言能力的提升,对于任何领域的专业知识,都要力求理解其内涵,把握深层逻辑,只有这样才可能在实战时听得明白,译得准确。图 4.2 是基本的翻译知识和能力要求。

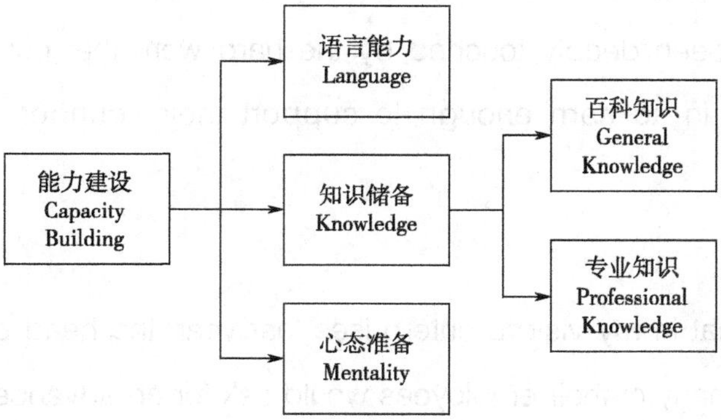

图 4.2　翻译知识和能力要求

例 24

原文

我记得去年到企业调研时,有企业负责人跟我说,到了 8 月份,许多职工向他预支工资,为什么? 9 月份孩子要交学费。春节前我到西北农村调研,一位农民就告诉我,他一个孩子上大学,一年得花费一万多块钱,还有一个上高中,一年得 8 000 多块钱,靠种几亩地是不行的,必须有打工的收入。我真是为我们的人民群众感动。他们在努力打拼,打工、就业不仅关系当前家庭生计,也在为下一代争取更好的未来。(2021 年)

口译

I recall that in my discussion with the business leaders, many of them told me that about August every year, many of their employees would ask for an advance on their wages, because they will need to pay their children's tuition fees in September. Before this year's Spring Festival, I paid a visit to rural areas in China's northwest. A local farmer told me that he had one child going to college whose tuition fee is some 10,000-plus yuan each year, and for another child in senior high school, the tuition fee is 8000 yuan every year. He said that he had to go to work in the city, otherwise, he wouldn't be able to cover all these expenses by just growing grain on his small land plot. So a job bears directly on the lives of our people, and I have always been deeply touched by the hard work that our people have been putting in, to earn enough to support their younger generations. (51:11)

笔译

I recall that in my visit to enterprises last year, the head of a company told me that many of their employees would ask for an advance on wages in August every year, because they need the money to pay their children's tuition fees in September. Before this year's Spring Festival, I visited rural areas in China's northwest. A local farmer told me that he had one child in college with a cost of 10,000-plus yuan each year, and one other child in senior high school with a cost of more than 8,000 yuan a year. He said that he had to go to work in the city, or he wouldn't be able to make enough money to cover these expenses by just growing grain on his small land plot. I have always been deeply touched by the hard work of our people. Staying in work is not just about earning enough to support family, but also securing a better life for the younger generation.

点评

在这段回答里，总理谈到了自己的一次民间调研，表述很口语化和通俗化，句子短小而零碎。最终发布的中文文本也经过了必要的整理，去除了现场表述中一些无意义的重复。从修辞学原则来看，总理这段平实的语言体现出了他接地气、走群众路线的话语风格。用具体的数据和事实说话，则反映了国家领导人务实和体察民情的工作作风。整段话晓之以理，动之以情，充分满足了听众的理性诉求和情感诉求。口译员在语言组织上尽可能忠实地还原了总理的语言风格和朴实的情感，并没有用华丽的语言和技巧去显示自己的翻译能力。笔译版本尊重和保留了口译译文，只做了个别调整。一般来说，过于口语化的口译译文，更需要借助笔译在后期进行语体风格的调整和语言的完善。

第一，笔译对个别细节进行了修正。一是“我记得去年到企业调研时”，笔译补充了时间状语 last year；二是“一年得 8 000 多块钱”，笔译补充了其中的“多”字：more than 8 000 yuan。

第二，“靠种几亩地是不行的，必须有打工的收入。”在这个句子的处理上，笔译除了将关联词 otherwise 换成 or，并且增加了 make more money 之外，整体保留了口译译文。还有一点值得学习的是对“几亩地”的翻译，这里的“几亩地”并非确指的数字，而是一种模糊的数字表达，因此译文也做了模糊和泛化的处理。此外，对“打工”这个动作的翻译也是细节现真功的范例。考虑到这句话里所指的打工者是西北农村地区的农民，译者通过合理增补，译出了言下之意“去城里打工”，使得表述更加清晰准确。

原文：靠种几亩地是不行的，必须有打工的收入。

口译：He said that he had to go to work in the city, otherwise, he wouldn't be able to cover all these expenses by just growing grain on his small land plot.

笔译：He said that he had to go to work in the city, or he wouldn't be able to make enough money to cover these expenses by just growing grain on his small land plot.

第三，在翻译最后两句时，口译员对语序做了调整：就业关系到人民群众的生计——我真是为我们的人民群众感动——因为他们在为下一代而努力打拼。之所以做这样的调整，是因为上一句总理刚刚介绍完那位西北农村农民兄弟的情况，他的情况正说明了就业关系到人民群众的生计。现场口译员对源语的这种再加工，确保了表述的流畅性和逻辑的连贯性。这也提醒我们，在进行句子整合时，不仅要考虑句子内部各个意群之间的逻辑关系，也要理清句子与句子之间的深层逻辑。这样的再处理工作显然更费脑也更费力,但却更方便听众的理解。笔译则将句子顺序又调了回去,这也体现了口译和笔译的着重点不完全一致。一般来说,政策类文本的笔译要确保原文和译文之间的大致对等,不像文学翻译那样,容许更大的自由度和调整空间。除了调整句子语序,笔译还通过 not just about...but also... 的句式加强了语气,补充了 securing a better life。口译为了保持与源语一致的平实的风格,略显平铺直叙,笔译则转换为更加书面和正式的语言。

原文:我真是为我们的人民群众感动。他们在努力打拼,打工、就业不仅关系当前家庭生计,也在为下一代争取更好的未来。

口译:So a job bears directly on the lives of our people, and I have always been deeply touched by the hard work that our people have been putting in, to earn enough to support their younger generations.

笔译:I have always been deeply touched by the hard work of our people. Staying in work is not just about earning enough to support family, but also securing a better life for the younger generation.

4.2.3 口译和笔译在翻译策略上的差异

在合作型翻译活动中,尤其是在行使点评或修正的权利时,同样要避免过度发挥"译者主体性"。要最大限度地尊重合作译者及其译文,不去吹毛求疵,而是力求锦上添花,追求各美其美、美美与共的境界。下面所举的各例就是口译笔译合作中美美与共的典范。有些句子口译员已经处理得非常出色,笔译文本可能会换一种方式和思路,两种译文各有千秋。将两个版本对照学习,有助于我们拓展思路,积累译语,丰富语言的表达方式。

例 25

原文

我们会<u>瞪大眼睛盯着</u>,也欢迎<u>社会监督</u>。(2020 年)

口译

We will <u>be open to public oversight</u>. (38:24)

笔译

We will keep our eyes wide open and welcome public supervision.

点评

口译采取了略译和意译，简洁明了。笔译版本把“瞪大眼睛盯着”和“欢迎社会监督”直译了出来，整个句子更加完整，也更具画面感，还增强了语气，有助于加深读者的印象。

例 26

原文

钱是可以生钱的，用之于民的钱可以创造新的财富，涵养税源，使财政可持续。我们一定要稳住当前的经济，稳定前行，但也要避免起重脚，扬起尘土迷了后人的路。(2020 年)

口译

Money invested in the people will be able to generate new wealth, help us protect and preserve tax base and make public finance more sustainable. We will do our utmost to keep China's economic growth stable. At the same time, we must ensure that all measures taken are well-calibrated. In other words, we will not kick up dirt and leave a trail of dust that will block the sight of those who come behind. (18:37)

笔译

Money well-spent can create new money. Money invested in the people will generate new wealth, help us protect and preserve the tax base and make public finance more sustainable. We will do our utmost to keep China's economic growth stable and make steady progress. In other words, we will not kick up dirt and leave a trail of dust that will block the sight of those who follow.

点评

原文第一句"钱是可以生钱的",口译员直接略去,因为后面一句的意思完全能够涵盖,但是笔译文本则将这句翻译了出来。在"我们一定要稳住当前的经济,稳定前行"这句中,口译略去了"稳定前行",笔译做了补译:make steady progress。最后一个小句"但也要避免起重脚,扬起尘土迷了后人的路",口译员融合了直译和意译,block the sight 的字面意义和引申意义一目了然,信息的转达非常充分和到位,因此这句话的笔译译文只做了一个单词的微调,把 who come behind 改成了 who follow,相对简洁。

例 27

原文

我们将继续坚持实事求是、公开透明的原则,一旦发现疫情,坚决予以管控,不允许有任何隐瞒,而且要进行科学防治。(2020 年)

口译

We must continue to adopt a science-based, open and transparent approach in dealing with COVID-19. Any infection, once detected, must be promptly handled, and no cover-up will ever be allowed. (28:18)

笔译

We must continue to adopt a factual, science-based, open and transparent approach in dealing with COVID-19. Any infection, once detected, must be promptly handled, and no cover-up will ever be allowed.

点评

这句话看起来难度不大,却体现出了摆脱原文结构的束缚、提炼信息的重要性。通过意义的整合可以看出,原文提到了对抗疫工作的三点要求:实事求是、公开透明和科学防治。首先,中文里的四字词组如何处理?其次,这三者之间是何种逻辑关系?这两点可能是在翻译尤其是现场口译时必须立刻思考和解决的问题。口译员的处理方案是把"科学防治"理解为抗疫工作中的"实事求是”,二者合而为一,与“公开透明”并置,修饰和限定“原则”:adopt a science-based, open and transparent approach。既然“科学防治”已经提前,后面就无须重复翻译。在这句话的翻译中,口译员恰当地发挥了译者主体性,对译文进行选择性略译和意义整合。笔译译文保持了这种处理方式,但是增补了一个单词:adopt a factual, science-based, open and transparent approach。增加的 factual 一词可以理解为是对“实事求是”的翻译,因此把笔译文本还原为中文就是“我们将继续坚持实事求是、公开透明和科学防治的原则”,这样一来,抗疫工作的三点原则的并置关系就变得更加清晰和完整。笔译译文整体尊重了口译员的处理方式,只是做了微调,这也是值得赞许的一种态度。

例 28

原文

我们相信普通人有上上智,把他们的特长、聪明才智发挥出来,那就业的大舞台会绚丽多彩。(2022 年)

口译

We believe that there is great intelligence and potential in each and every common person. If we can give them opportunities to bring the potential out, we will be able to open new vistas. (58:39)

笔译

We believe that there is great intelligence and potential in each individual. When their talent and potential is fully brought out, we can open great prospects for employment.

点评

首先,原文中的“上上智”是口语化的表达,可以理解为后面紧接着提到的“特长、聪明才智”,因此口译员将两者合而为一,翻译为 great intelligence and potential,其中的 great 一词足以表达“上上、上乘、了不起的”的含义。其次,英译的第二句,口译采用了 if 引导的条件状语从句,笔译则改为 when 引导的条件状语从句,同为状语从句,意义侧重点略有不同。前者是暗含假设的条件状语从句,假设的条件发生,才会产生相应的结果;而后者偏重于讲述客观情形。根据原文意义,后者更为贴切。此外,“就业的大舞台会绚丽多彩”是一句比较笼统宽泛的说法,译法因此也可以非常灵活,倘若字对字的直译反而会让人觉得生硬。口译员采用的翻译是 open new vistas,这是一个固定词组,意为“开辟新的前景、打开新的视野”,是很到位的意译。笔译译本套用了 open new vistas for 的用法,但又根据此句中“就业前景”这个主题做了具象化:open great prospects for employment,也不失为一种贴切又细致化的处理方式。

例 29

原文

无论是抗击疫情,还是发展经济,都需要我们同舟共济,使人类能够越过这场巨浪的冲击。(2020 年)

口译

We must come together in the international community in a sense of partnership to eventually get all of us to prevail over the epidemic. (30:24)

笔译

Whether it's fighting the virus or growing the economy, we must come together in a sense of partnership to eventually fight back the onslaught of the epidemic.

点评

在这句话的翻译中,口译员本着省力原则略译了条件状语“无论是抗击疫情,还是发展经济”,因为前面几句刚刚提到“实际上国际社会已经面临双重挑战、要做两张答卷:一方面要控制住疫情;一方面要恢复经济社会发展,恢复正常秩序”(2020 年)。所以口译员选择不再重复翻译,而笔译则补译了该条件状语 Whether it's fighting the virus or growing the economy,从而完整还原了这个条件状语从句。其次,这句话中值得借鉴的还有“同舟共济”这个四字词组的翻译，即 come together in the international community in a sense of partnership，这一译法契合该句特定的语境，也可以译为 maintain/uphold solidarity in trying times。此外，口译和笔译对“越过这场巨浪的冲击”采用了不同的译法。口译员用 prevail over the epidemic，意为“战胜疫情，渡过难关”，简洁明了。笔译译文选择了相对复杂和文气的表达，而且保留了“巨浪”的意象：fight back the onslaught of the epidemic。

例 30

原文

我当时就说，中央政府的政策储备是有的，但需要集中使用。（2022 年）

口译

Central government has a host of tools in its policy kit. But we need to use them to the best effect. (31:17)

笔译

I said that the central government had policies in reserve, yet we need to use them in an integrated way.

点评

首先，这个句子中的“政策储备”指的是一揽子货币和财政政策，口译员译为 a host of tools in its policy kit，非常地道，也很准确。笔译版本改为 policies in reserve，相对简洁明了。如果查阅一下平行文本的翻译，会发现笔译的译法在此类政策性文本中出现的频率更高，稍举几例（见表 4.5）。

表 4.5　“政策储备”的平行文本举例

中文	英译
政策储备	policy reserve, a (good) reserve of policies, policy options
出台地方政府性债务风险应急处置预案和分类处置指南，妥善做好风险事件应急处置政策储备	We introduced emergency response contingency plans for local government debt risks and guidelines on dealing with risks by type, building up our policy reserve for responding to risks and emergencies.

续表

中文	英译
我们宏观调控还有创新手段和政策储备	At present, we still have new instruments for macro regulation anda good reserve of policies at our disposal.
我们已经确定的方针和所拥有的政策储备,能够应对各种可能出现的风险和挑战	With all the principles established andpolicy options at our disposal, we can handle all possible risks and challenges.

资料来源:《2017年中央和地方预算报告》,2017-03-21,http://www. china. org. cn/chinese/2017-03/21/content_40479840. htm;《李克强2016年政府工作报告》,2016-03-21,http://www. china. org. cn/chinese/2016-03/21/content_38073429_3. htm;《李克强在博鳌亚洲论坛2014年年会开幕式上的主旨演讲》,2014-04-11,http://www. china. org. cn/chinese/2014-04/11/content_32061943. htm。访问日期:2022-10-23。

其次,这句话的后半句提到,对这些政策储备要"集中使用",口译员译为use them to the best effect。言下之意,就是要让这些政策储备发挥最大效益,要把政策用到最好。笔译版本是to use them in an integrated way,还原成中文是"要统筹和协调使用这些政策储备",从字面上看,"统筹和协调使用"更接近于"集中使用"的内涵,强调政策使用的方法和方式,而口译版本则更强调政策运用的效果。两者切入角度不同,各有千秋,难分伯仲。

例31

原文

这些年通过营商环境不断改善,我国市场主体已经达到1.5亿户,比10年前净增了约1亿户,主要是民营市场主体,其中个体工商户达到1亿户。可不要小看个体工商户,他们一头连着众多人的生计,一头连着大众的消费。我在政协参加讨论时,那些企业家就说,如果没有小微企业和个体工商户打通"微细血管",大中企业甚至国企央企都动不起来。(2022年)

口译

By improving the business climate in recent years, we have seen that the number of market entities in China has reached 150 million, an increase of 100 million over ten years ago. Most of these market entities are privately-held firms. There is some 100 million self-employed households who must not be underestimated because they support the livelihood of many families and they also help to meet consumer demand. In my discussions with business leaders, they told me that it is those very micro and small firms and self-employed households who are playing a significant role in supporting the circulation of the economy. Without them, even big companies, even state-owned enterprises will be hamstrung. (01:13:42)

笔译

With an improving business climate in recent years, the number of market entities in China has reached 150 million, a net increase of 100 million over ten years ago. Most of them are privately-held, among which self-employed households now amount to 100 million. No one should underestimate these self-employed households. They support the livelihoods of many families, and meet consumer demand. Entrepreneurs in the CPPCC told me had it not been for the role of those micro and small firms and self-employed households in keeping up unimpeded flows of the economy, bigger companies, even state-owned enterprises and centrally-managed enterprises, would be hamstrung.

点评

在这段翻译中，口译员做了句式整合，也有非常出色的转译，都很值得学习。

第一，口译将前一句中的“其中个体工商户达到 1 亿户”和后一句中的“可不要小看个体工商户”整合为一句，避免了重复表达，笔译则出于中英文大致对等的原则，保留了原文的断句。

第二，原文中的“他们一头连着众多人的生计，一头连着大众的消费”是比较口语化的表述，“一头连着……一头连着……”，如果照字面翻译可能会让人“一头”雾水。如前所述，有时越是简单通俗的语言越是不好翻译，意义越是宽泛,越要找到具体的落点,将抽象转换为具体。口译员将这句话理解为:这 1 亿个体工商户,一方面解决了很多家庭的生计问题,一方面也满足了市场的消费需求。这样的表述既具体又准确,笔译保持了这种理解和口译译文,只是删去了口语化的连接语:They support the livelihoods of many families, and (they also help to) meet consumer demand. 口译时难免会使用一些无实际意义的连词或填充词,比如 I'm afraid, so, and 等,笔译校对时要加以清理,力求语言的简洁。

第三,原文的最后一句比较长,口译员在翻译时分成了两句,语言相对简单。笔译则采用一个复杂长句,语气更为庄重。此句中使用了打通"微细血管"的隐喻,口译员采用了得"意"忘"形"的意译,将其翻译为"对经济流通举足轻重"。笔译版本延续了这个思路,只是换了一种更复杂的英文表述。此外,笔译还补充了口译时遗漏的两个小细节,一个是"政协",一个是"央企",可谓精益求精。

原文:我在政协参加讨论时,那些企业家就说,如果没有小微企业和个体工商户打通"微细血管",大中企业甚至国企央企都动不起来。(2022 年)

口译:In my discussions with business leaders, they told me that it is those very micro and small firms and self-employed households who are playing a significant role in supporting the circulation of the economy. Without them, even big companies, even state-owned enterprises will be hamstrung. (01:14:19)

笔译:Entrepreneurs in the CPPCC told me had it not been for the role of those micro and small firms and self-employed households in keeping up unimpeded flows of the economy, bigger companies, even state-owned enterprises and centrally-managed enterprises, would be hamstrung.

例 32

原文

过去我们说不搞"大水漫灌",现在还是这样,但是特殊时期要有特殊政策,我们叫作"放水养鱼"。没有足够的水,鱼是活不了的。但是如果泛滥了,就会形成泡沫,就会有人从中套利,鱼也养不成,还会有人浑水摸鱼。所以我们采取

的措施要有针对性,也就是说要摸准脉、下准药。钱从哪里来、用到哪里去,都要走新路。(2020 年)

口译

We have repeatedly said that we will not flood China's economy with liquidity. We didn't do it in the past; we will not do it now. But the current unusual time requires extraordinary measures. Just as water is important to fish farming, sufficient liquidity is important to economic development. But excessive liquidity will induce froth in the market place, where some people may attempt to muddy the waters and fish for arbitrage. We must ensure that measures taken are well-focused, and write a precise prescription to get ourselves out of the current hardship. New approaches must be employed as to where the money comes from and how it is spent. (12:14)

笔译

We have repeatedly said that we will not flood China's economy with liquidity. We didn't do it in the past; we will not do it now. But the current unusual time requires extraordinary measures. Just as water is important to fish farming, sufficient liquidity is important to economic development. But too much water will induce froth in the fishpond, whereby some people may attempt to muddy the waters and fish for arbitrage. We must ensure that measures taken are well-focused, the prescription is precise and the medicines for getting out of the hardship effective. New approaches must be employed as to where the money comes from and how it is spent.

点评

这段涉及的是国家的宏观经济政策:即使是面临着疫情带来的困难局面,也坚决不搞"大水漫灌",而要"放水养鱼"。"水"指的是各种扶持政策和资金,包括规模性政策筹措的资金以及行业内政策调整,比如新增财政赤字、发行抗疫特别国债、减免社保费、动用失业保险结存、推动国有商业银行让利和自然垄断性企业降价等，全方位多渠道为市场主体减负，降低它们的经营成本，谋求可持续发展。“放水养鱼”里的“鱼”指的就是这些国家大力扶持的市场主体，它们是国民经济的微细血管，是税源，因此，“放水养鱼”就是为了涵养税源，是着眼长远的经济发展策略。但是“浑水摸鱼”里的“鱼”还是指这些市场主体吗？显然不是。当某些人利用不法手段搅浑了“水”之后，他们实际上是抢占和掠夺了本该属于市场主体的资源，导致市场主体如鱼脱水，无法生存下去。可见，“浑水摸鱼”中的“鱼”指的不再是“放水养鱼”中的“鱼”，而是指“摸鱼”这一非法套利行为。口译和笔译版本都将“浑水摸鱼”翻译为 fish for arbitrage，简洁直白，fish 一词也用得准确又形象。对于这种专业领域的内容，译者如果不对其背后的相关政策背景和专业术语加以了解，就有可能犯“徒有其表”的错误，只译出字面意义，而缺乏对深层内涵和逻辑的把握。在这段话的翻译上，笔译只对其中的两个句子做了修改，换了一种方式表达。更多分析如下。

第一，整个段落中比较难处理的是这句话：“但是如果泛滥了，就会形成泡沫，就会有人从中套利，鱼也养不成，还会有人浑水摸鱼。”口译员把“泛滥的水”译为 excessive liquidity，原文中隐含的“养鱼池”译为 market place，把原文中的喻体转换为比喻本体。笔译版本则把“泛滥的水”以及隐含的“鱼池”直译了出来，保留了原文的隐喻修辞手法。这样的处理方法不仅是为了与上面一句“没有足够的水，鱼是活不了的”保持呼应，也让“水”的意象贯穿始终，通过重复加深了“放水养鱼”和“浑水摸鱼”这两个概念在听众头脑中的印象。在后面的问答环节中，总理又提到了“放水养鱼”的比喻，不妨再来学习一下翻译。

原文：可谓水深鱼归、水多鱼多，这是涵养了税源，培育壮大了市场主体。(2022 年)

笔译：It’s like building a deeper pool to farm more fish. The tax refunds and fee cuts have helped create more sources of tax revenue and nurture business growth.

第二，下面这句的翻译也很具有挑战性：“所以我们采取的措施要有针对性，也就是说要摸准脉、下准药。”首先，口译员对原文的中文特色表达把握得很到位，“我们采取的措施要有针对性”中的“要有”怎么理解？中国学生常常会字对字地翻译成 Our policies must have，这类中式英语句子一方面别扭，另一方面也不便于组织后面的语言,等于给自己挖了个坑。口译员将“要有”所包含的动作和语气提炼了出来,采用了情态动词+动词的译法,同时把主语从“措施”这个无生命物体转为有生命的主体“我们”,这样一来,句子的主干就搭好了:“我们必须确保所采取的措施具有……”,既突出了人的主体性和积极性,也增强了句子的动势和语气。

原文:我们采取的措施要有……(无生命物体作主语+要有)

口译:We must ensure that...(有生命主体作主语+情态动词+谓语动词)

这样的句子主干搭好之后,后面的三个要求“针对性”、“摸准脉”和“下准药”就可以用 that 整合成宾语从句的一部分,笔译沿用口译的这个思路重新整理了句子。虽然原文乍一听起来,这三点要求是并列关系,但其实后两点是对第一点的进一步说明或定义,也就是说,“针对性”就是“摸准脉,下准药”,是精准治疗。理清了这种逻辑关系,翻译时就能够把握了。

原文:所以我们采取的措施要有针对性,也就是说要摸准脉、下准药。

口译:We must ensure that measures taken are well-focused, and write a precise prescription to get ourselves out of the current hardship. (and 表示并列关系)

笔译:We must ensure that measures taken are well-focused, (此处省略了 that is to say/in other words,) the prescription is precise and the medicines for getting out of the hardship effective.

在后半句的处理上,笔译版本除了逻辑关系更加鲜明,在意义的转达上也相对完整。“下准药”在口译时采取了意译,笔译则直译+意译,保留了“药”这一喻体,也传达出了“药物有疗效”的喻义,是不可多得的理想译文。

第三,口译员将“针对性”翻译为 well-focused,这一类非常好用也很灵活的构词法要学会使用。以 well-构成的偏正词组在时政文本中经常出现,稍举几例如下(见表 4.6)。

表 4.6 well-构词法举例

英文	中文
take well-considered steps	有序推进
make well-timed regulation	相机调控

续表

英文	中文
in a well-regulated way	规范(发展)
in a well-coordinated way	统筹(布局)
in a well-planned way	有序(推进)
in a well-conceived manner	有序(开展)
a well-functioning government	有为政府
well-balanced development	均衡发展
well-performing businesses	优质企业
a well-ordered and fair market environment	公平有序的市场环境
the country's "rice bag" and "vegetable basket" are well-filled	装满"米袋子"、充实"菜篮子"

4.2.4 优质的口译译文鉴赏

有些句子现场的口译员处理得非常出色,后期笔译就本着最大限度尊重原译的原则,没做任何改动,比如下面所列举的两个例子。

例 33

原文

真金白银主要是为市场主体纾困,激发市场活力。真金白银要落到企业和个体工商户身上。(2020 年)

口译

Our solid measures must serve to provide vital relief to businesses and revitalize the market. Hence, all these measures must deliver real gains to companies and support self-employed individuals. (16:41)

点评

这个句子中,"真金白银"出现了两次,但口译员都选择了意译,分别译为 our solid measures、all these measures。"真金白银"指的是在疫情当下,政府为了帮助市场主体走出困境而采取的减税降费等各种金融财政政策。由于在前面的问答中已经就此做了非常详细的解释和说明，这里没有必要再对“真金白银”进行直译或解释性翻译。可见，翻译要考虑到上下文语境，既要确保信息转达准确和全面，也要避免表述的重复。此外，在例 20 中，“真金白银”的笔译版本是 real investments，不同的译法体现了翻译中“义随文生”的原则，也再次证明，倘若没有做好功课，缺乏政策解读能力，不能透过表象掌握深层逻辑，就很难翻译得精准到位。

例 34

原文

这次政府工作报告说，要留得青山，赢得未来。我们现在有 1.2 亿市场主体，他们就是青山，留住他们，就会赢得未来。（2020 年）

口译

As I said in the Government Work Report, we must do our utmost to help the 120 million market entities in China sustain themselves, and that will help us assure success for the future. (16:57)

点评

和上一句一样，口译员对“青山”做了很出色的意译。首先，“留得青山在，不怕没柴烧”这句话耳熟能详，没必要直译，选择意译会更简洁。其次，国家领导人不仅在这次的记者会中，在其他重要讲话中也曾多次使用“青山”来指代 1.2 亿市场主体。因此，留住“青山”就是前文所说的“要为市场主体纾困”，让他们能够继续生存和发展下去。理解了“青山”在这句话里的所指之后，将“要留得青山，赢得未来”译为 to help the 120 million market entities in China sustain themselves 就顺理成章了。“留住他们，就会赢得未来”指的就是市场主体的可持续发展才能够带来经济的繁荣，才能够保障国家和社会的未来，口译员也译出了这个比喻的引申意义：that will help us assure success for the future。需要指出的是，“青山”是近年来频繁出现在时政文本中的一个意象，最为人们熟知的就是“绿水青山就是金山银山”。在这个句子里，“青山”一词用于生态文明建设范畴和语境，和本例中所指代的“市场主体”完全不同，因此可以直译为 lush mountains, green mountains，或者意译为 invaluable assets, prosperity and wealth 等。这个例子再次提醒我们，翻译时要注意考察具体的语境和上下文，不能死记硬背，生搬硬套。

以上范例均选自 2020 年、2021 年和 2022 年这三年的李克强总理两会记者发布会，旨在展示口译和笔译之间的完美合作。总体而言，笔译本着最大限度尊重口译译文的原则进行了修正。笔译校正工作可能是由口译员本人后期完成，也可能由其他专家或团队来完成。如果是后者，则更能体现出后者对口译员的尊重。从某种角度上说，这种笔译对口译译文的微调也算是一种“重译”或“改译”，因此依然有必要遵循翻译的基本原则，忠实于作者和作品，尽可能减少译者主体性的过度发挥。

对比研究现场口译译文和经过修正后的官方版笔译文本会发现，两者在语言、句子组织、语体风格等方面都存在着一定的差异，这种差异一方面源于口译、笔译的不同工作机制和翻译策略，另一方面也取决于译员自身的翻译能力和语言特色。整体来说，现场口译员的翻译更倾向于口语体，这既体现出译员对发言人表述风格的“就近”原则，也体现出以受众为中心的公共演讲原则，要采用更易为听众所接受的表达方式。根据释意派原则，译员作为信息接收和输出的中间环节，对于译文的输出风格有自己的权衡，“译员处于话语的输出和接收环境中，他注意到，讲话人意识到听众的存在，并使用适于他们的方式表达思想。思想与表达间的关系就这样无时无刻展现在译员面前”①。在总理记者会进行现场口译，口译员会在观察和理解总理的话语风格的基础上，自主决策译语要在多大程度上保留源语的风格，从而达到现场交流的最佳效果。至于笔译的版本，则要适度地“去现场化”和“去口语化”，因为笔译文本面对的主要是具有一定教育水平的读者，或者是新闻传播、翻译、外交等领域的专业人士，笔译文本在语言文字方面的完整度、严谨度和专业性上都有更高的要求，风格自然也要做适当调整。更为重要的是，总理记者发布会的文稿是重要的时政文献之一，必须确保其译文的严谨和规范。总而言之，在重要的外宣外事类翻译活动中，除了需要优秀的译员驾驭现场口译，也需要权威机构的翻译专家对正式发

① 勒代雷：《释意学派口笔译理论》，刘和平译，北京：中国对外翻译出版公司，2001，第 7 页。

布的笔译文本进行校正和补充。口译笔译合作机制能够确保翻译任务的圆满完成,保证译文的质量,这样的合作不仅必要,而且非常重要。

本章着眼于翻译学习和活动中的合作机制,限于篇幅,只就其中的两种合作形式进行了深入探讨:一是师生合作型翻译学习;二是口译笔译合作型翻译任务。正如本章开头所介绍的,广义上的翻译合作越来越普遍,尤其是市场和商业性质的翻译活动合作形式日趋多元和灵活,而且还有很大的拓展与创新空间。鲍川运曾举例说:"翻译的新形式方面也可以进行探讨。例如,个别翻译项目也可以进行众包(crowdsourcing),即与传统的翻译服务方式不同,可以将一个具体翻译任务传到网上,由大批的志愿者或翻译发烧友共同完成。所有人、任何人都可以来发表意见、参与讨论,这也是一种新的形式。"[①]哪怕不是作为译者,作为旁观者参与讨论翻译活动也具有积极意义,比如网友对中美高层对话两位译员的讨论,至少可以让更多人关注翻译这项活动和职业。也正是在这个意义上,我们可以充分理解翻译不仅是学术活动,同时也具有推动社会变革、记录社会历史文化变迁的社会功能。总而言之,随着翻译合作形式的多样化和社会化,翻译活动时常会成为社会关注热点,这对于翻译教育无疑是件好事,它让翻译成为更多人参与的活动,而不是一个关起门来自成一统的学究型活动。

① 鲍川运:《对外传播理念的更新及中译外人才的普及化》,《中国翻译》2014 年第 5 期,第 17 页。

第五章

文学翻译略谈

《指南》虽然对英语类的三个专业设置了不同的专业特色课程，但都有对文学素养和跨文化能力的要求，相关课程也有重合（见表 5.1）。

表 5.1 《指南》关于文学和文化能力的要求及课程设置

专业	文学和文化能力	文学和文化翻译能力要求	文学和文化课程设置
英语	英语文学赏析 跨文化能力	能翻译有一定难度的英汉语报纸、杂志、书籍中的文章，以及节录的小说、散文、戏剧等文学原著	英语文学导论 中国文化概要 跨文化交际 西方文明史
翻译	跨文化能力	能翻译有一定难度的英汉语报纸、杂志、书籍中的文章，以及节录的小说、散文、戏剧等文学原著	英语文学导论 中国文化概要 跨文化交际 英语国家概况
商务英语	跨文化能力	能在商务翻译实践中识别并尊重文化间的差异，体现较好的跨文化翻译能力	英语文学导论 中国文化概要 跨文化商务交际导论 西方文明史

从表 5.1 可以看出，三个专业都要求具备跨文化能力。文学属于文化范畴，因此三个专业的专业核心课程中都设置了“英语文学导论”及“中国文化概要”这两门课。英语和翻译专业都要求开设“跨文化交际”，商务英语则要求开设“跨文化商务交际导论”。此外，“西方文明史”“英语国家概况”这两门课都

要求学生了解西方社会的历史文化发展，只是涵盖的范围略有不同。

可见，英语类专业的学生都应当具备良好的文学素养和跨文化交际能力。比如，商务类英语专业的学生既要能够驾驭商务类文本的翻译，也应当具备一定的文学翻译能力，要对文学翻译中的文学性和文化性有一定的了解。从现实意义来说，无论是大学英语四六级还是英语专业的四级、八级考试，都有涉及中国传统文化的翻译考题，更不必说翻译硕士的各种专业考试。因此，教师有必要在翻译课程中适当融入文学翻译的内容，让学生对文学翻译的特点及标准也有所了解。

本书第一章就指出，当前的翻译教育要以服务于国家翻译能力建设和国际传播战略为目标，培养具有中华文化外译能力的高水平翻译人才。文学翻译是文化外译的重要组成部分，因此也是翻译教学中不可忽视的一部分。浙江大学的许钧教授一直关注中国文学外译的现状及发展趋势，他认为国内的“文学译介逐渐走向深入，对文学特质的关注有所增强”①。许钧还就深化中国文学外译研究提出了四点建议，其中很重要的一点就是要“加强语言与审美维度的研究”②。在文学翻译中，要深入挖掘文字背后的文化内涵、审美意蕴以及作家及其作品的语言特质，并尽可能全面地转达源语各个层面的信息，文学翻译时要重点关注文学性和文化性。

翻译家王佐良说过，“翻译者必须是一个真正意义的文化人”③，通晓双方文化的译者才能够胜任文化交流的任务，而这也正是翻译的本质和使命。王宁也早就提出过，翻译研究“应从过去的翻译批评或翻译技巧的评论，转向学科意义上的跨文化的翻译研究”④。翻译活动及其作品既是社会历史文化大环境的一面镜子，也是其产物。语言学习要建立在了解文化的基础上，也要服务于社会文化发展，这样才能够成为服务于以国家意志为主导的翻译人才。

本章以文学翻译为话题，从中国传统的山水文化入手，探讨“山川异域，

---

① 许钧：《关于深化中国文学外译研究的几点意见》，《外语与外语教学》2021年第6期，第70页。

② 许钧：《关于深化中国文学外译研究的几点意见》，《外语与外语教学》2021年第6期，第71页。

③ 王佐良：《翻译中的文化比较》，载郭建中编《文化与翻译》，北京：中国对外翻译出版公司，1999，第2页。

④ 王宁：《文化研究语境下的翻译研究》，载郭建中编《文化与翻译》，北京：中国对外翻译出版公司，1999，第23页。

风月同天”和“道”的英译，分析它们深刻的文化内涵、在当代语境的运用以及英译。此外，笔者还结合中外翻译理论家和学者的理论以及翻译家的杰出译作，对文学翻译中的创造性和动态发展的文学翻译观提出自己的观察和思考。

5.1 东方山水文化

山水文化是蕴含在山水中的文化积淀，山水是文化的载体，文化是山水的灵魂。山水文化也是文学翻译中最值得探究的内容之一。每个民族的文化都有其自身的气质和特点。中国文化注重神韵、意境、风骨等难以用确切的语言表述的特质，这些特质往往与其所借用的意象浑然一体，赋予负载的意象特定的联想意义。意象是主观体验与客观世界融合、兼具主客观情感与体验的产物，是文学家和书画家寄情于景的载体。山水和风月就是这类具有深刻文化内涵的载体和意象，它们不仅被频繁地用于隐喻等修辞手法，也承载着深厚的审美意蕴。

在中国文化中，山水能怡情悦性，亦可抒万丈豪情；风月则能寄万般相思，诉百种愁绪。山水与风月或粗犷放达，或缠绵柔情，无论四时之景如何变化，万千风貌如何不同，山水和风月都能成为人们共通的话题，容易激发共鸣。郁郁不得志或者意气风发时，中国文人常常自我放逐并寄情于山水，正如欧阳修在《梅圣俞诗集序》中所写的：“凡士之蕴其所有而不得施于世者，多喜自放于山巅水涯之外。”[①]画家、翻译家丰子恺则认为中国文化的精髓在于自然，在于山水：“‘万物一体’是中国文化思想的大特色，也是世界上任何一国所不及的最高的精神文明。古圣人说‘各正性命’。又曰‘亲亲而仁民，仁民而爱物’，可见中国人的胸襟特别广大，中国人的仁德特别丰厚。所以中国人特别爱好自然。”[②]

谈到山水在中国文化中的重要性，丰子恺指出，唐宋以来的“大部分的中国山水画，是寄隐遁思想于山水的题材上的。这种画都注重所描写的事象的意义

① 杜维沫、陈新选注：《欧阳修文选》，北京：人民文学出版社，1997，第 259 页。

② 丰子恺：《中国现代美学名家文丛：丰子恺卷》，余连祥选编，北京：中国文联出版社，2017，第 42 页。

与价值，在画的内面含蓄着一种思想、意义，或主义，诉于观者的眼之外，又诉于观者的心”①。丰子恺说的是绘画，文学也同此理。中华大地上壮丽山川的博大胸襟与气度、明月清风的美好与清朗，使得山水和风月早已升华为精神和心灵的寄托，成为文学作品中最常见的喻体和意象之一。在千百年来诗词歌赋的不断吟诵中，山水和风月这类特定的文化意象，既是东方式审美意蕴的最佳代言人，也是文人们“兼善天下”情怀的最佳寄托。

5.1.1　山水的核心特质

由于儒家朴素的自然观和道家对天人合一的推崇，山水及风月都是文学作品中的高频喻体和意象。地域辽阔的中华大地遍布山川，它们是豪迈、崇高理想的最好象征，风和月则是寄托相思、惆怅、离愁等细微情感的最好载体。此外，山水与风月也是穿越时空、经久不衰的艺术命题和题材。一般来说，在中国文化中，山水的联想意义大多为壮阔雄伟、奔放豪迈或令人敬畏，因此在英译时需要注意用词的准确。

例1

中文

例如许多人共看画图，所看的倘是墨绘的山水图，诸人心中共起壮美之感；倘是金碧的花蝶图，诸人心中共起优美之感。故厅堂上挂山水图，满堂的人愈感庄敬；房室中挂花鸟图，一室的人倍觉和乐。

英译

Thus we would all be overwhelmed by the grandeur of mighty mountains and dashing rivers in an ink painting, or enchanted by the exquisiteness of a gold-colored picture of flowers and butterflies, or struck with awe by a breath-taking landscape master-piece or mesmerized by the gentle touches of an artistic presentation of plants and birds. ②

---

① 丰子恺：《中国现代美学名家文丛：丰子恺卷》，余连祥选编，北京：中国文联出版社，2017，第144页。

② 蔡力坚：《论翻译的选词》，《中国翻译》2016年第1期，第120页。

此例中,译者根据山水在中国文化中被普遍认同的审美意蕴做了适当增补,借助选词和重复传达出山水在中国文化中的特定内涵。山水图能催生出"壮美"和"庄敬"之感,译者将它们分别译为 overwhelmed by the grandeur of mighty mountains and dashing rivers、struck with awe by a breath-taking landscape master-piece。汉语中简单的两个字,英译时化简为繁,无论是动词的选用,还是名词及形容词的选用,都对山和水进了重复性描述,突出其壮美与令人敬畏之感。

再举一例,2019 年 5 月召开的亚洲文明对话大会开幕式上,习近平主席发表了主旨演讲,演讲中有这样几句话:

例 2

中文

广袤富饶的平原,碧波荡漾的水乡,辽阔壮美的草原,浩瀚无垠的沙漠,奔腾不息的江海,巍峨挺拔的山脉,承载和滋润了多彩的亚洲文明。

英译

Our vast and fertile plains, beautiful river basins, large steppes, immense deserts, mighty rivers and oceans, and lofty mountains have nourished and enriched diverse and colorful civilizations across Asia. ①

在这个例子中,原文给予了山川非常清晰明确的修饰语"奔腾不息"和"巍峨挺拔",直译即可。山川河流在中国文化中常常是充满能量和雄壮威武的化身。当然,它也不乏秀丽温婉的一面,正如毛主席诗词所概括的"江山如此多娇"(So charming is our land with her mountains and rivers)②,中国大地上的山川河流千姿百态,是无数文人雅士的灵感源泉,也是他们的精神归宿。

文学翻译离不开对文化的了解,作为英语专业的学生,跨文化能力与语言

① 《习近平在亚洲文明对话大会开幕式上的主旨演讲》,2019-05-16,http://www.china.org.cn/chinese/2019-05/16/content_74790346.htm,访问日期:2022-11-23。

② 张墨编:《陈逵中英诗文选》,天津:南开大学出版社,1995,第 170 页。陈逵被吴宓先生称为"中国雪莱",也是毛泽东诗词翻译第一人。1951 年,陈逵被聘为《毛泽东选集》英译委员会委员。更多详见:https://www.sohu.com/a/232303963_176673。

学习并重,两者相辅相成,因此英语类的三个专业,都设置了文化相关课程,既要了解几千年的中华传统文化,也要知晓西方文明文化的发展历史。在翻译中,无论有多少种标准,都不能脱离文化意义的理解和转达,正如刘宓庆所提出的:"必须明确认识到文化是意义的一部分,文化翻译是翻译中意义转换的一部分,二者密不可分:撇开文化来谈意义必然导致谬误,这时,即使译者主观上力求做到'信达雅'也与'信达雅'的要求相悖。"[①]谢振天也在《译介学》一书中就翻译研究中的文化差异进行了论述。他提醒译者不能把文学作品中意象的使用仅仅看作修辞手法,而忽视了它们"文化意象"的身份本质,把它们与文化割裂开来。文化意象"包含着更为广阔、更为深沉的内涵",倘若忽视了这些深层内涵,就会"影响原作整体内容的传达,严重者,还会影响对原作意境、人物形象的把握"[②]。翻译研究离不开文化研究,文学翻译更不能忽视文化差异带来的挑战和困难。

5.1.2 "山川异域,风月同天"的英译

山水是治愈心灵疾苦的良药,可消解现实的不得志。山水也是最普及、最通用的共情媒介之一,一脉相承的山水文化能让"山川异域,风月同天"在各国人民心中激起广泛的情感共鸣,也能充分体现出患难时刻的真挚情谊。新冠疫情初始引起各方关注的这句捐赠词在博得无数赞叹的同时,再度唤起人们对传统文化的认识和古典文学美的意识觉醒,也使得之后各国在相互捐赠时纷纷使用类似的古典文学语言。日本各界在驰援中国各地的物资上,先后引用和改写了如下古诗词:"岂曰无衣,与子同裳""青山一道同云雨,明月何曾是两乡""辽河雪融,富山花开;同气连枝,共盼春来"。浙江省向日韩捐赠的物资上,分别运用了"扁舟共济与君同""肝胆每相照,冰壶映寒月""天台立本情无隔,一树花开两地芳"等三个诗句。在中国小米公司捐赠给意大利的物资上,贴着这样一句名言"We are waves of the same sea, leaves of the same tree, flowers of the same

① 刘宓庆:《翻译教学:实务与理论》,北京:中国对外翻译出版公司,2006,第 417 页。

② 谢天振:《译介学》(增订本),南京:译林出版社,2013,第 136 页。更多关于翻译研究与文化差异的内容,可阅读第 135-168 页。

garden.”①这些运用在当代语境中的古典文学语言不仅让人们感受到语言的美,也体现出文明交流与互鉴的美,加深了对同舟共济的人类命运共同体的认识。捐赠物资上引用的中国古典诗词在令人赞叹之余,也掀起了一股翻译热潮,专业和社会人士都热情参与到这些诗词的翻译中来。

文学翻译不同于非文学翻译,要在转达信息的同时兼顾文化性和文学性,对译者的挑战更大,但同时也为译者主体性提供了更大的发挥空间。在翻译这类字面极简但意蕴深厚的诗词时,译者应当力求传神达意,兼顾意义、情感及审美等不同层面的要求。

例3 “山川异域,风月同天”英译举例

译文

(1)Miles apart,but close at heart.②

(2)Though miles apart,we are under the same sky.③

(3)Though we live in different lands,the same moon and sky make us one.④

(4)While mountains and rivers separate us;we enjoy the same moonlight under the same sky.⑤

这四个译文从简到繁,分别采取了意译或直译与意译结合的手法,对四个意象也做了不同程度的取舍。译文(1)将“山川异域”转译为“万水千山之遥,千里之外”,将具体的形象进行了抽象化。译文(2)对“风月同天”做了直译加略译的处理,“同一片天空下”一语双关。译文(3)是王毅外长就中国外交政策和对外

---

① 有人指出,这句诗并非出自古罗马哲学家塞涅卡,而另有其主,原句为:“Ye are all fruits of one tree,the leaves of one branch,the flowers of one garden.”详见:https://www.sohu.com/a/379271318_260616。

② 中国翻译协会:《中国关键词:抗击新冠肺炎疫情篇》,2020-03-07,https://mp.weixin.qq.com/s/AQ7QWBXosY6u-GO88e5D-Q,访问日期:2022-11-23。

③ 《“山川异域,风月同天”,外交部回应日本暖心援助:衷心感谢,铭记在心》,2020-02-05,https://mp.weixin.qq.com/s/9oiALdqzjVHR6se8UnEgWQ,访问日期:2022-11-23。

④ 《王毅外长就中国外交政策和对外关系回答中外记者提问》,2020-05-28,http://www.china.org.cn/chinese/2020-05/28/content_76099961.htm,访问日期:2022-11-23。

⑤ 见中国特色话语对外翻译标准化术语库:http://210.72.20.108/index/list_1.jsp?cls=0&key=%E5%B1%B1%E5%B7%9D%E5%BC%82%E5%9F%9F。

关系答中外记者问时译员对这句话的翻译。考虑到记者会中有不少西方记者，他们未必能领会山川和风月这类东方文化元素的意蕴，所以选择了直译加解释性翻译。后半句用 make us one 简单扼要地传达出“风月同天”的深刻内涵，是时政文本翻译中常用的“大词小译”策略。尤其是在记者会这样的口译场合，选择 make、work、do 这类平实的小词，符合口译的选词原则，也更便于听众理解。

此外，译文(3)的处理方法也可以视为低调陈述(understatement)的修辞手法，在记者会这种比较严肃的场合，会显得更加平易近人，能够迅速拉近与听众的距离，这其实也是国家传播话语整体下沉式转型的表现之一。近年来，从国家领导人的重要讲话到总理两会记者会和外交部的例行记者会，包括政府工作报告这类重大时政文本都呈现出更接地气的“群众路线”特色。因此，译文(3)的翻译决策可能是出于对修辞和传播话语的考虑。译文(4)虽然也是直译，但是通过 while 加强了前后两个小句的对比，并用 enjoy 一词渲染了彼此之间的情感共鸣：纵然万水千山的阻隔，也割不断患难之中的兄弟情谊。从译文(4)的句式和选词上可以看出译者的匠心。

通常在文学翻译中，“译本的文学形式的创造涉及音韵、词汇、修辞、句法、篇章、风格、体裁、表现手法等各个层面”①。不仅如此，诗歌翻译还要考虑韵律和节奏的问题，正如王东风所总结的，在一百多年的英诗汉译历史中，“节奏的转换无疑是最为棘手的问题”②。不过，如果是运用在当代语境的诗歌，则不能完全从文学翻译的角度去决策，而要结合传播效果和受众等因素一起考量，例 3 所列举的“山川异域，风月同天”的英译就是如此。前两个译文照顾到了诗歌的节奏和韵律，后两个译文则采用了大白话翻译，更多是从传播话语的角度考虑。

“山川异域，风月同天”这八个汉字中，实义名词包括山川、域、风月和天，作为定语修饰这几样事物的形容词只有两个字：异、同。结构上的对仗和语义上的对比，巧妙地传达出“和而不同”的深意。几个地理名词用白描的手法描摹出了地理现实，看似直白简单，却因为共通的山水文化而能够唤起共鸣，水乳交融

---

① 胡显耀、李力：《高级文学翻译》，北京：外语教学与研究出版社，2009，第 123 页。

② 王东风：《百年英诗汉译的节奏演变：问题与展望》，《中国翻译》2021 年第 3 期，第 64 页。关于诗歌翻译的节奏问题，还可参看王东风的另一篇文章：《诗歌翻译研究的理论创新：从“以顿代步”到“以平仄代抑扬”》，《外语教学与研究》2020 年第 5 期，第 464-466 页。

的深厚情谊，一衣带水邻邦的人文关爱，都尽在不言中。中日文化有很多相通之处，“山川”与“风月”这几个并置意象所产生的画面感以及诗意，对东方读者来说大多能够意会，因而无须字对字翻译，尤其是以解释性的方式翻译更会显得画蛇添足，倒不如留白，反而显得意境深远。

习近平总书记在2019年的亚洲文明对话大会上曾做过这样的阐述：“文明因多样而交流，因交流而互鉴，因互鉴而发展。”①如果说亚洲文明内部交流互鉴的可能更大，那么东西方文化之间则存在着更多的文化空缺，但也并非没有求同的可能和空间。事实上，东方山水文化不仅对周边国家产生了极大的影响，也曾漂洋过海与西方文明进行过交流和碰撞。不仅如此，英美文学中传统的浪漫主义文学也和东方山水文化有交集，体现在两者都具有浪漫和崇高的特质，推崇人与山水相亲、万物合和的理念。在当代，中国山水文化也因与西方文学中的生态文明观高度契合而产生了互鉴的空间。山水文化上的相似性带来了文化融通的可能性，吸引了越来越多西方汉学家关注和研究中国文化。由此可见，文学翻译和文化研究有助于将中华文化推介给西方世界，是打造文明互鉴美好愿景的重要必经之路。

5.2 中国传统文化中的“道”

中国的山水文化传统离不开儒道释的影响。“山蕴含着深刻的‘道’，当一个人的心神与山会通时，便可达到悟道的境界。”②和山水文化一样，“道”也是中国传统思想体系中的核心概念之一，“诸子百家、三教九流在谈到其最高层级的哲学思想时，无不以道称之”③。这个“道”字，可以从狭义的儒释道去理解，也可以从广义的“人道主义”去理解，而广义的人道主义又与儒家的“仁义”有相通之处，因此，“道”是增进东西方文明相互理解和融通的媒介，在翻译时能够有效唤起情感共鸣。作为译者，对中国传统文化中的这些重要元素都要有所了解。随着新时期翻译工作重心由译入转为译出，翻译教学中更需要加强中国传

---

① 《习近平在亚洲文明对话大会开幕式上的主旨演讲》，2019-05-16，http://www.china.org.cn/chinese/2019-05/16/content_74790346.htm，访问日期：2022-11-21。

② 蔡力坚：《论翻译的选词》，《中国翻译》2016年第1期，第120页。

③ 杨少涵：《“道不远人”的思想实验与证成方案》，《哲学研究》2018年第4期，第62页。

统文化和文学翻译的学习和实践,本节以"道"为例,分析它在中国哲学思想体系中的精神和文化内涵以及在当代语境的化用,并就"道"的相关翻译进行探讨。

在中国文化典籍中,"道"出现的频率极高。笔者通过对比分析"道"在《中庸》、《道德经》和《礼记》中的内涵及用法,发现"道"的阐释非常多样化,哲学家、翻译家和美学家都会从各自的角度对它进行个性化解读。"道"有时候可以具化为合理、正当、治平、道路、理想、方法、通达等具体的含义,有时则用来指代天道、地道、人道、师道、君道、臣道等各种"道"。但也有很多时候,"道不可言"。不仅如此,被运用于当代语境中的"道"范畴更为广泛,内涵更加丰富和深刻。因此对于译者来说,一个简单的"道"字就会成为翻译时的拦路虎。想要打败这只拦路虎,必须苦练真功夫。

5.2.1 作为中国哲学思想体系核心概念的"道"

2020年2月初,中国驻韩国大使馆向大邱市捐赠物资时引用了新罗旅唐学者崔致远的诗句:"道不远人,人无异国。"①和之前的"山川异域,风月同天""岂曰无袍,与子同裳"等一系列诗词一样,这些古典诗词在社会上掀起了一股翻译热潮。作为翻译学习者,在进行文学翻译时,尤其要从文化和审美意蕴层面做好译前功课。比如在翻译这句诗词时,就有必要先对句子中的核心词"道"有所了解,包括它的出处、内涵以及通常的译法(见表5.2)。

表5.2 "道不远人"的原文出处及其英译举例

原文	道不远人,人之为道而远人,不可以为道。——《中庸》第十三章
译文(1)	The path is not far from man. When men try to pursue a course, which is far from the common indications of consciousness, this course cannot be considered The Path.
译文(2)	The Dao does not depart far from man. If a man creates a tao that departs far from others, it cannot be taken as the Dao.

资料来源:子思:《中庸·大学》,James Legge译,郑州:中州古籍出版社,2016,第16-17页。方旭东认为,理雅各的《中庸·大学》译文是以朱熹注解的《中庸章句》为参照,因为将理雅各的版本回译成中文,与朱熹的理解一致。笔者对此没有做深入和全面的考证,对此观点感兴趣的详见方旭东:《超越"忠恕"之道——〈中庸〉"道不远人"章义疏》,《中国哲学史》2008年第1期,第29-34页。傅云龙、蔡希勤编注:《中庸》(精华版),何祚康译,北京:华语教学出版社,2006,第32-33页。

---

① 有资料显示,"道不远人"出自新罗旅唐崔致远撰写的《双磎寺真鉴禅师碑铭》,他曾在扬州担任官职达16年之久。但"人无异国"还未查到准确出处,有资料认为,李斯的《谏逐客书》中有"民无异国"的表述,可以视为此句出处。

如表 5.2 所示,“道不远人”出自《中庸》第十三章。译文(1)是汉学家理雅各的版本。在这个版本中,由于“道”的引申含义很好理解,理雅各将其直译为 path,course,way,相应的动词搭配则包括以下几种:take the course,pursue the way,tread the path 等。比如,“君子之道”可以译为 the way of the superior man,“天地之道”是 the way of Heaven and Earth,“中庸之道”则译为 the path of the Mean,“推行中庸之道”就是 tread the path of the Mean。此外,《中庸》里还有一些“道”指的是伦理、德行、善政等更为具体化的概念,因此要选择相对应的表述,而不能简单地都翻译成 path,course,way 之类的词。比如“国有道,不变塞焉,强哉矫!”这一句,用中文解读就是“国家政治清平时不改变志向,这才是真强啊!”,理雅各将其翻译为:“When good principles prevail in the government of his country,he does not change from what he was in retirement. How firm is he in his energy!”①

需要指出的是,理雅各在翻译《庄子》和《道德经》时,则把其中的“道”译为 Dao②。相对而言,这个译法更为深入人心,也是目前国家权威翻译机构比较推荐的翻译方法。这种保留汉语拼音发音的译法能让更多的汉语语汇进入英语,成为文化借入词,有利于中华文化的输出。不仅如此,将“道”译为 Dao,既保留了汉语的发音,又保持了“道”玄妙深刻的内涵,含混中包含着无限开放的意义,似可捉摸又难以言表,极简中蕴含着繁复,诚如庄子所言:“道不可言,言而非也。”(The Dao cannot be expressed in words;what can be expressed in words is not It.)③

虽然难以言,不可言,在翻译时还是要尽力言。辜鸿铭在翻译《中庸》时,将“道”译为 the moral law。他把“道德”(moral)一词用作一系列核心概念的定语。对于道德感的诉求为何如此清晰明确?辜鸿铭在《中庸》的英译译序中解释说,这是因为他相信“中国文明和中国社会秩序是一个道德的文明和真正的社会秩

---

① 子思:《中庸·大学》,James Legge 译,郑州:中州古籍出版社,2016,第 10-11 页。此句英译文中的 prevail 一词已经成为当代时政文本英译中常用的一个词,参看后文例句。

② 包括理雅各、辜正坤在内的很多中外译者都把“道”译为 Dao 或 Tao。音译的 Tao 在 18 世纪上半叶就已进入英语词汇。更多关于《道德经》译介的情况可参看汪榕培、王宏主编《中国典籍英译》,上海:上海外语教育出版社,2009。

③ 庄子:《庄子》,James Legge 译,郑州:中州古籍出版社,2016,第 178 页。

序……中国文明是一个道德的、真正的文明"①,所以他把"君子"译为 moral man,"仁"译为 moral sense,"性"则是 moral nature, our moral being。辜鸿铭认为,《中庸》和《大学》"可以被称为儒教教义的问答手册"②,对万物万事和现实生活具有普遍指导意义,因此他将《中庸》的书名译为 *The Universal Order or Conduct of Life*。在辜鸿铭看来,理雅各将书名译为 *The Doctrine of the Means* 是为了突出"正确性"和"普遍性",强调这本书是"关于正确的普通常识"③,可见两位译家的理解和侧重点有所不同,也折射出他们对儒家内涵理解的深度和角度都不尽相同,毕竟辜鸿铭是学贯中西的东方学者,理雅各则是知晓中国文化的西方学者。

辜鸿铭和理雅各对《中庸》书名和"道"的不同翻译及其思路,体现出话语背后的作者力量和态度。正如英国话语批评家罗杰·福勒(Roger Fowler)在分析话语的修辞策略时所提到的,语言是一种具有力量的传播媒介,无论我们说什么写什么,必然会传达出我们的态度和立场,"毫无疑问,语言与世界观、语言与社会密不可分"④。福勒的这个观点可以从辜鸿铭对中华文化典籍的翻译得到印证。辜鸿铭既汲取了儒家文化的精髓,又竭力谋求东西方文化的融通,在《中庸》的译序里,他开宗明义地写道:"如果这本出自中国古代智慧的小书能有助于欧美人民,尤其是那些正在中国的欧美人民更好地理解'道',形成一种更明白更深刻的道德责任感,以便能使他们在对待中国和中国人时,抛弃那种欧洲'枪炮'和'暴力'文明的精神和态度,而代之以道,无论是以个人的方式,还是作为一个民族同中国人交往的过程中,都遵从道德责任感——那么,我将感到我多年理解和翻译这本书所花费的劳动没有白费。"⑤可见,在文化典籍一类的翻译中,译者殚精竭虑地选词用语不仅仅是为了更好地再现文本,更重要的是期望借助语言文字的力量传播文化和价值观。有研究者指出,《道德经》英译

---

① 辜鸿铭:《辜鸿铭文集》(上下),黄兴涛编译,海南:海南出版社,1996,第 509-511 页。
② 辜鸿铭:《辜鸿铭文集》(上下),黄兴涛编译,海南:海南出版社,1996,第 509 页。
③ 辜鸿铭:《辜鸿铭文集》(上下),黄兴涛编译,海南:海南出版社,1996,第 509 页。
④ Roger; Fowler, *Linguistics and the Novel* (London & New York: Routledge, 1977), pp. 76-77.
⑤ 辜鸿铭:《辜鸿铭文集》(上下),黄兴涛编译,海南:海南出版社,1996,第 513 页。

本在西方的销量仅次于莎士比亚诗集,而其英译本种类之多仅次于《圣经》。①这种程度的推广值得肯定和令人欣慰。哪怕读者反应和接受未必能如译者所期,作为译者也不能忽略文化传播的使命和责任,文化输出和交流离不开译者手中的这支笔。

对于“道”的探究还远不止于此。同样一个字,“道”在老子的《道德经》里又另有深意,与它《中庸》里涵义不尽相同,表 5.3 列举了三个出自《道德经》的句子。

表 5.3 《道德经》里的“道”及其英译

序号	中文原文以及英译
1	原文:道可道,非常道。名可名,非常名。 译文(1):The Dao that can be trodden is not the enduring and unchanging Dao. The name that can be named is not the enduring and unchanging name. 译文(2):The Tao that can be expressed in words/Is not the true and eternal Tao;/The name that can be uttered in words/Is not the true and eternal name.
2	原文:大道废,有仁义;智慧出,有大伪;六亲不和,有慈孝;国家昏乱,有忠臣。 译文(1):When the Great Dao (Way or Method) ceased to be observed, benevolence and righteousness came into vogue. (Then) appeared wisdom and shrewdness, and there ensured great hypocrisy. When harmony no longer prevailed throughout the six kinships, filial sons found their manifestation; when the states and clans fell into disorder, loyal ministers appeared. 译文(2):The advocating of benevolence and rectitude/Stems from the disuse of the great Tao./The great hypocrisy/Follows the emergence of cleverness/and wisdom./Filiality and benevolence come/Along with the family feud./The loyal subjects show themselves/When the state is in great disorder. 译文(3):It is when the Great Way is abandoned that the doctrine of benevolence and righteousness arises. It is when knowledge and wisdom appear that the Great Hypocrisy emerges. It is when a family is out of harmony that filial piety and parental affection to children are advocated. It is when a country falls into disorder that loyal ministers appear.
3	原文:人法地,地法天,天法道,道法自然。 译文(1):Man takes his law from the Earth; the Earth takes its law from Heaven; Heaven takes it law form the Dao. The law of the Dao is its being what it is. 译文(2):Man takes Earth as his model; Earth takes Heaven as its model; Heaven takes Tao as its model; Tao takes what is natural as its model.

资料来源:老子:《道德经》,James Legge 译,郑州:中州古籍出版社,2016,第 2-3、24-25、34-35 页;老子:《道德经》,辜正坤译,北京:中国对外翻译出版公司,2008,第 3、47、71 页;中国特色话语对外翻译标准化术语库:http://210.72.20.108/index/list_1.jsp? cls=0&key=%E5%A4%A7%E9%81%93。

① 汪榕培、王宏主编:《中国典籍英译》,上海:上海外语教育出版社,2009,第 57 页。

显然，表 5.3 中引文 1 的“道”和《中庸》里的“道”在意义上并非完全重合。上文已经分析过，《中庸》之“道”既可以指对万物万事和现实生活具有普遍指导意义的法则（辜鸿铭），也可以指伦理法则、德行之规、善政之道等更为具体化的概念（理雅各）；但在《道德经》里，老子则对“道”做了这样的定义和划分：“可以直接践行或者到达的道，不是永恒存在自然生成的道。”①老子主张遵循自然的“大道”和“常道”，拒绝人为制造的“道”，因为自然和宇宙有其微妙的平衡和生存之道，倘若进行人为干预，就会打破自然原本的良性运转。老子认为，只有无可名、说不清、道不明的“道”才是真正的自然“大道”。《道德经》里另有一段话对这个观点做了阐释，用白话文解读就是：“道作为一种事物，模糊不清，不易捉摸。隐隐约约，其中却有形象；模糊不清，其中却有实体。幽暗深远，其中却有精气。”②简言之，那些既可以说明白也能够付诸实践的人类社会的“道”并非老子所推崇的自然“大道”，《中庸》之“道”不能完全等同于《道德经》里的“道”。

究竟何为老子之“道”？不妨听一听辜正坤的阐释。他认为老子既不唯心，也不唯物，而是“唯道主义者”。他解释说：“哲学是老子思想的核心，‘道’则是老子思想核心的核心……他的道，是精神性和物质性的统一体，是有和无的统一体，或简言之，是心物一体。”③这种有无相生、心物一体的“道”才是超越俗世法则、效法自然的“大道”。

在引文 2 里，“大道”指的就是这种自然之道。在老子看来，正是因为自然之道遭到了践踏，仁义才有显现的必要；正是因为有了人类智慧和心机，伪诈才有了立足之地。自然大道和人为之道这两者之间，是“无”与“有”的对立统一关系。在引文 3 里，“道”的含义更加明确，“道”即超越人、地、天之上的自然之法，是万物滋生之源，“道生一，一生二，二生三，三生万物”④。由此看来，一个“道”字的内涵变幻莫测，恰如其本身一样不可言，正所谓“道常无名（Tao is nameless forever）”⑤和“道隐无名（Tao always conceals itself/without a name）”⑥。

---

① 老子：《道德经》，James Legge 译，郑州：中州古籍出版社，2016，第 2-3 页。
② 老子：《道德经》，James Legge 译，郑州：中州古籍出版社，2016，第 28 页。
③ 老子：《道德经》，辜正坤译，北京：中国对外翻译出版公司，2008，第 9-11 页。
④ 老子：《道德经》，James Legge 译，郑州：中州古籍出版社，2016，第 62 页。
⑤ 老子：《道德经》，辜正坤译，北京：中国对外翻译出版公司，2008，第 93 页。
⑥ 老子：《道德经》，辜正坤译，北京：中国对外翻译出版公司，2008，第 119 页。

倘若不认真考察它的语境,弄清楚它的具体指代意义,就很容易导致理解偏差以及翻译错误。

一个"道"字该做何解?除了中外翻译家的解读,也不妨看一看美学家宗白华从美学角度的阐释。宗白华认为,"道"可以在外部世界去寻找,但首先要从自己内心去找,要有一颗能够发现和感受美以及"道"的心,而"达到这样的、深入的美感,发现这样深度的美,是要在主观心理方面具有条件和准备的。我们的情感是要经过一番洗涤,克服了小己的私欲和利害计较"①。这里说到了问题的关键——克服了小己的私欲和利害计较,倘若没有这个前提,何以悟道?何以行大道?想要深度发现和实施"道",自己内心要先有"道"。

经过上述一番谈经论"道"之后,我们再来翻译"道不远人"就有切入点了。《中庸》里的"道不远人,人之为道而远人,不可以为道",指的就是要以大道为先,遇事首先反省自身是否战胜了私欲,然后再向外观照,由己及人。这和儒家的精神内核"仁"具有相同的精神实质,"仁者爱人",而后爱己,也是指凡事要牺牲小我,付出在前,处事判事也要推己及人。正因为"道"具有如此深刻和正向的内涵,它是中国哲学思想体系的核心概念之一,也是中华文化中宝贵的精神遗产之一。

5.2.2 当代语境中的"道"

了解了"道"的精神文化内涵以及代表性英译后,我们再来分析"道不远人,人无异国"在当代语境中的使用和翻译(见表5.4)。

表5.4 "道不远人,人无异国"英译举例

序号	英译
1	United by the same humanity, we forget our nationality.
2	Far distance cannot separate us, and we all live in a united world.
3	Great distance cannot separate us, we all live in a united world.

资料来源:《国务委员兼外交部长王毅就中国外交政策和对外关系回答中外记者提问》,2020-05-28,http://www.china.org.cn/chinese/2020-05/28/content_76099961.htm,访问日期:2022-11-23;文刀:《"道不远人,人无异国",如何翻译?》,2020-02-28,https://mp.weixin.qq.com/s/9cPlqTU2rvkEWEvucLxz9Q,访问日期:2022-11-24;高斋CATTI:《名言古语:"投我以木桃,报之以琼瑶"怎么翻译?》,2020-03-28,http://www.gaozhaiedu.com/html/catti/CATTIkaoshiziliaoyucihui/2020/0328/3399.html,访问日期:2022-11-24。

① 宗白华:《美学散步》,上海:上海人民出版社,2007,第16页。

表 5.4 中，译文 1 出自中国网的双语文件库，采用了简单的意译法，传达出了原句所包含的“天下一家”的理念。forget 一词用得很精妙，虽然“异国”是个客观存在的事实，但由于团结一心，不同国家的人们可以“忘记”种族和国别差异，情同一家。虽然译文中不见“道”的踪影，但其实“道”就隐含在 united 一词中，它告诉人们：合作、团结、和谐就是人类共存和发展之大道。这句译文看起来平平无奇，实际上用词凝练，意义表达含蓄又准确，值得学习。

译文 2 和译文 3 分别出自新华社和《中国日报》的相关报道，在这句话的翻译上，两者的处理方式大致相同。从英文的字面意义看，把“道”翻译成“遥远的距离”，与唐代诗人张九龄《送韦城李少府》里的“相知无远近，万里尚为邻”几乎同义，也如同“海内存知己，天涯若比邻”一样，表达出了遥远的距离阻隔不了彼此的情谊的内涵。在后半句的处理上，三种译文都采用了反译法，即原文否定表达，译文正面表述。三个译文也都利用 united 这个核心词传递出了“团结”的内涵，把“道”的理念化为无形隐含在整个句子中。

但是如果从“道不远人”的出处以及翻译来看，上述三个译文的处理是否过于简单化？还是对“道”这一理念进行了恰如其分的具化？无论是从儒家思想、美学还是哲学等角度去阐释“道”，都只是某一个视角的解读，每个译者都会根据自己的理解选择翻译策略。如上文所提到的，理雅各将“道”翻译成 Dao 就不失为一种理想的翻译。相较这种抽象化、概念化或模糊化的处理，译文 2 和译文 3 将“道不远人，人无异国”中的“道”具体化为 far distance、great distance，这种转译也合情合理。“人无异国”陈述的是地理现实，与“道无远人”构成了语义对比，因此这句诗在当下语境就可以解读为：世界各国同属人类命运共同体。

宗白华在分析“道”和“礼乐”的联系时指出，“只有活跃的具体的生命舞姿、音乐的韵律、艺术的形象，才能使静照中的‘道’具象化、肉身化”[①]，虽然宗白华探讨的是“道”和艺术之间的关系，认为“道”具象于生活和礼乐制度，但我们不妨把这种视角挪用至“道”的翻译中来，在翻译“道”的时候也可以将其具象化，尤其是在当今语境下，“道”具有了更新更丰富的内涵。但无论其意义如何泛化或多样化，始终离不开其核心意义“大道”，翻译时要在理解其基本内涵

---

① 宗白华：《美学散步》，上海：上海人民出版社，2007，第 80 页。

的基础上进行合理转换。

比如在领导人讲话中频频“出镜”的“大道之行也,天下为公”。这句话出自《礼记·礼运》,理雅各将其翻译为:“When the Grand course was pursued, a public and common spirit ruled all under the sky.”①用于现代语境的“大道”又该做何解读?显然,上面这句话里的“大道”与《中庸》和《道德经》里的“道”既有意义上的重叠,也有不同的所指。《礼记·礼运》中的“大道”是指中国传统文化中的和合观,倡导人与自然的和谐共生,同时它也蕴含着儒家思想所倡导的共同体思维和“天下观”。不仅如此,“大道之行,天下为公”被运用于当代语境之后,其内涵变得更加丰富。

习近平主席倡导的全球治理观认为,世界各国要以共同体思维树立“共同命运观”。随着中国作为大国地位的崛起,“大道”所指代的“天下观”已经不再仅限于谋求中华民族自身的发展和强大,而是“以其丰沛的人文道德意涵,鼓舞着中国人对民族和国家命运的担当,乃至产生为人类做出贡献的崇高责任感”②。新时代语境下的“和合观”也早已超越民族和国家概念的局限,而是从人类共同体的视角出发,摒弃霸权主义,反对零和博弈,倡导合作共赢的国际社会大格局。习近平主席提出的全球治理观正是基于这种中国哲学思想和传统文化上的理念创新,呼吁世界各国,无论大小,本着正确的义利观,以多边治理为准则,共商共建共享。其中,“‘共商、共建、共享’原则在2017年写入‘联合国与全球经济治理’决议,意味着这一中国倡议广泛凝聚了共识,为全球治理体系变革提供了重要遵循”③。

无论是和而不同、文明互鉴,还是融通发展,都是儒家共同体思想在当代语境的化用和回响,是一种更为开放和包容的思维模式,“儒家共同体思想的当代价值就是为人类提供了一种超越民族国家的思维模式”④。这种先进的治理观顺应了历史发展的潮流,也得到了国际社会的呼应,“在实践中,习近平总书记

---

① 戴圣:《礼记》,James Legge 译,郑州:中州古籍出版社,2016,第169页。

② 张曙光:《“天下为公”:在理想与现实之间》,《北京师范大学学报》2016年第2期,第85页。

③ 杜占元:《积极向国际社会传播全球治理的中国方案》,《对外传播》2022年第5期,第5页。

④ 刘培功、单虹泽:《从“大同世界”到“万物一体”——论儒家人类命运共同体思想及其当代价值》,《河南社会科学》2019年第8期,第36页。

还在国与国关系、区域治理、不同领域治理等层面不断丰富‘共同体’的理念,使之在推动人类共同发展与进步中不断得到国际社会广泛认同”①。

有了这样的宏观知识背景,在翻译“大道”时,就能够合理地望“文”生义,代入具体语境。下面列举的10个译文就是值得借鉴的参考文本(见表5.5)。

表5.5 “大道”在当代语境中的活用及其英译

序号	中文例句以及英译
1	大道之行,天下为公。和平与发展是时代主题,也是不可抗拒的历史潮流。 As the Chinese saying goes, "The Universal Way leads to the greater good of all." Peace and development are the theme of our times. They are the unstoppable trend of history.
2	儒家思想是中华文明的重要组成部分。儒家倡导“大道之行,天下为公”,主张“协和万邦,和衷共济,四海一家”。 An integral part of Chinese civilization, Confucianism believes that "a just cause should be pursued for the common good" and champions harmony, unity and a shared community for all nations.
3	大道之行,天下为公。我们将坚定不移维护好国家主权和民族尊严,坚定不移站在国际正义和人类进步一边,坚定不移做世界和平的建设者、全球发展的贡献者、国际秩序的维护者。 An ancient Chinese classic teaches that "when justice prevails, the world will be one community". We are determined to uphold our country's sovereignty and dignity. We are determined to be on the side of international justice and human progress. We are determined to build world peace, contribute to global prosperity and uphold the international order.
4	我在政府工作报告里讲“大道至简,有权不可任性”,代表们是赞成的。《礼记》“礼运篇”说,“大道之行也,天下为公”。 In this year's Report on the Work of the Government, I quoted an old Chinese saying that "good governance should be simple in its exercise" and stated that "power should not be used arbitrarily". It was echoed by the deputies to the National People's Congress. My inspiration comes from the ancient *Book of Rites*, which teaches us that "good governance, when exercised, brings the world together as one community (See Chapter: The Conveyance of Rituals)."
5	大道至简,实干为要。面对世界经济格局的深刻变化,为了共同建设一个更加美好的世界,各国都应该拿出更大勇气,积极推动开放合作,实现共同发展。 A great vision, simple and pure, requires credible actions. Given the profound shifts in the international economic landscape, the vision for a better world for all calls on countries to act with greater courage and actively champion openness and cooperation in order to secure shared development.

① 杜占元:《积极向国际社会传播全球治理的中国方案》,《对外传播》2022年第5期,第4页。

续表

序号	中文例句以及英译
6	大道至简，实干为要。构建人类命运共同体，关键在行动。 Great visions can be realized only through actions. Actions hold the key to building a community of shared future for mankind.
7	“大道之行也，天下为公。”和平、发展、公平、正义、民主、自由，是全人类的共同价值，也是联合国的崇高目标。 As an ancient Chinese adage goes, “The greatest ideal is to create a world truly shared by all.” Peace, development, equality, justice, democracy and freedom are common values of all mankind and the lofty goals of the United Nations.
8	大道不孤，天下一家。经历了一年来的风雨，我们比任何时候都更加深切体会到人类命运共同体的意义。 We are not alone on the Great Way and the whole world is one family. After a year of hardship, we can understand more than ever the significance of a community with a shared future for mankind.
9	命运与共，集中体现了中国人民和衷共济、爱好和平的道义担当。大道不孤，大爱无疆。 Looking up for each other has exemplified the values of Chinese people to unite in difficult times and our love for peace. A noble course enjoys broad support. Great love knows no borders.
10	中国古代圣贤孟子说：“立天下之正位，行天下之大道。”中国对中东的政策举措坚持从事情本身的是非曲直出发，坚持从中东人民根本利益出发。 The ancient Chinese philosopher Mencius said, “Ensuring the right conduct and uphold justice should be the way to follow across the land.” With regard to China’s policy measures toward the Middle East, China decides its position on issues on the basis of their own merits and the fundamental interests of the people in the Middle East.

资料来源：《习近平在第三届巴黎和平论坛的致辞》，2020-11-13，http://www.china.org.cn/chinese/2020-11/13/content_76907746.htm，访问日期：2022-11-24；《习近平在上海合作组织青岛峰会欢迎宴会上的祝酒辞》，2018-06-14，http://www.china.org.cn/chinese/2018-06/14/content_52195329.htm，访问日期：2022-11-24；《外交部长王毅就中国外交政策和对外关系回答中外记者提问》，2018-03-29，http://www.china.org.cn/chinese/2018-03/29/content_50767996.htm，访问日期：2022-11-24；《李克强在全国推进简政放权放管结合职能转变工作电视电话会议上的讲话》，2015-05-25，http://www.china.org.cn/chinese/2015-05/25/content_35654731.htm，访问日期：2022-11-24；《习近平在首届中国国际进口博览会开幕式上的主旨演讲》，2018-11-06，http://www.china.org.cn/chinese/2018-11/06/content_70556579.htm，访问日期：2022-11-24；《习近平主席在联合国日内瓦总部的演讲》，2017-01-25，http://www.china.org.cn/chinese/2017-01/25/content_40175608.htm，访问日期：2022-11-24；《习近平在第七十届联合国大会一般性辩论时的讲话》，2015-11-06，http://www.china.org.cn/chinese/2015-11/06/content_36999256.htm，访问日期：2022-11-24；《国家主席习近平发表二〇二一年新年贺词》，2021-01-04，http://www.china.org.cn/chinese/2021-01/04/content_77076843.htm，访问日期：2022-11-24；《习近平在全国抗击新冠肺炎疫情表彰大会上的讲话》，2020-09-08，英译由笔者根据现场同传音频听写而成，https://mp.weixin.qq.com/s/R7XZk0gvpSfbH2vuPfFgWw，访问日期：2022-11-24；《习近平在阿拉伯国家联盟总部的演讲》，2016-01-26，http://www.china.org.cn/chinese/2016-01/26/content_37665208.htm，访问日期：2022-11-24。

通过表 5.5 中的 10 个例文可以看出，在不同的话语场合，“大道”被分别译为：the Universal Way，the Great Way，a just cause，justice，good governance，a great vision，great visions，the greatest ideal，a noble course。当然，这里列出的仅仅是有限的译法，在翻译时还可以有其他很多选择，或者都不必直译出“大道”，而是把它的内涵融入整个句子当中。

最后还需要指出的一点是，在时政文本中引用古典诗词或文学作品时，不能完全按照文学翻译的方法来翻译，而要考虑到时政文本对语言、传播效果等的特殊要求，有研究者提出了一种“梨”式原则：“政治等效+审美再现（PEAR），即在准确传达源语和说话者的政治意图、政治内涵、政治倾向的前提下，兼顾其音美、形美、意美，力求达到译文同原文的政治等效和审美再现。”①也就是说，在这类复合型文本的翻译中，既要兼顾外交和传播功能，也要适当转达出审美意蕴。对于译者而言，这样的翻译任务无疑更具挑战性，对中英双语能力及跨文化能力都有比较高的要求。

文学翻译的难处在哪里？难在审美意蕴的转达，这也是翻译的最高境界。刘宓庆指出：“当审美涉及典型性表象（表现法加意象）以及深层文化心理时，困难和缺失就会显现，原因是特定的民族文化传统及语言文化特征形成了特定的艺术审美的法则、规范和心理定势，由于它们的特定性（specificness），就势必产生深层意念和情态转换的困难或缺失。”②有些中文古典诗词一旦英译，虽然达意，却失去了原有的韵味，原因就在于译者“很难把握中国文化人的感物方式：情思共意境杳邈凄迷，外物与内感交融渗透”③。谢天振也强调，涉及文化意象的翻译时要格外小心，防止发生错位现象，因为“文化意象的跨文化传递绝不是一个简单的语言文字如何转换也即翻译的问题，其背后蕴含着不同民族文化如何相互理解、如何正确交流，以及如何彼此丰富的大问题”④。所以翻译离不开跨文化理解和传达能力，也离不开对特定作家作品文学性的把握，译者只有在

---

① 杨明星、齐静静：《外交修辞的复合性翻译标准：“政治等效+审美再现”——以国家领导人外交演讲古诗文为例》，《中国外语》2018 年第 11 期，第 89 页。

② 刘宓庆：《翻译教学：实务与理论》，北京：中国对外翻译出版公司，2006，第 183 页。

③ 刘宓庆：《翻译教学：实务与理论》，北京：中国对外翻译出版公司，2006，第 183-184 页。

④ 谢天振：《译介学》（增订本），南京：译林出版社，2013，第 144 页。

文化和文学层面都做足了功课,才有可能呈现出较为理想的翻译作品,推动文化互鉴和交流。

5.3 文学翻译中的创造性

文学翻译不同于非文学翻译,它的最终产品——文学译本的质量和效果取决于译者和文本在多个环节所发挥的主体性和创造性,正如《高级文学翻译》的编者所总结的,文学译本的创造性至少取决于四个方面的因素:译者作为读者的主观性;译者在采取翻译策略时的主观性;语言文化差异导致的创造性;文学作品本身的创造性。[①] 在这一多重因素交叠的过程中,译者处于中枢地位。安徽大学周方珠教授在他的《文学翻译论》一书中,也强调了译者在文学翻译中的主导地位,认为译者在这种二度创作的过程中必须牢牢把握创造性的度,在选择具体的翻译策略时,需要"做出适当的妥协和平衡"[②]。

翻译家杨武能从阐释理论出发,指出文学翻译及其译者必然具有再创造的属性,他指出,文学翻译的本质是阐释,"既为阐释,就不可能不带上译家即阐释者的个性和主观色彩,就不能不允许他在一定的限度内进行创造和发挥。既为阐释,就一定会随着时代、社会、历史、文化和语言环境的发展变化而发展变化"[③]。本着这种动态发展观,杨武能认为文学翻译必然是一种持续性的艺术再创造,但是他提醒译者在发挥创造性时切不可喧宾夺主,"译者主体性和创造性的发挥,必须以不损害原著的思想内涵和艺术风格——特别是艺术风格为前提"[④]。

关于译者创造性的度,思果采用了另外一种说法——翻译的纪律。他认为翻译最重要的是纪律问题:"翻译切不可不守纪律,没有尺寸,乱添乱减。虽然佳译像盐化在水里,看不出痕迹,但盐总在那里,没有添,没有减。"[⑤]思果反对过

① 胡显耀、李力:《高级文学翻译》,北京:外语教学与研究出版社,2009,第107页。

② 周方珠:《文学翻译论》,北京:中国对外翻译出版有限公司,2014,第19页。

③ 转引自许钧等:《文学翻译的理论与实践——翻译对话录》(增订本),南京:译林出版社,2010,第17页。

④ 转引自许钧等:《文学翻译的理论与实践——翻译对话录》(增订本),南京:译林出版社,2010,第18页。

⑤ 思果:《翻译研究》,桂林:广西师范大学出版社,2017,前言第xxi页。

于随意和任意的“演绎派”，他指出，虽然译者有时必须更动原文词序，搅它个“天翻地覆”，有时得果断切断原句重新整合，时常还要有“入虎穴”的胆量，敢于删减、增补和改译，但绝不能放弃原文中“任何要紧的部分”①，因为这是翻译的纪律问题。但他也强调，守纪律并不意味着放弃创造的自由，纪律性的约束只是加大了翻译的难度，让译者陷于两难境地：既要保持创造性，又要尊重原作的布局构想。思果因此感慨道：“译者对原文的字，要拳打脚踢，离它十丈远。但对原文的情意、气势，要形影不离。这两点是翻译要旨，不过要想做到，谈何容易！”②

不过这个翻译纪律该遵守到何种度？译者的创造性能否凌驾于忠实性之上？如何看待创译以及它在文化输出中的积极意义？关于这些问题和标准的讨论仍然存在不少分歧。很多传统的翻译理论家坚持认为译者应当是作者忠实的代言人和传话者，但创译也不乏支持者，也确实有不少这样的译作取得了良好的读者接受和市场效应，比如作家刘慈欣小说《三体》的译者是华裔科幻作家刘宇昆（Ken Liu）。2015 年，刘宇昆凭借着《三体》英译本获得了雨果奖最佳长篇小说奖，扩大了该小说在海外的影响力。作家莫言之所以能够拿到诺贝尔文学奖，译者葛浩文功不可没，虽然葛浩文“连删带改”的风格一度引起广泛争议。因此，想要讨论文学翻译中的创造性问题，首先要从对译者的考察和讨论开始。

为方便起见，本章在探讨文学翻译中的创造性时，会将包括改译、重写以及适度发挥译者主体性和创造性的翻译策略统称为“创译”（transcreation），指的是宽泛意义上的译者的二度创造。因此本章讨论的重点会放在创译的度的把握上，而不对“创译”这一概念做深度梳理。③

5.3.1　译者与作者的尽可能贴近

文学翻译不同于非文学翻译，它对译者的要求不仅复杂而且更高。许钧指

---

① 思果：《翻译新究》，桂林：广西师范大学出版社，2017，第 53-72、177 页。

② 思果：《翻译新究》，桂林：广西师范大学出版社，2017，第 180 页。

③ 有研究者经过考证来源后指出，“创译”原本与创造性无关，而仅仅表示开始翻译或开始做翻译。当今翻译界将其诠释或界定为创造性翻译，实属“自创”之举。详见杨全红：《“创译”之创造性误读及其他》，《中国翻译》2016 年第 6 期，第 82-85 页。

出,文学翻译不能止步于思维层次和语义层次的转换,它还肩负着传情达意和转达审美意蕴的高级功能,审美层次是文学翻译中的最高层次,因此,译文需要转达的是原作的“义、情、美”[①]。这三点中,“义”是优先项,是翻译重点,“情”和“美”则是更高层次的要求。想要成为传递“情”和“美”的使者,译者首先要能与作者共情和共鸣,然后再通过翻译激发译文读者的共情和共鸣。此外,译者还应当拥有足够的审美感受力,能够充分转达原作的审美意蕴。

想要成为“义、情、美”的信息传递者,译者要尽可能与作者贴近。傅雷说过这样一句话:“凡是你真正爱好的一定译得好。”[②]发自内心的热爱是翻译的前提,但是想要成为优秀的译者,仅有热爱是不够的,还需要从气质到才情各方面与作者贴近,于是傅雷又说:“非诗人绝不能译诗,非与原诗人气质相近者,根本不能译那个诗人的作品。”[③]这个观点未必能得到一致认同,但不可否认,深厚的艺术修养是良好的审美感受力的保证,而译者与作者的性情相契、人格相似也是产生共情的前提。在写给翻译家罗新璋的一封信里,傅雷对上述观点做了更为细致的解释:“总之译事虽近舌人,要以艺术修养为根本:无敏感之心灵,无热烈之同情,无适当之鉴赏能力,无相当之社会经验,无充分之常识(即所谓杂学),势难彻底理解原作,即或理解,亦未必能深切领悟。”[④]

与作者相近的才情、敏感的心灵、良好的感受力等,这些都是优秀译者不可或缺的特质和修养。英国当代翻译理论家和比较文学家苏珊·巴斯奈特(Susan Bassnett)在《比较文学批评导论》一书中表达了同样的观点:“那些从事古典文学翻译的作家们认为,翻译活动需要卓越的文学敏感性。”[⑤]她引用18世纪英国作家约翰·德莱顿(John Dryden)的论述,强调译者本身应当具有足够的理解力和掌控力,充分理解作者的才情和作品的特质,只有这样,他才能“赋予作品生命,仿佛自己是在创作一部原著。而那些逐字逐句复制原作的人,会在枯燥的搬移过程中丧失原作的精神”[⑥]。

① 许钧:《文学翻译批评研究》(增订本),南京:译林出版社,2012,第8-10页。
② 傅雷:《傅雷谈翻译》,北京:当代世界出版社,2005,第24页。
③ 傅雷:《傅雷谈翻译》,北京:当代世界出版社,2005,第29页。
④ 傅雷:《傅雷谈翻译》,北京:当代世界出版社,2005,第57页。
⑤ 苏珊·巴斯奈特:《比较文学批评导论》,查建明译,北京:北京大学出版社,2014,第170页。
⑥ 苏珊·巴斯奈特:《比较文学批评导论》,查建明译,北京:北京大学出版社,2014,第171页。

傅雷所列出的译者必备素质和丰子恺对画家的要求也不谋而合。丰子恺说过:"画家的心,必常与所描写的对象共鸣共感,共悲共喜,共泣共笑,倘不具备这种深广的同情心,而徒事手指的刻划,决不能成为真的画家。"①尽管东西方绘画艺术有着很大的不同,但在"共鸣"这个标准上却很一致,"中国画论中所谓'迁想妙得',即迁其想于万物之中,与万物共感共鸣的意思。这与赛尚的'万物因我的诞生而存在'全然一致"②。可见,无论是优秀的画家还是卓越的译者都要有"物我一体"的能力和"深广的同情心"。换句话说,译者需要凭借强大的共情和移情能力,在与作者情意相通的前提下,完成传"情"达"意"的使命,奉献出经得住考验的译作。

辜鸿铭在谈到翻译标准时,也指出译者的性情和心境要尽量和作者同步,"要能再现其风格,那种出自古代圣哲、在文学中称之为'style'的东西,就必须努力使自己具有圣哲的性情和心境"③,不过这对当代译者来说并非易事。共情和共鸣是翻译的前提之一,周作人对此也颇为认同,他认为:"翻译是半创作,也能表示译者的个性,因为真的翻译之制作动机应当完全由于译者与作者之共鸣。"④也有西方学者表达了类似的观点:"译者与作者之间应该有一种自然的类同关系。"⑤换言之,译者自身应当在各方面都尽可能与作者接近。

对于文学翻译来说,语言和形式上的创译直接关系到对作者个性、气质和作品风格的转达。文学作品中作家的风格和个性特质尤其需要得到保护,也是译者最难把握的部分,正如许钧所说的,"一个译者倘若不能以较为敏捷锋锐的艺术感受力去辨识、品评、体会、理解原作风格,那纵然有超人的语言表达能力,也难以正确再现原作风格"⑥。可见,作家的风格和个性特质的再现首先取决于译者对原作的理解力、感受力和鉴赏力,译者要与作者有着相近的艺术修养和

---

① 丰子恺:《中国现代美学名家文丛:丰子恺卷》,余连祥选编,北京:中国文联出版社,2017,第11页。

② 丰子恺:《中国现代美学名家文丛:丰子恺卷》,余连祥选编,北京:中国文联出版社,2017,第166页。

③ 辜鸿铭:《辜鸿铭文集》(上下),黄兴涛编译,海南:海南出版社,1996,第509页。

④ 周作人:《艺术与生活》,南京:江苏人民出版社,2018,第3页。

⑤ 转引自谭载喜编译:《新编奈达论翻译》,北京:中国对外翻译出版公司,2002,第237页。

⑥ 许钧:《文学翻译批评研究》(增订本),南京:译林出版社,2012,第56页。

才情，方有可能驾驭更深层次的意义转达。

5.3.2 译者主体性和创造性的发挥

译者要努力与作者贴近，但并不意味着翻译时只能鹦鹉学舌般去原样复制。傅雷之所以强调译者要发自内心地热爱作者，是因为这样他就会为了成就作者而使出浑身解数，大胆创新文字和句法，把自己心仪的作家作品介绍给更多的读者。对于译者的创造性，奈达也持肯定观点。他认为，在良好的语言表达能力、敏捷的反应及思辨能力以及强大记忆力之外，译者还必须具有语言创造力，尤其是在诗歌翻译中，但这种创造力一定程度上取决于天赋，奈达断言："译者是天生的，而不是后天造就的。"①这个说法值得商榷。任何创造型工作都离不开天赋，艺术类工作尤其如此，但后天的勤奋可以弥补，甚至会起到决定性作用，傅雷就认为，"创作、绘画、弹琴，可能有一鸣惊人的天才，翻译则不大可能"②。傅雷本人就是个很好的例证。王宁曾如此评价过傅雷的翻译成就："他的文学翻译实际上已经超越了单纯的文字之间的转化，达到了将声音和图像符号转化为文字的语符翻译之境地。"③众所周知，傅雷不仅是大翻译家，同时也是一名艺术理论家，他在音乐、美术等领域的深厚造诣都在无形中融入了他的翻译创作，赋予他的译作独特的艺术魅力。因此，傅雷译作的魅力除了来自原作品本身，也离不开译者本人后天的艺术造诣和创造性阐释，是天赋与勤奋共同打造出的杰作。

以傅雷译作为代表的创译佳作胜在译文质量，但也有不少创译作品未必以质量取胜，而是由于传播、读者接受和市场营销等其他因素，得到了相当广泛的认可。英国汉学家戴维·霍克斯(David Hawkes)翻译的《红楼梦》虽然在中国的认知度不及杨宪益夫妇的译本，但霍克斯译本在英语世界拥有更多读者，接受面相对更广。④ 从译文质量上看，霍克斯在翻译时有过度发挥译者主体性之嫌，周方珠曾做过这样的分析："他秉承英美译者认为理所当然的英语文化取

① 谭载喜编译：《新编奈达论翻译》，北京：中国对外翻译出版公司，2002，第71页。

② 傅雷：《傅雷谈翻译》，北京：当代世界出版社，2005，第29页。

③ 王宁：《翻译研究的跨文化转向》，北京：清华大学出版社，2009，第217页。

④ 谢天振：《海上杂谈》，桂林：广西师范大学出版社，2020，第83-84页。

向,为了英译文的自然流畅,明白易懂,在译文文本中反复使用厚翻译(thick translation)策略——通过文内释义与文外注释等方式对原文文化特质进行归化性的解读,使译文文本在长度上远远超过原文。"①霍克斯的翻译是典型的创译,他将译者的自由发挥性凌驾于对原作的忠实性之上。

再比如美国意象派诗人埃兹拉·庞德(Ezra Pound)翻译的中国古诗《神州集》也被认为是跨越时空的经典译作,在英语世界广为传播。美国比较文学学者戴维·达姆罗什(David Damrosch)主编的《朗曼世界文学编年史》(17 和 18 世纪卷)收录了庞德翻译的中国古诗。达姆罗什在这本书的前言中提到,一些伟大的作品在本国之外的影响力远不如其在国内的影响力,而有些作品之所以能够为更多文化所接受,是因为它们借助译者之手进入新的语境后,与本土文化产生交集并有所融合,演化成更易为本土读者所接受的译本。② 达姆罗什认为,这就是翻译对世界文学的建构,翻译推动了文学在世界范围内的传播。当译者能够有效融合本土性和异质性时,所产生的杂糅性译本就会具有陌生化的文学效果,在新的文化中赢得新的读者。有研究者指出,达姆罗什"认为世界文学经过源文化和东道文化的双折射,是源文化的异域性和东道文化的本土性与当下性有机融合的结果,这种融合的机制是创译"③。

中国比较文学译介学创始人谢天振也认为,得到广泛认可的创译作品要归功于译者创造性的充分发挥,"带有非常强烈的译者创作性的翻译——当代译论命之为'创译',特别是富有个性的、寓含着译者独特追求的创译,从某种意义而言,已经具备了与原创作品同样的性质,因此也就赢得了比一般译作远为长久的生命力"④。显然,谢天振所说的创译是指译者个性鲜明且译文有独到之处,并非指译者主体性的过度或任意发挥,因此属于合理范围内的再创造性翻

① 周方珠:《文学翻译论》,北京:中国对外翻译出版有限公司,2014,第 34 页。更多关于文学翻译中不同类型和层次的信息传递问题,可阅读该书第 27–83 页。

② David Damrosch, David L. Pike, ed al(ed), *The Longman Anthology of World Literature, Vol D*(New York: Pearson Longman, 2009), p. xix. 更多达姆罗什关于翻译对世界文学建构的阐述,可阅读他的两部论著:*What is World Literature*? (2003), *How to Read World Literature*(2013)。

③ 陈琳、曹培会:《诗歌创译的世界文学性——以〈竹里馆〉英译为例》,《中国翻译》2016 年第 2 期,第 85 页。

④ 谢天振:《海上杂谈》,桂林:广西师范大学出版社,2020,第 16 页。

译,这样创译出来的优秀作品才会比普通译作更具生命力。谢天振以傅雷的译作为例,指出中国读者之所以喜爱巴尔扎克和罗曼·罗兰这两位作家,就是因为傅雷在翻译时所展示的个性风格和创造力为原作加了分。

不过,傅雷虽然也自认为翻译罗曼·罗兰的作品最为出色,但他将其归功于自己与作者从时空距离到人格气质上的相对贴近,所以他在原文"气息"的传达上才能够胜任。① 谈到巴尔扎克作品的翻译,傅雷曾这样自我评价:"我的译文的确比原作容易读,这一点可说做到了与外国译本一样,即原本比译本难读(吾国译文适为相反)。"②这就是谢天振所赞许的创译,傅雷用妙笔剔除了原文佶屈聱牙的部分,避免了翻译腔,让译本更符合中文读者的阅读习惯。傅雷进一步解释说,尽管自己从形式上挣脱了巴尔扎克原文风格上的束缚,但他还是传达出了原文的风格,秘诀就在于对情感和气势的把握,"我的经验,译巴尔扎克虽不注意原作风格,结果仍与巴尔扎克面目相去不远。只要笔锋常带情感,文章有气势,就可说尽了一大半巴氏的文体能事"③。所以创译其实也正是傅雷所主张的"神似"。翻译想要传"神",前提是译者与作者气质才情相近,这样才能把握住原文的"气息"、"气势"和"情感"。其次在于译者的创造能力。语言和形式可以创新,但情感、意蕴等深层内涵要忠实于原作,能够用创造性的译语传"情"达"意"的作品才是理想的翻译作品。可见,"创"的本质还是"化境"与"传神"。

在众多传统和现当代文学翻译的标准中,钱钟书的"化境说"、傅雷的"神似说"以及奈达的动态等值理论是比较有说服力和相对宽泛的标准。钱钟书认为"文学翻译的最高标准是'化'。把作品从一国文字转变成另一国文字,既能不因语文习惯的差异而露出生硬牵强的痕迹,又能完全保存原有的风味,那就算得入于'化境'"④。但钱钟书也指出,文学翻译中这一最高境界往往难以企及,"彻底和全部的'化'是不可实现的理想"⑤。和"化境说"类似,傅雷的"神似

① 傅雷:《傅雷谈翻译》,北京:当代世界出版社,2005,第 27 页。
② 傅雷:《傅雷谈翻译》,北京:当代世界出版社,2005,第 27 页。
③ 傅雷:《傅雷谈翻译》,北京:当代世界出版社,2005,第 28 页。
④ 钱钟书等:《林纾的翻译》,北京:商务印书馆,1981,第 18 页。
⑤ 钱钟书等:《林纾的翻译》,北京:商务印书馆,1981,第 20 页。

说”主张，“以效果而论，翻译应当像临画一样，所求的不在形似而在神似”①。但是傅雷并不主张为了追求神似而完全脱离原语外壳，相反，他认为还是要尽可能保持原文的句法，“我并不是说原文的句法绝对可以不管，在最大限度内我们是要保持原文句法的，但无论如何，要叫人觉得尽管句法新奇而仍不失为中文”②。

在傅雷看来，文学翻译的最大挑战就在于既不彻底脱离原语形式，又努力创新中文，译者必须凭借着高超的判断力和文学鉴赏力在“形似”与“神似”两者间寻求平衡，否则就会犯两种常见的毛病：一是因为过度放手而导致译文的忠实度欠缺。倘若译者的个性与风格过于自我和鲜明，那么对作品的解读和翻译就有可能受到干扰，产生偏差。二是由于过于拘泥原作而失去了灵气。哪怕译者在能力、才学、气质和性情都与作者或作品相匹配，也不一定能够克服东西方思维模式及审美差异造成的异质性，导致翻译腔。傅雷认为杨绛在翻译《吉尔·布拉斯》时就存在着前一种问题。因此，“要把原作神味与中文的流利漂亮结合，绝不是一蹴即成的事”③。傅雷颇为推崇老舍的翻译，认为“老舍在国内是唯一能用西洋长句而仍不失为中文的唯一作家”④，老舍的译文既保留了中文的原汁原味，又不乏句法上的创新和变通，傅雷就以老舍为学习的榜样。

翻译理论家奈达一生都在不断探究和创新翻译理论，无论他的翻译理论如何细化和变更，他所提出的“动态对等”理念从广义来说是个适用度很高的标准。奈达认为译文“不仅要在译语中找到顺乎自然的对等语，还要找到最切近的对等语”⑤。“顺乎自然”和“最切近”两个指标，与钱钟书的“化境说”异曲同工，“译本对原作应该忠实得以至于读起来不像译本……而作品在原文里决不会读起来像经过翻译似的”⑥，译文既要忠实于原作，又要合乎译入语的语言特点和表达习惯，读起来要通顺自然。此外，奈达还强调翻译中要有侧重，在无法

① 傅雷：《傅雷谈翻译》，北京：当代世界出版社，2005，第3页。
② 傅雷：《傅雷谈翻译》，北京：当代世界出版社，2005，第23页。
③ 傅雷：《傅雷谈翻译》，北京：当代世界出版社，2005，第26页。
④ 傅雷：《傅雷谈翻译》，北京：当代世界出版社，2005，第23页。
⑤ 谭载喜编译：《新编奈达论翻译》，北京：中国对外翻译出版公司，2002，第13页。
⑥ 钱钟书等：《林纾的翻译》，北京：商务印书馆，1981，第19页。

保证各个层面的动态对等时,意义对等居于优先地位,这一点和傅雷的观点不谋而合。傅雷认为,译者固然要倾尽全力摆脱句式语法等形式层面的束缚,力求传神,但倘若"一味的只想着文法、句法、风格,决没有好的创作可能"①。不懂取舍,为追求风格创新而疏忽了意义是本末倒置的做法,因此也是创译的误区。

文学作品看重文学性,是因为每位作家和他的作品都有独一无二的个性特色,是翻译时必须尊重也最难再现的一个层面。作为语言异质性最突出表现之一的句法,是体现作者个性特质的关键元素之一,翻译时不能简单地采取"归化"或"异化"手法。比如在英译汉时,就要像傅雷所主张的那样,即使用纯粹的中文,也要对中文的句法进行创新型使用。许钧也认为,翻译不能抹杀异质性,而应当尽可能再现作者鲜明独特的语言风格,这一点可能要比对内容或信息本身的忠实或对等更重要,因为文学作品注重的是个性表达和作家特质,"一位翻译家,如果忽视了作家具有特质性的句式创造,那么在翻译中就不可能去再现,作家所追求的'外语性'自然会被抹杀"②。

许钧以中国当代优秀作家为例,分析了他们的叙事风格与其语言相辅相成的关系:"中国当代的一些作家,像莫言,他的喷涌而出的句子与叙事密不可分;像王蒙,他的长句和排比句形成了独特的风格;像余华,他对语言的操纵能力,对句式的冷静安排,直接导向生命的极限;像毕飞宇,他在书写《玉米》时'简单''本色的语言',与大地的脉动呼应。"③这段精彩的总结提醒译者,倘若不用心揣摩原作的语言风格,在翻译时只考虑信息或意义的转达而忽略了行文特点,恐怕交不出优质的翻译作品。

关于译者的创造性和对原作的风格把握,翻译家王佐良阐述过自己的观点,他认为"译者只应该译与自己风格相近的作品。如果无所不译,必然导致劣译"④,这和傅雷的"非诗人不能译诗"是一个意思。至于作品的文体

① 傅雷:《傅雷谈翻译》,北京:当代世界出版社,2005,第24页。

② 许钧:《关于文学翻译的语言问题》,《外国语》2021年第1期,第97页。

③ 许钧:《关于文学翻译的语言问题》,《外国语》2021年第1期,第98页。

④ 易立新:《王佐良:翻译者,必须是一个真正意义的文化人》,2020-08-15,https://mp.weixin.qq.com/s/ya2Kus8LBcPKream-JBaVw,访问日期:2022-11-24。

和风格，王佐良的标准是“一切照原作，雅俗如之，深浅如之，口气如之，文体如之”①，想要达到这个标准，就必须对文学中的文学性有足够的把握。遗憾的是，目前国内高校的翻译教学中，对于文学性的学习远远不够。王东风就曾指出这个问题的严峻性，他强调说，翻译文学也要懂得诗学，要懂得文学性，否则文学翻译的质量很难提升，“文学性是诗学的核心概念，但中国大学里不教诗学，因此广大文学翻译者对于文学性并没有系统的认识”②。

正因为翻译教育中存在着种种不足，在讨论译者的主体性和创造性时，还必须要考虑到译者自身的短板。译者要对自己的能力保持清醒的认知和判断，保持谦卑和学习的心态，以严谨刻苦的态度做好翻译。傅雷常常进行自我批评，比如他认为自己完全驾驭不了法国思想家伏尔泰的文字，“他的故事性不强，全靠若有若无的讽喻。我看了真是栗栗危惧，觉得没能力表达出来……我的文字太死板，太‘实’，不够俏皮，不够轻灵”③，而能够翻出“俏皮”和“轻灵”的文风，他认为非杨绛和杨必莫属。后来因为受人民出版社的邀约，傅雷“被迫”接下了伏尔泰的翻译，他依然诚惶诚恐，“看来看去，觉得风格难以传达，畏缩得很”④。当他最终交稿时，“已改过六道，仍嫌不够古雅，十八世纪风格传达不出”⑤，足见他对自己的要求之高，对作品风格传达的格外看重。对于翻译工作，傅雷始终保持着谦恭之心，对他人不吝赞美之词，对不足则直言不讳。当然他仅仅是以文判人，对于杨绛和杨必译作中的瑕疵或不当，他会毫不客气地指出。这才是真正的匠人之心，是以极为严肃和诚恳端正的态度对待翻译这项艺术创作，而不是打着译者主体性的旗号满足自己的表现欲，滥用自己在翻译中再创造的自由度。

说了半天译者的主体性和创造性，最后不妨用思果的一句话来做总结：“译者不能不老实，也不能太老实。思想最要紧。”⑥“思想”二字，道出了译者的核

---

① 易立新：《王佐良：翻译者，必须是一个真正意义的文化人》，2020-08-15，https://mp.weixin.qq.com/s/ya2Kus8LBcPKream-JBaVw，访问日期：2022-11-24。

② 王东风：《诗学效果与诗学翻译》，《上海翻译》2020年第4期，第1页。

③ 傅雷：《傅雷谈翻译》，北京：当代世界出版社，2005，第37页。

④ 傅雷：《傅雷谈翻译》，北京：当代世界出版社，2005，第37页。

⑤ 傅雷：《傅雷谈翻译》，北京：当代世界出版社，2005，第38页。

⑥ 思果：《翻译新究》，桂林：广西师范大学出版社，2017，第176页。

心素质。对于创造性的度的把握,全看译者有没有“思想”,如何“思想”。

5.3.3 创译的积极意义和用武之地

不难想象,很多译者选择创译的出发点之一,是认为原作存在缺点和不足,需要译者对其进行美化。这种观点存在着争议,早就有西方学者指出:“译者不应该把一个作者的缺点消除掉,因为这样做,他就破坏了原作风格的特点……翻译不是解释。”[①]优点自然要保留和发扬,作家的缺点也要原封不动地展现吗?对于这个问题,许钧的立场很鲜明,他认为文学翻译中的再创造不能等同于文学创作,忠实仍然是最基本的标准之一,“原作的内容与艺术效果及风格不得歪曲”[②]。

创译的积极意义何在?许钧的答案是:为了解决语言异质性带来的挑战。当遇到特别异质化的源语时,如果很难通过妥协、改造和归化来处理源语与目的语之间的巨大差异,译者不妨接受挑战,大胆创新,“在目的语对原作的抵抗处,去寻找新的可能性,在异的考验中,在自我与他者的直接抵抗中,探索语言新的可能性,拓展新的表达空间”[③]。前文所探讨的山水、“道”等中国传统思想和文化元素所传达的审美意蕴与精神境界,相似文化背景的人无须解释也能意会,共同的审美感受、约定俗成的引申或隐喻意义对本民族和文化的人群来说,已成为认知的一部分,而对其他民族和文化来说,则是造成文化空缺的异质性。

文化和语言因其独有性而产生差异性,译者的任务是求同还是存异,这在某个角度上也可以理解为翻译中的异化和归化之争。劳伦斯·韦努蒂在《译者的隐身——一部翻译史》一书中就异化和归化的问题阐述了自己的观点。他从文化和地缘政治的角度出发指出,归化策略折射出的是其背后的民族中心主义、种族主义、文化自恋和帝国主义,想要抵抗这种文化帝国主义,翻译中应当采取异化策略。[④] 对于韦努蒂的这一抵抗式翻译策略,王东风评价它“颠覆了传

---

① 刘重德编著:《西方译论研究》,北京:中国对外翻译出版公司,2003,第43页。

② 许钧:《文学翻译批评研究》(增订本),南京:译林出版社,2012,第19页。

③ 许钧:《在抵抗与考验中拓展新的可能——关于翻译与语言的问题》,《语言战略研究》2019年第5期,第5页。

④ L. Venuti, *The Translator's Invisibility: A History of Translation*, 2nd ed. (London & New York: Routledge, 2008), p. 16.

统翻译理论强调同质性和忠实性的观点”①，因此，韦努蒂所提倡的异化更多是出于对文化性的考虑，不能完全等同于从文学性出发进行的译者创新。但无论出发点如何，创译有其存在的合理性和积极意义。

创译如何确保其合理性并发挥积极作用？关键在于译者如何把握忠实与再创造之间的度。译者首先要深入研究作者和作品，吃透其精神并寻求共情，当这些准备工作做好之后，就要放开手来大胆进行二次创作。假设自己是用译入语创作的作者，努力挣脱原语句法和思维方式的束缚。这种再创作的一个经典范例是中国学者夏济安翻译的《西敏大寺》，作者是美国作家华盛顿·欧文（Washington Irving）。谢天振评价夏济安的译文读起来“倒像是美国作家自己在用中文写作”②。王佐良翻译的英国作家培根的《论读书》也是公认的佳作。在谢天振看来，这些译作之所以被奉为典范，“主要倒不是因为原作的地位，也不是因为译作对中国文化所产生的影响，而纯粹是因为译作本身精湛的译笔，高超的翻译质量”③，换言之，是译者卓越的语言文字能力和创造性让这些作品步入经典文学之列。

文学翻译中尤其需要创译带来的变革和突破。翻译学界一度有文学翻译尤其是诗词翻译“不可译”之说，但包括徐钧在内的一批学者都认为，“原作风格不仅必须再现，而且也并不是不能再现的”④。哪怕翻译难度最大、要求最高的诗词翻译，也并非完全不可译。王东风以中国古典诗词翻译为例，指出历代学者和翻译家们一直在不懈努力，力求在诗歌翻译中最大程度地再现原诗的艺术性和音乐性。尽管目前看起来还没有各方面都完美的对策，但“只要有心（信心和耐心），同时又有力（语言能力），汉语并非译不出原诗的节奏”⑤。在原有的传统上积极创新，让更多优秀的文学作品走出去，创译大有用武之地。

---

① 王东风：《国外翻译理论发展研究》，北京：外语教学与研究出版社，2020，第169页。

② 谢天振：《海上杂谈》，桂林：广西师范大学出版社，2020，第13页。

③ 谢天振：《海上杂谈》，桂林：广西师范大学出版社，2020，第13页。

④ 许钧：《文学翻译批评研究》（增订本），南京：译林出版社，2012，第56页。

⑤ 王东风：《百年英诗汉译的节奏演变：问题与展望中国翻译》，《中国翻译》2021年第3期，第73页。关于诗歌翻译的节奏问题，还可以阅读王东风的另一篇文章：《诗歌翻译研究的理论创新：从“以顿代步”到“以平仄代抑扬”》，《外语教学与研究》2020年第5期，第464-466页。

5.4 动态发展的文学翻译观

翻译是动态发展的,同样一部作品,随着时代语境的变换,其译本也需要在语言、文字、文体风格等各方面推陈出新。翻译参与变革,同时也推动变革,这些变革不仅仅局限于语言文字,更涉及文化层面,“翻译不断地表现出现有的一些词的活力;几十年间,甚至在决定重译自己的早期译作的翻译家们的一生中,翻译在其用词和看法上都有所改变。这些现象都证实了,翻译工作与逐年发生的语言上和文化上的变化是密切协调的”①。翻译与文化的关系还表现在文化的引进与译介很大程度上取决于译者的取舍、译本质量的好坏、译入国的文化观价值观等多重因素,王佐良说过,“一个国家的社会文化本身的情况决定了外来成分的或荣或枯”,所以文学作品的译介并不仅仅与译者的眼光和能力有关,“主要的原因,仍是历史的、社会的、文化的原因”②。

除了文字语言本身在动态发展,译者本人出于对自身的严格要求而选择重译也是一个重要因素。“人”的变化决定着译本的变化。在翻译活动中,这个“人”既包括译者,也包括读者,任何一方的变化都会带来译本的变化,这也是为何一些作品会不断推出各种重译。无论是像傅雷那样译者对自身译作的推倒重来,还是不同时期不同译者参与到作品的翻译中,都是文学翻译中常见的现象。

美国学者及汉学家宇文所安在他所著的《中国文论:英译与评论》一书中,将东西方文论结合起来考察,把柏拉图等西方古典文论家的观点和孔子的哲学思想进行了对比分析,并以此为观照来解读东西方文学思想和理论。比较文学创始人乐黛云在为这本书作的序中表达了自己对宇文所安这一创见的赞许:“如果说西方文论是要引导人去认识一个‘已在’的概念(理念),那么,孔子的学说却是要引导人去认识一个活动变化着的人。在这个过程中,认识主体和认识客体都在不断变化,认识的结果也不是一成不变的、‘既

① 莱纳·舒尔特:《西方的文学翻译》,载中国对外翻译出版公司选编《外国翻译理论评介文集》,一凡译,北京:中国对外翻译出版公司,1983,第114页。

② 王佐良:《翻译中的文化比较》,《中国翻译》1984年第1期,第4-5页。

成'的东西(Things become),而是随机形成、变动不居的'将成'之物(Things becoming)。"[①]正如宇文所安自己所说的:"文永远是人写出来的。"[②]而人只要活着,必然是在不断发展与变化之中,因此人所呈现出来的文本必然也是动态发展的,这种强调人的主体性的动态发展观既适用于文学观,也同样适用于文学翻译。

5.4.1 文学翻译中的重译

傅雷在写给小辈友人宋奇的信里提到了《高老头》的翻译,他说:"《高老头》正在重改,改得体无完肤,与重译差不多。好些地方都译差了,把自己吓了一跳。"[③]在下一封信里他又写道:"《高老头》重译之后早已誊好,而在重读一遍时又要大改特改。"[④]即便是他自己比较满意的《约翰·克里斯朵夫》,傅雷也很勇敢地承认自己的不足:"《约翰·克里斯朵夫》原译,已发觉有几处文法错误。至于行文欠妥之处,比《高老头》有过之无不及,故改削费时,近乎重译。"[⑤]可见,对自己有严格要求的译者不会止步于翻译交稿的那一刻,常会为了更理想的译文不断推倒重来。

在诸多导致重译的原因中,其中一个就是刘宓庆所总结的可读性。他认为,"可读性是对一切笔译作品的普遍要求和基本要求"[⑥]。译本的可读性意味着该译本被一定或者某种群体的读者视为可读,因此带有一定的局限性。当读者群发生变化,译本往往也需要随之更新换代。刘宓庆以《圣经》的不断重译为例,指出译文无法摆脱其时代和地域的局限性,当译文变得陈旧或不合时宜,就会召唤新的译者或者新的译本。刘宓庆这里提到的"可读性"并不仅仅指译文自身的通顺晓畅,同样也包括"译文与原文在深层意念上的契合对应"[⑦],这就

---

① 乐黛云:《序言》,载宇文所安《中国文论:英译与评论》,王柏华、陶庆梅译,上海:上海社会科学院出版社,2002,第4页。

② 宇文所安:《中国文论:英译与评论》,王柏华、陶庆梅译,上海:上海社会科学院出版社,2002,第20页。

③ 傅雷:《傅雷谈翻译》,北京:当代世界出版社,2005,第25页。

④ 傅雷:《傅雷谈翻译》,北京:当代世界出版社,2005,第25页。

⑤ 傅雷:《傅雷谈翻译》,北京:当代世界出版社,2005,第28页。

⑥ 刘宓庆:《文体与翻译》(增订版),北京:中国对外翻译出版公司,1998,第29页。

⑦ 刘宓庆:《文体与翻译》(增订版),北京:中国对外翻译出版公司,1998,第30页。

涉及历史和文化等更深层次的意义。

从字面上来看，可读性貌似是从读者接受的角度来考量，实际上并不仅仅只照顾到译本读者的阅读感受，同样也要尊重原语作者及作品的目的、意愿、风格及个性特点，与作品的可译性是重合的。虽然可译性“关注的中心是双语表达中的同一性”①，但它和可读性在本质上是相同的，两者都关注译作与原作之间由表及里不同层面的意义对等，只不过两者各自从不同的角度出发来设定翻译标准。谈到文学翻译中的可读性问题，就不得不再提到韦努蒂的立场。韦努蒂主张翻译中采用异化策略，这就意味着译文中要保留文化异质性，而不是让译文朝译入语读者靠近，更具可读性，当然他的出发点仍然是文化性大于文学性。

随着翻译中的跨文化交流功能日益凸显，谢天振呼吁从文化抵抗的角度来阐释翻译中的重译和新译。他把法国文学社会学家埃斯卡皮的“翻译总是一种创造性叛逆”这一观点引入了国内②，他认为，“创造性叛逆”能够不断召唤出新的译者和译本，是延长作品生命力的有效机制，也能够成就文学经典。如果从文学作品的持久影响力来看，这样的叛逆多多益善，“翻译是一种‘创造性叛逆’，一部作品如果能够在不同的时代不断吸引翻译家们对它进行翻译，推出新译本，意味着这部作品具有历久弥新的艺术魅力，这就为它的某些译本成为翻译文学经典提供了一个基本条件”③。

在这样的重译过程中，译者是最大的贡献者，但有可能只是为他人作嫁衣。让我们再回到谢天振对罗曼·罗兰和巴尔扎克作品的翻译的评价上来，众多中国读者通过傅雷译作了解并喜爱上这两位杰出的法国作家，有助于这两位作家作品在中国的传播。但是按照钱钟书的逻辑，贡献了出色译本的译者本人可能因此而成为隐身的译者，让原作现身，因为能够读懂原文的人很可能就会抛弃译本，直接去读原作。相反，“倒是坏翻译会发生一种消灭原作的效力。拙劣晦涩的译文无形中替作品拒绝读者；他对译本看不下去，就连原作也不想看了”④，

① 刘宓庆：《文体与翻译》（增订版），北京：中国对外翻译出版公司，1998，第30页。
② 谢天振：《译介学》（增订本），南京：译林出版社，2013，第161页。
③ 谢天振：《海上杂谈》，桂林：广西师范大学出版社，2020，第9页。
④ 钱钟书等：《林纾的翻译》，北京：商务印书馆，1981，第21页。

拙劣的译作既消灭了译者本人，也败坏了原作在读者中的形象，最为可怕。而卓越的译本虽然会让译者“消失”，但却能够实现推介优秀作家作品的目标。想必大多数译者对于自己的被隐身也会是心甘情愿吧，毕竟他们作为译者的使命已经圆满完成。

5.4.2　文学翻译的跨文化阐释和传播功能的加强

随着文化研究领域的不断拓展，20 世纪 80 年代，翻译研究也出现了文化转向。英国学者苏珊·巴斯奈特是翻译研究的文化转向的重要推动者之一，她倡导从比较文学和文化研究的视角来考察翻译研究。正是由于翻译研究中的这种文化转向，才使得翻译研究不再只围绕着语言文字的转换技巧做文章，而是拓展到文化之间的交流和转换。正如刘和平所总结的：“传统的居于对比语言学之下的翻译的定义应当根据翻译的最新发展进行修正和完善，翻译的内涵应该进一步扩大，要把翻译从纯粹字面意义的转述定义为文化层面上翻译、阐释和交际。”①

谢天振则指出，跨文化交际是翻译最根本的属性。以前，我国的翻译活动主要以引进为主，也就是“译入”。近年来，翻译活动的重心逐渐从文化“译入”转向文化“译出”，因此更需要用“跨文化交际”的理念来指导“译出”活动，如果沿用以前的翻译标准就会出现问题。“我们这几十年来在中国文学及文化的外译方面做得不是很成功，其根本原因就是在用‘译入’的翻译理念指导今天的‘译出’行为，而忽视了‘译入’与‘译出’之间的一个重要区别：前者的读者对外来文化有内在的自觉需求，所以只需提供‘合格的译本’就会受到欢迎；后者则不然，后者的读者并没有这种需求，所以必须采取能引起对方读者兴趣、符合对方读者的审美趣味和阅读习惯的翻译策略。”②

谢天振这里所说的就是翻译要照顾受众视角，不能自说自话而不顾及受众的感受。采用受众视角和坚持自我表征是一个原则的两个方面。本书第一章已经就国际传播话语原则做了阐释，在文学翻译的外译中仍然需要坚持这一原则。无论是时政文献翻译还是文学翻译，只要是涉及中译外的翻译工作，都要

---

① 刘和平：《翻译学：口译理论和口译教育》，上海：复旦大学出版社，2017，第 4 页。

② 谢天振：《海上杂谈》，桂林：广西师范大学出版社，2020，第 7 页。

遵循当前的国际传播理念,"在翻译策略上,要依据具体文本特点和传播目的、目标读者情况等灵活处理,坚持'以我为主、融通中外'的基本翻译原则"[①]。文学翻译不能只关注作家作品和语言文字的转换艺术,而应当站上中华文化外译和中国国家形象传播的大舞台上,发挥更充分和更积极的作用。

从文化的层面来考察翻译活动,语言只是作为交流的媒介,并不是唯一需要考察的对象。翻译活动所承载的内涵更加丰富,也成为文化建构的力量之一。王宁在他的《翻译研究的文化转向》导言中做了这样的总结,我们今天所提到的翻译,"已经不仅仅是从一种语言转变成另外一种语言的纯技术形式的翻译,而且也是从一种形式转化成另外一种形式,从一种文化转变为另外一种文化的'转化'(transformation)、'阐释'(interpretation)和'再现'(representation),这种转化和再现恰恰正是通过语言作为其主要媒介而实现的"[②]。

想要充分参与文化建构,就得在创译上多下功夫。谢天振从文化输出的角度指出了创译在当前的重要作用:"国际译学界把有关翻译的理念从原先单纯的'翻译'(translation)拓展到'创译'(transcreation),其目标瞄准的就是促进跨语言、跨文化的有效交际。"[③]在谢天振看来,创译策略在中国文化走出去的战略中尤其值得大力推广,因为它有助于充分发挥中国译者的创造性,在中华文化外译中尽可能地把中国元素推介到西方世界。

前不久曾有新闻报道说,北京公共交通设施的地名英译都换成了汉语拼音的音译。此外,很多中华美食的翻译也首推音译,或者是采取音译+解释性翻译。这些都是在中华文化"走出去"理念指导下的翻译策略转型,旨在推广中国传统文化,扩大汉语在世界范围的影响力。谈到汉语走向世界的问题,王宁早就提出要对汉字进行改革和推广,"否则汉字永远不能为世界上大多数人所掌握,更无法成为一种主要的世界性语言"[④]。西方也曾有学者指出,尽管汉语有十几亿的使用者,但它依然无法像英语那样成为世界通用语,因此汉语没有资格被列为世界主要语言之一;不过该学者倒是认为"汉字比汉语口语更有资格

---

① 孙有中、任文、李长栓:《汉英翻译教程》,北京:外语教学与研究出版社,2022,第6页。

② 王宁:《翻译研究的文化转向》,北京:清华大学出版社,2009,第8页。

③ 谢天振:《海上杂谈》,桂林:广西师范大学出版社,2020,第29页。

④ 王宁:《翻译研究的跨文化转向》,北京:清华大学出版社,2009,第234页。

被称为通用语”[①],因为很多不会说汉语普通话的人,却能识得汉字。

翻译是动态发展的,因为语言本身是鲜活且不断变化的。奈达曾说过:“语言和文化的真正立足之处是在其参与使用者的头脑里。”[②]他还指出,语言不仅是文化一部分,更是文化中最能展示个性特质的表征,因此语言是文化的最佳代言人之一。在当前世界文化多元互鉴的大背景下,在国家重塑国际传播新格局、共建国际传播新生态的迫切要求下,文学翻译应当更加充分地发挥跨文化阐释和国际传播的功能,积极参与中国话语和中国叙事体系的建构。要在正确的国际传播理念指导下,推动中华文化外译,讲好中国故事,让中华民族优秀的传统文化与世界各国文化同生共荣,各美其美,美美与共。

---

① Harm de Blij, *The Power of Place: Geography, Destiny, and Globalization's Rough Landscape* (Oxford: Oxford University Press, 2009), pp. 36-38.

② Eugene A. Nida, *Context in Translating* (Amsterdam/Philadelphia: John Benjamins Publishing Company, 2001), pp. 22.

参考文献

[1]巴斯奈特.比较文学批评导论[M].查建明，译.北京:北京大学出版社,2014:170-171.

[2]鲍川运.对外传播理念的更新及中译外人才的普及化[J].中国翻译,2014(5):16-17.

[3]蔡力坚.论翻译的选词[J].中国翻译,2016(1):117-120.

[4]曹胜强.中国梦的对外传播与国家形象塑造[J].湖湘论坛,2017(3):122-126.

[5]陈琳,曹培会.诗歌创译的世界文学性:以《竹里馆》英译为例[J].中国翻译,2016(2):85-90.

[6]戴圣.礼记[M].James Legge,译.郑州:中州古籍出版社,2016:169,220-221.

[7]杜威.民主主义与教育[M].王承绪,译.北京:人民教育出版社,1990:17-27,39,153.

[8]杜维沫,陈新.欧阳修文选[M].北京:人民文学出版社,1997:259.

[9]杜占元.积极向国际社会传播全球治理的中国方案[J].对外传播,2022(5):4-8.

[10]杜占元.推动国家翻译能力建设,服务党和国家工作大局[N].光明日报,2022-04-26(6).

[11]范勇.美国主流媒体涉华报道中的意识形态偏见词汇与"中国形象"塑造:基于对《纽约时报》的实证研究[J].湖北社会科学,2009(8):173-176.

[12]丰子恺.中国现代美学名家文丛:丰子恺卷[M].余连祥,选编.北京:中国文联出版社,2017:11,42,144,166.

[13]傅雷.傅雷谈翻译[M].北京:当代世界出版社,2005:3,23-29,37-

38,57.

[14]傅云龙,蔡希勤. 中庸[M]. 精华版. 何祚康,译. 北京:华语教学出版社,2006:32-33.

[15]伽达默尔. 真理与方法:上卷[M]. 洪汉鼎,译. 上海:上海译文出版社,2004:385-386.

[16]龚锐. 以作业为核心的笔译教学模式探析[J]. 中国翻译,2022(1):64-72.

[17]辜鸿铭. 辜鸿铭文集:上下[M]. 黄兴涛,编译. 海南:海南出版社,1996:509-513.

[18]胡显耀,李力. 高级文学翻译[M]. 外语教学与研究出版社,2009:107,123.

[19]黄友义."一带一路"和中国翻译:变革指向应用的方向[J]. 上海翻译,2017(3):1-3.

[20]黄友义. 疫情之后看外语和翻译的多与少[J]. 中国外语,2020(11):11-12.

[21]教育部高等学校外国语言文学类专业教学指导委员会英语专业教学指导分委员会. 普通高等学校本科外国语言文学类专业教学指南(上):英语类专业教学指南[S]. 上海:上海外语教育出版社,2020:xix,25-26,33,37,65.

[22]孔子. 论语[M]. James Legge,译. 郑州:中州古籍出版社,2016:138.

[23]蓝红军. 国家翻译实践研究的基本理论问题[J]. 上海翻译,2022(2):61-65.

[24]老子. 道德经[M]. James Legge,译. 郑州:中州古籍出版社,2016:2-3,24-28,34-35,62.

[25]老子. 道德经[M]. 辜正坤,译. 北京:中国对外翻译出版公司,2008:3,9-11,47,71,93,119.

[26]乐黛云. 序言[M]//宇文所安. 中国文论:英译与评论. 王柏华,陶庆梅,译. 上海:上海社会科学院出版社,2002:4.

[27]勒代雷. 释意学派口笔译理论[M]. 刘和平,译. 北京:中国对外翻译出

版公司,2001:1,7,11-12,124.

[28]李保强,薄存旭."教学相长"本义复归及其教师专业发展价值[J].教育研究,2012(6):129-135.

[29]李彦冰,荆学民.论中国对外传播的话语转型[J].武汉理工大学学报,2016(5):467-471.

[30]李长栓,王苏阳.北外高翻笔译课[M].北京:中译出版社,2020:i-ii.

[31]李长栓.非文学翻译[M].北京:外语教学与研究出版社,2009:93.

[32]刘和平.翻译学:口译理论和口译教育[M].上海:复旦大学出版社,2017:4.

[33]刘宓庆.翻译教学:实务与理论[M].北京:中国对外翻译出版公司,2006:30-32,42-48,183-184,417.

[34]刘宓庆.文体与翻译[M].增订版.北京:中国对外翻译出版公司,1998:29-30.

[35]刘培功,单虹泽.从"大同世界"到"万物一体":论儒家人类命运共同体思想及其当代价值[J].河南社会科学,2019(8):31-37.

[36]刘重德.西方译论研究[M].北京:中国对外翻译出版公司,2003:43.

[37]陆谷孙.英汉大词典[M].上海:上海译文出版社,1993:1316,1470.

[38]马尔卡希.零工经济:推动社会变革的引擎[M].陈桂芳,译.北京:中信出版社,2017.

[39]马维康.为何中国缺乏国际话语权:试从话语体系角度分析[J].理论观察,2016(4):53-54.

[40]穆雷,李希希.中国翻译教育研究:现状与未来[J].外语界,2019(2):24-31.

[41]穆雷,梁伟玲,刘馨媛.近三十年中国翻译教师发展研究综述[J].天津外国语大学学报,2022(5):1-10.

[42]穆雷.翻译学学科建设的探索[J].中国翻译,2018(6):9-11.

[43]穆雷.我国翻译教育的理念转变与体制建构[J].语言教育,2021(9):2-9.

[44]彭萍. 本科翻译教学研究[M]. 北京:中央编译出版社,2015:169.

[45]钱钟书,等. 林纾的翻译[M]. 北京:商务印书馆,1981:18-21.

[46]秦和. 翻译专业课程思政的认识理念、实践路径与发展展望[J]. 中国翻译,2021(5):73-76.

[47]屈文生. "新翻译史"何以可能:兼谈翻译与历史学的关系[J]. 探索与争鸣,2021(11):155-166.

[48]任文. 不断加强中译外能力建设[N]. 人民日报,2021-04-06(18).

[49]舒尔特. 西方的文学翻译[M]//中国对外翻译出版公司. 外国翻译理论评介文集. 一凡,译. 北京:中国对外翻译出版公司,1983:114.

[50]思果. 翻译新究[M]. 桂林:广西师范大学出版社,2017:1-3,8,18-19,53-72,176-177,180-184.

[51]思果. 翻译研究[M]. 桂林:广西师范大学出版社,2017:xxi,19.

[52]孙有中,任文,李长栓. 高级汉英笔译教程[M]. 北京:外语教学与研究出版社,2022:2-3,6,18,27-29.

[53]孙有中,张威. 汉英翻译教程[M]. 北京:外语教学与研究出版社,2022:4,6-8.

[54]谭载喜. 新编奈达论翻译[M]. 北京:中国对外翻译出版公司,2002:11-13,71,206,237.

[55]汪榕培,王宏. 中国典籍英译[M]. 上海:上海外语教育出版社,2009:57.

[56]王东风. 百年英诗汉译的节奏演变:问题与展望[J]. 中国翻译,2021(3):64-74.

[57]王东风. 发展中的中国翻译学科:问题与对策[J]. 中国翻译,2020(3):5-14.

[58]王东风. 翻译与国运兴衰[J]. 中国翻译,2019(1):30-41.

[59]王东风. 国外翻译理论发展研究[M]. 北京:外语教学与研究出版社,2020:169,205-214.

[60]王东风. 诗学效果与诗学翻译[J]. 上海翻译,2020(4):1-6.

[61]王宁. 翻译研究的跨文化转向[M]. 北京:清华大学出版社,2009:8,217,234.

[62]王宁. 零工经济的性质、问题与就业潜力[J]. 人民论坛,2020(21):39-41.

[63]王佐良. 翻译中的文化比较[J]. 中国翻译,1984(1):2-6.

[64]王佐良. 翻译中的文化比较[M]//郭建中. 文化与翻译. 北京:中国对外翻译出版公司,1999:2.

[65]魏家海. 山水诗英译与中国传统"生态智慧"的当代世界意义:评陈琳《欣顿与山水诗的生态话语性》[J]. 北京第二外国语学院学报,2022(1):128-134.

[66]习近平. 习近平谈治国理政:第四卷[M]. 北京:外文出版社,2022:317-318.

[67]谢天振. 海上杂谈[M]. 桂林:广西师范大学出版社,2020:7-9,13-16,29,83-84.

[68]谢天振. 现行翻译定义已落后于时代的发展:对重新定位和定义翻译的几点反思[J]. 中国翻译,2015(3):14-15.

[69]谢天振. 译介学[M]. 增订本. 南京:译林出版社,2013:135-168.

[70]许钧. 关于深化中国文学外译研究的几点意见[J]. 外语与外语教学,2021(6):68-72.

[71]许钧. 关于文学翻译的语言问题[J]. 外国语,2021(1):91-98.

[72]许钧. 文学翻译批评研究[M]. 增订本. 南京:译林出版社,2012:8-10,19,56.

[73]许钧. 在抵抗与考验中拓展新的可能:关于翻译与语言的问题[J]. 语言战略研究,2019(5):5-6.

[74]许钧等. 文学翻译的理论与实践:翻译对话录[M]. 增订本. 南京:译林出版社,2010:17-18.

[75]严复.《天演论》译例言[M]//罗新璋,陈应年. 翻译论集. 修订本. 北京:商务印书馆,2009:202-204.

[76]杨承淑.从“经济性原则”探讨“顺译”的运用[J].中国翻译,2002(6):29-34.

[77]杨承淑.口译教学研究:理论与实践[M].北京:中国对外翻译出版公司,2006:2.

[78]杨明星,齐静静.外交修辞的复合性翻译标准:“政治等效+审美再现”:以国家领导人外交演讲古诗文为例[J].中国外语,2018(11):89-109.

[79]杨蓉.“中国形象”的媒体传播与“他者”视域思考[J].传媒,2015(4):79-80.

[80]杨少涵.“道不远人”的思想实验与证成方案[J].哲学研究,2018(4):62-69.

[81]叶绍钧.礼记[M].北京:商务印书馆,2018:81.

[82]宇文所安.中国文论:英译与评论[M].王柏华,陶庆梅,译.上海:上海社会科学院出版社,2002.

[83]张爱玲,丁宁.抗疫背景下的远程专业口译教学[M].中国翻译,2021(1):81-88.

[84]张爱玲,张乔.课程思政背景下的口译教学:基于程式语教学的视角[J].外语电化教学,2022(3):39-44.

[85]张爱玲.多语种组合演讲视频教学素材库建设[J].外语电化教学,2015(5):25-30.

[86]张吉良,柴明颎.特色班:本科口译人才培养模式新探[J].中国翻译,202(2):68-74.

[87]张墨.陈逵中英诗文选[M].天津:南开大学出版社,1995:170.

[88]张曙光.“天下为公”:在理想与现实之间[J].北京师范大学学报,2016(2):85-102.

[89]张维为.英汉同声传译[M].北京:中国对外翻译出版公司,1999:41.

[90]赵军峰.商务英语口译[M].北京:高等教育出版社,2004:8.

[91]赵田园,徐秀玲.新时代翻译能力研究的国家视角与跨界融合:兼评首届“国家翻译能力:理论建构与实践探索”学术研讨会[J].当代外语研究,2021

(5):121-128.

[92]中国社会科学院语言研究所. 新华字典[M]. 10 版 . 北京:商务印书馆,2009:483.

[93]中国外文出版发行事业局,当代中国与世界研究院,中国翻译研究院. 中国关键词:“一带一路”篇[M]. 韩清月,蔡力坚,译. 北京:新世界出版社,2019:2,22-23.

[94]仲伟合. 英汉同声传译技巧与训练[J]. 中国翻译,2001(5):39-43.

[95]周方珠. 文学翻译论[M]. 北京:中国对外翻译出版有限公司,2014:19,34.

[96]周作人. 艺术与生活[M]. 南京:江苏人民出版社,2018:3.

[97]朱义华、张健. 学科视野下的外宣翻译之“名”与“实”探究[J]. 上海翻译,2021(5):34-38.

[98]朱义华. 外宣翻译的新时代、新话语与新思路:黄友义先生访谈录[J]. 中国翻译,2019(2):117-122.

[99]庄子. 庄子[M]. James Legge,译. 郑州:中州古籍出版社,2016:178.

[100]子思. 中庸 · 大学[M]. James Legge,译. 郑州:中州古籍出版社,2016:10-11,16-17.

[101]宗白华. 美学散步[M]. 上海:上海人民出版社,2007:16,80.

[102]DAMROSCH D,PIKE D L et al. The Longman anthology of world literature: Vol D[M]. New York:Pearson Longman,2009:xix.

[103]DE BLIJ H. Thepower of place: geography, destiny, and globalization's rough landscape[M]. Oxford:Oxford University Press,2009:36-38.

[104]FOWLER R. Linguistics and thenovel[M]. London & New York:Routledge,1977:76-77.

[105]GILE D. Basic concepts and models for interpreter and translatortraining [M]. Amsterdam/Philadelphia:John Benjamins Publishing Company,1995:167,179.

[106]NIDA E A. Context intranslating[M]. Amsterdam/Philadelphia:John Benjamins Publishing Company,2001:22-23,31.

[107]SAID E W. The orientalism[M]. New York:Vintage Books,1979.

[108] SETTON R. Simultaneous interpretation: a cognitive pragmaticanalysis [M]. Amsterdam/Philadelphia:John Benjamins Publishing Company,1999:28.

[109] VENUTI L. The scandals of translation: towards an ethics ofdifference [M]. London & New York:Routledge,1998:67.

[110] VENUTI L. The translator's invisibility:a history of translation[M]. 2nd ed. London & New York:Routledge,2008:16.

[111] WANG N. Rediscovering China:interdisciplinary perspectives introduction [J]. European review,2015(2):173-179.

[112] XI J P. The governance of China:IV[M]. Beijing:Foreign Language Press,2022:366.

[113]国家发展改革委,外交部,商务部.推动共建丝绸之路经济带和21世纪海上丝绸之路的愿景与行动[EB/OL].(2015-09-15)[2022-10-21]. http://www.china.org.cn/chinese/2015-09/15/content_36591064_4.htm.

[114]李克强2020年政府工作报告[EB/OL].(2020-06-03)[2022-10-20]. http://www.china.org.cn/chinese/2020-06/03/content_76114748.htm.

[115]李克强2021年政府工作报告[EB/OL].(2021-03-16)[2022-10-20]. http://www.china.org.cn/chinese/2021-03/16/content_78109538.htm.

[116]成渝地区双城经济圈建设规划纲要[EB/OL].(2021-10-21)[2022-10-21]. http://zw.china.com.cn/2021-10/21/content_77823279.html.

[117]国新办.《中国的核安全》白皮书[R/OL].(2019-09-04)[2022-10-21]. http://www.china.org.cn/chinese/2019-09/04/content_75170779.htm.

[118]国新办举行一季度工业通信业发展情况新闻发布会[EB/OL].(2020-04-23)[2022-10-21]. http://www.scio.gov.cn/xwfbh/xwbfbh/wqfbh/42311/42928/index.htm.

[119]国新办.《全面建成小康社会:中国人权事业发展的光辉篇章》白皮书[R/OL].(2021-08-26)[2022-10-21]. http://www.china.org.cn/chinese/2021-08/26/content_77691534.htm.

[120]国新办. 2021 年美国侵犯人权报告[R/OL]. (2022-03-02)[2022-10-21]. http://www.china.org.cn/chinese/2022-03/02/content_78080644.htm.

[121]胡锦涛在联合国成立 60 周年首脑会议上的讲话[EB/OL]. (2005-09-16)[2022-10-21]. http://www.gov.cn/ldhd/2005-09/16/content_63871.htm.

[122]李克强 2016 年政府工作报告[EB/OL]. (2016-03-21)[2022-10-21]. http://www.china.org.cn/chinese/2016-03/21/content_38073429_3.htm.

[123]全国人大常委会工作报告(2016)[R/OL]. (2016-03-22)[2022-10-21]. http://www.china.org.cn/chinese/2016-03/22/content_38083485_2.htm.

[124]全国政协十一届五次会议新闻发布会[EB/OL]. (2012-03-02)[2022-10-21]. http://www.chinadaily.com.cn/dfpd/2012qglh_zb1/index.html.

[125]外交部长王毅就中国外交政策和对外关系回答中外记者提问[EB/OL]. (2018-03-29)[2022-11-21]. http://www.china.org.cn/chinese/2018-03/29/content_50767996.htm.

[126]习近平在全国抗击新冠肺炎疫情表彰大会上的讲话[EB/OL]. (2020-09-08)[2022-11-21]. https://mp.weixin.qq.com/s/R7XZk0gvpSfbH2vuPfFgWw.

[127]习近平在北京冬奥会、冬残奥会总结表彰大会上的讲话[EB/OL]. (2022-04-15)[2022-11-21]. http://www.china.org.cn/chinese/2022-04/15/content_78167686.htm.

[128]习近平全国脱贫攻坚总结表彰大会讲话[EB/OL]. (2021-02-25)[2022-11-21]. http://www.china.com.cn/zhibo/content_77241679.htm#fullText.

[129]习近平在北京 2022 年冬奥会欢迎宴会上的致辞[EB/OL]. (2022-02-20)[2022-11-21]. http://www.china.org.cn/chinese/2022-02/10/content_78039163.htm.

[130]习近平在金砖国家领导人第十四次会晤上的讲话[EB/OL]. (2022-06-27)[2022-11-21]. http://www.china.org.cn/chinese/2022-06/27/content_78291483.htm.

[131]拜登称不会让中国超越美国,华春莹:你们从来不是中国的目标[EB/OL].(2021-03-27)[2022-11-21]. https://mp. weixin. qq. com/s/xW8MaFZiRDh6Azk5lZV-qg.

[132]中宣部. 中国共产党的历史使命与行动价值[EB/OL].(2021-08-26)[2022-11-21]. http://www. china. org. cn/chinese/2021-08/26/content_77715666. htm.

[133]2017年中央和地方预算报告[EB/OL].(2017-03-21)[2022-11-23]. http://www. china. org. cn/chinese/2017-03/21/content_40479840. htm.

[134]澜沧江-湄公河合作第三次领导人会议万象宣言[EB/OL].(2020-09-17)[2022-11-23]. http://www. china. org. cn/chinese/2020-09/17/content_76646045. htm.

[135]李克强在博鳌亚洲论坛2014年年会开幕式上的主旨演讲[EB/OL].(2014-04-11)[2022-11-23]. http://www. china. org. cn/chinese/2014-04/11/content_32061943. htm.

[136]李克强总理会见采访两会的中外记者并回答提问[EB/OL].(2018-03-27)[2022-11-23]. http://www. china. org. cn/chinese/2018-03/27/content_50749712. htm.

[137]李克强回答中外记者提问(2020年)[EB/OL].(2020-05-28)[2022-11-23]. https://mp. weixin. qq. com/s/c6pjZDNqj3CfDJukKsjLzQ.

[138]李克强回答中外记者提问(2021年)[EB/OL].(2021-03-12)[2022-11-23]. https://mp. weixin. qq. com/s/kPA8pqsc2FQThGlvVTmk1A.

[139]李克强回答中外记者提问(2022年)[EB/OL].(2021-03-11)[2022-11-23]. https://mp. weixin. qq. com/s/TTm6b_Ds5IkGJCPgUjVfyQ.

[140]国务委员兼外交部长王毅就中国外交政策和对外关系回答中外记者提问[EB/OL].(2020-05-28)[2022-11-23]. http://www. china. org. cn/chinese/2020-05/28/content_76099961. htm.

[141]习近平在布鲁日欧洲学院的演讲[EB/OL].(2014-04-04)[2022-10-23]. http://www. china. org. cn/chinese/2014-04/04/content_32005938. htm.

[142]习近平在中国共产党第十九次全国代表大会上的报告[EB/OL].(2017-11-06)[2022-10-23].http://www.china.org.cn/chinese/2017-11/06/content_41852215.htm.

[143]习近平在亚洲文明对话大会开幕式上的主旨演讲[EB/OL].(2019-05-16)[2022-11-21].http://www.china.org.cn/chinese/2019-05/16/content_74790346.htm.

[144]习近平在希腊媒体发表署名文章《让古老文明的智慧照鉴未来》[EB/OL].(2019-11-21)[2022-10-23].http://www.china.org.cn/chinese/2019-11/21/content_75432206.htm.

[145]习近平在中华人民共和国恢复联合国合法席位50周年纪念会议上的讲话[EB/OL].(2020-10-25)[2022-10-23].http://www.china.org.cn/chinese/2021-10/25/content_77830980.htm.

[146]习近平在“领导人气候峰会”上的讲话[EB/OL].(2021-04-27)[2022-10-23].http://www.china.org.cn/chinese/2021-04/27/content_77445771.htm.

[147]中国翻译协会.中国关键词:抗击新冠肺炎疫情篇[EB/OL].(2020-03-07)[2022-11-23].https://mp.weixin.qq.com/s/AQ7QWBXosY6u-GO88e5D-Q.

[148]“山川异域,风月同天”,外交部回应日本暖心援助:衷心感谢,铭记在心[EB/OL].(2020-02-05)[2022-11-23].https://mp.weixin.qq.com/s/9oiALdqzjVHR6se8UnEgWQ.

[149]易立新.王佐良:翻译者,必须是一个真正意义的文化人[EB/OL].(2020-08-15)[2022-10-24].https://mp.weixin.qq.com/s/ya2Kus8LBcPKream-JBaVw.

[150]高斋CATTI.名言古语:投我以木桃,报之以琼瑶怎么翻译?[EB/OL].(2020-03-28)[2022-11-24].http://www.gaozhaiedu.com/html/catti/CATTIkaoshiziliaoyucihui/2020/0328/3399.html.

[151]李克强在全国推进简政放权放管结合职能转变工作电视电话会议上

的讲话[EB/OL].(2015-05-25)[2022-11-24]. http://www.china.org.cn/chinese/2015-05/25/content_35654731.htm.

[152]文刀."道不远人,人无异国",如何翻译? [EB/OL].(2020-02-28)[2022-11-24]. https://mp.weixin.qq.com/s/9cPlqTU2rvkEWEvucLxz9Q.

[153]习近平在第七十届联合国大会一般性辩论时的讲话[EB/OL].(2015-11-06)[2022-11-24]. http://www.china.org.cn/chinese/2015-11/06/content_36999256.htm.

[154]习近平在阿拉伯国家联盟总部的演讲[EB/OL].(2016-01-26)[2022-11-24]. http://www.china.org.cn/chinese/2016-01/26/content_37665208.htm.

[155]习近平主席在联合国日内瓦总部的演讲[EB/OL].(2017-01-25)[2022-11-24]. http://www.china.org.cn/chinese/2017-01/25/content_40175608.htm.

[156]习近平在上海合作组织青岛峰会欢迎宴会上的祝酒辞[EB/OL].(2018-06-14)[2022-11-24]. http://www.china.org.cn/chinese/2018-06/14/content_52195329.htm.

[157]习近平在首届中国国际进口博览会开幕式上的主旨演讲[EB/OL].(2018-11-06)[2022-11-24]. http://www.china.org.cn/chinese/2018-11/06/content_70556579.htm.

[158]习近平在第三届巴黎和平论坛的致辞[EB/OL].(2020-11-13)[2022-11-24]. http://www.china.org.cn/chinese/2020-11/13/content_76907746.htm.

[159]国家主席习近平发表二〇二一年新年贺词[EB/OL].(2021-01-04)[2022-11-24]. http://www.china.org.cn/chinese/2021-01/04/content_77076843.htm.